2017
中国旅游职业教育
年度报告

全国旅游职业教育教学指导委员会◎主编

北京·旅游教育出版社

责任编辑：果凤双

图书在版编目（CIP）数据

2017中国旅游职业教育年度报告 / 全国旅游职业教育教学指导委员会主编. -- 北京 : 旅游教育出版社, 2019.3

ISBN 978-7-5637-3899-1

Ⅰ. ①2… Ⅱ. ①全… Ⅲ. ①旅游教育－职业教育－研究报告－中国－2017 Ⅳ. ①F592

中国版本图书馆CIP数据核字(2019)第032317号

2017 中国旅游职业教育年度报告

全国旅游职业教育教学指导委员会　主编

出版单位	旅游教育出版社
地　　址	北京市朝阳区定福庄南里 1 号
邮　　编	100024
发行电话	（010）65778403　65728372　65767462（传真）
本社网址	www.tepcb.com
E - mail	tepfx@163.com
排版单位	北京旅教文化传播有限公司
印刷单位	北京虎彩文化传播有限公司
经销单位	新华书店
开　　本	710 毫米 ×1000 毫米　1/16
印　　张	11.75
字　　数	223 千字
版　　次	2019 年 3 月第 1 版
印　　次	2019 年 3 月第 1 次印刷
定　　价	52.00 元

（图书如有装订差错请与发行部联系）

《2017中国旅游职业教育年度报告》编委会

序　言

2017年对旅游业来说是不同寻常的一年。本年度国内旅游市场高速增长，入出境市场平稳发展，供给侧结构性改革成效明显，“旅游+”首次被写入中央一号文件，全域旅游示范区创建单位达到500家，厕所革命稳步推进，研学旅行蓬勃发展，旅游扶贫向纵深发力，旅游业取得了辉煌的成就。2017年的中国旅游职业教育乘着我国旅游业高速发展的东风，在体系构建、内涵提升、专业建设等方面进行了深入、有效的实践探索，取得了引人瞩目的成就。

为全面梳理新形势下我国旅游职业教育的发展状况，分析机遇与挑战，厘清现存问题与解决办法，受教育部、全国旅游职业教育教学指导委员会委托，山东旅游职业学院牵头，偕同青岛旅游学校、高职景区开发与管理专业指导委员会、高职酒店管理专业指导委员、高职旅行社经营管理专业指导委员会、中职高星级饭店运营与管理专业指导委员会、中职导游服务专业指导委员会、中职旅游服务与管理专业指导委员会及多位业内专家共同完成《2017中国旅游职业教育年度报告》(以下简称《报告2017》) 撰写工作。

《报告2017》共分为综述概览、专业发展两大板块。其中综述概览部分包括《中国旅游高等职业教育年度报告》《中国旅游中等职业教育年度报告》《中国旅游职业教育理论研究报告》《全国职业院校技能大赛（旅游类）赛项回顾》《全国旅游职业教育教学指导委员会2017年工作总结》五部分，全面反映了我国旅游职业教育发展现状。《报告2017》特设专业发展板块，将我国旅游职业教育专业发展作为研究重点，选取景区开发与管理等三个高职专业和高星级饭店运营与管理等三个中职专业进行专题研究，全面梳理了各专业的发展历程、发展现状、发展成就，深入剖析了专业发展存在的问题及对策，对专业未来发展具有重要意义。

《报告2017》在完成过程中受到教育部、文化和旅游部、各相关专业指导委员会及各位专家、学者的大力支持，在此一并表示感谢！同时，邀请各位读者、专家对报告提出宝贵的修改意见，以便我们在以后的年度报告中加以改进！

本书编委会

2018年11月10日

序 言

[illegible]

2018年11月10日

目　录

综述概览

中国旅游高等职业教育年度报告

当前，我国旅游业已全面融入国家战略体系，走向国民经济建设的前沿，成为国家经济社会发展的战略性支柱产业。2017 年我国旅游产业持续推进，乡村旅游方兴未艾，全区域旅游突飞猛进，旅游职业教育快速发展。2017 年为贯彻习近平总书记在党的十九大报告中围绕“优先发展教育事业”做出了新的全面部署，落实国家旅游局、教育部颁发的《加快发展现代旅游职业教育的指导意见》（旅发〔2015〕241 号）和《“十三五”旅游人才发展规划纲要》文件精神，旅游高等职业院校不断优化专业结构、完善课程体系、建立教学标准、创新实习实训模式，向着适应旅游产业需求、产教深度融合、布局结构更加合理的现代旅游职业教育体系迈进。

一、发展概况

据 2018 年 4 月 19 日原国家旅游局人事司发布的“2017 年全国旅游教育培训统计”显示：2017 年全国开设旅游管理类本科专业的普通高等院校 608 所，比 2016 年增加 4 所；开设旅游管理类高职高专相关专业的普通高等院校 1086 所，和 2016 年持平，继 2016 年增加 11 所后回归稳定；开设旅游类专业的中等职业学校 947 所，比 2016 年增加 23 所。

2017 年全国旅游管理类高职专业共招生 11.3 万人，比 2016 年减少约 0.3 万人。其中开设旅游管理专业的院校 869 所，全国共招生 5.5 万人。开设导游专业的院校 90 所，全国共招生 4000 人。开设旅行社经营与管理专业的院校 27 所，全国共招生 616 人。开设景区开发与管理专业的院校 38 所，全国共招生 983 人。开设酒店管理专业的院校 669 所，全国共招生 4.5 万人。开设休闲服务与管理专业的院校 49 所，全国共招生 1176 人。开设会展策划与管理专业的院校 160 所，全国共招生 6831 人（见表 1、表 2）。

表 1　2017 年全国旅游高等职业院校各专业招生数量及同比情况汇总表[①]

专　业	院校数量（所）		招生人数（人）	
	2017年	2016年	2017年	2016年
旅游管理专业	869	864	55 000	56 000
酒店管理专业	669	668	45 000	45 000

① 资料来源：原国家旅游局发布的 2017 年全国旅游教育培训统计。

续表

专　业	院校数量（所）		招生人数（人）	
	2017年	2016年	2017年	2016年
会展策划与管理专业	160	166	6831	7893
导游专业	90	93	4000	4046
休闲服务与管理专业	49	49	1176	1233
景区开发与管理专业	38	45	983	1015
旅行社经营与管理专业	27	31	616	795
总　计	1902	1916	113 606	115 982

表 2　2017 年全国旅游高等职业院校数量及招生人数及同比情况汇总表①

省份	院校数量（所）		招生数（人）	
	2017年	2016年	2017年	2016年
北京	20	21	1114	1382
天津	15	16	1525	1485
河北	52	53	3537	3742
山西	36	34	2287	2642
内蒙古	30	31	1735	1926
辽宁	31	33	3163	3719
吉林	23	19	960	1184
黑龙江	29	32	2024	2472
上海	20	19	2209	2218
江苏	68	69	7310	7935
浙江	28	29	7307	7492
安徽	56	57	6362	6227
福建	33	33	3060	2972
江西	49	50	3266	3544
山东	68	69	8738	9306
河南	78	78	10 370	10 287

① 资料来源：原国家旅游局发布的 2017 年全国旅游教育培训统计。

续表

省份	院校数量（所）		招生数（人）	
	2017年	2016年	2017年	2016年
湖北	63	63	4153	5428
湖南	43	44	4815	4722
广东	69	73	9070	8704
广西	44	43	4634	4359
海南	12	11	3035	2371
重庆	26	25	3600	4089
四川	60	60	6717	6623
贵州	26	22	3616	2710
云南	22	27	1934	2243
西藏	3	2	212	234
陕西	33	33	2171	2386
甘肃	15	11	1447	1315
青海	8	7	523	510
宁夏	6	2	402	172
新疆	20	20	1788	1872
总计	1086	1086	113 084	116 271

调研统计范围为全国除中国香港、中国澳门和中国台湾以外的 31 个省份。招生人数下降的省份有 17 个，占 54.8%，其中降幅排在前三位的是湖北（下降 23.5%）、北京（下降 19.4%）、吉林（下降 18.9%）。招生人数上升的省份有 14 个，其中增幅排在前三位的是宁夏（133.7%）、贵州（33.4%）、海南（28.0%）。

（一）院校数量与分布

1. 不同地区招生人数分布不均

从院校数量来看，河南、广东、山东、江苏和浙江位列前五名，且差异不大（见图 1）。从招生人数来看，河南最多，已突破 10 000 人，占 9.2%；广东第二，为 9070 人，占 8%；山东第三，人数是 8738，占比为 7.7%；江苏第四，是 7310 人，占 6.5%；浙江第五，是 7307 人，占 6.4%。以上五个省份共占全国总招生人数的 37.8%。招生人数最少的五个省为西藏、宁夏、青海、吉林和北京，招生人数总和为 3211 人，占全国招生的 2.8%。

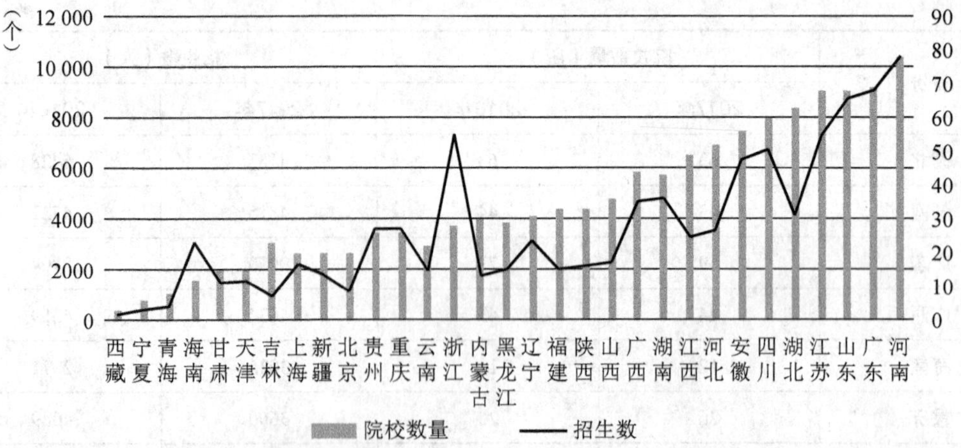

图 1　2017 年全国旅游高等职业院校数量及招生人数折线图[①]

2. 院校数量与招生人数正相关

从院校数量和招生人数的配比来看，随着院校数量的增多，招生人数随之增加，但浙江是例外（图 1）。浙江省只有 28 所旅游高等职业院校，招生人数却 7000 多人，同等招生人数的江苏省，有 68 所旅职院校，是浙江省的一倍多。这说明浙江省的高等旅游职业教育资源较为集中。

3. 院校数量区域分布差异明显

从区域分布来看，华东地区（包括上海、浙江、福建、安徽、江苏、山东）旅游高职院校数量最多，达 273 所，占 25.14%；其次是华中地区（河南、湖南、湖北、江西），为 233 所，占 21.45%；华北（北京、天津、河北、山西、内蒙古）和西南（西藏、四川、云南、重庆、贵州）分列第三和第四，分别为 153 所，占 14.08% 和 137 所，占 12.62%；华南（广西、广东、海南）为 125 所，占 11.51%；东北（吉林、黑龙江、辽宁）和西北（宁夏、新疆、陕西、青海、甘肃）地区居于末位，占比均不到 10%（见图 2）。

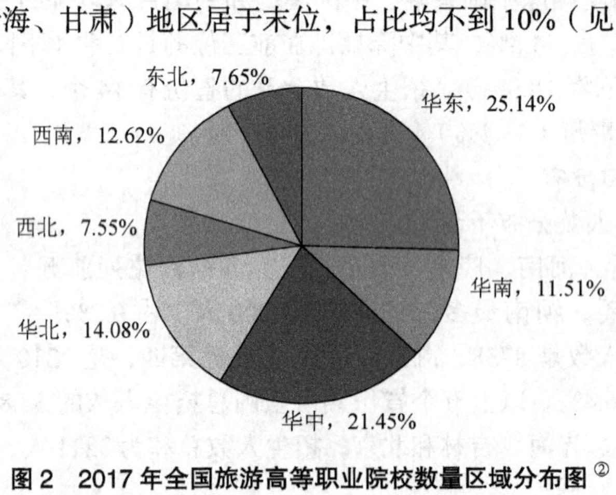

图 2　2017 年全国旅游高等职业院校数量区域分布图[②]

① 资料来源：原国家旅游局发布的 2017 年全国旅游教育培训统计情况。

② 资料来源：原国家旅游局发布的 2017 年全国旅游教育培训统计情况。

（二）专业设置与分布

由于统计口径的差异，本报告根据原国家旅游局发布的旅游教育培训统计数据和教育部旅游专业目录招生情况分别进行分析。

1. 根据原国家旅游局统计口径分析

根据原国家旅游局发布的 2017 中国旅游教育培训统计数据，目前高职高专旅游管理类专业共 7 个（见图 3），开设旅游管理专业的院校数量最多，为 869 所，占 45.09%；酒店管理专业紧随其后，排名第二，有 669 所院校开设该专业，占 34.86%。这两个专业相加占比 80.86%，说明这两个专业是目前高职旅游院校规模最大、开设面最广的专业。相反，会展策划与管理专业、导游专业、休闲服务与管理专业、景区开发与管理专业、旅行社经营与管理专业五个专业占比相加仍不及旅游管理和酒店管理专业其一。

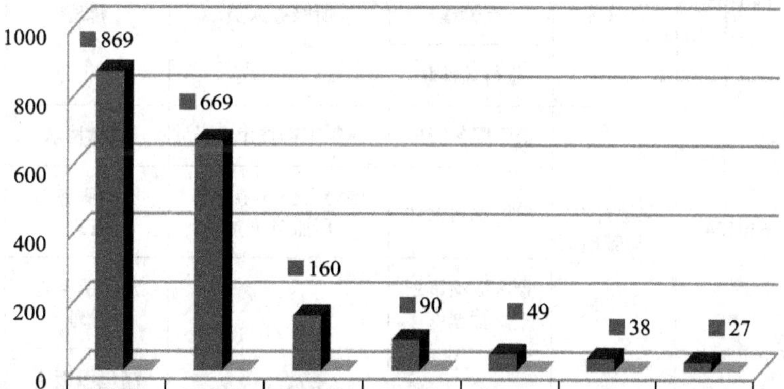

	旅游管理专业	酒店管理专业	会展策划与管理专业	导游专业	休闲服务与管理专业	景区开发与管理专业	旅行社经营与管理专业
院校数量（所）	869	669	160	90	49	38	27
院校数量占比（%）	45.69	35.17	8.41	4.73	2.58	2.00	1.42

图 3　全国旅游高等职业院校专业分布图[①]

2. 根据教育部统计口径分析

从 2017 年普通高等学校高等职业教育（专科）专业目录的招生情况来看，高等旅游职业教育主要分为三大类：旅游类、餐饮类和会展类。其中旅游类细分专业最多，包括旅游管理、导游、旅行社经营管理、景区开发与管理、酒店管理、休闲服务与管理六个专业；餐饮类包括餐饮管理、烹调工艺与营养、营养配餐、中西面点工艺、西餐工艺五个专业；会展类包括会展策划与管理一个专业。三个类别中，旅游管理（869 所）、酒店管理（669 所）、烹调工艺与营养（122 所）、会展策划与管理（193 所）是各个专业大类中招生较多的专业。

---

① 资料来源：原国家旅游局发布的 2017 年全国旅游教育培训统计情况。

表 3　2017 年普通高等学校高等职业教育（专科）旅游类专业目录[①]

专业类	专业代码	专业名称	专业方向举例	主要对应职业类别	衔接中职专业举例	接续本科专业举例	开设院校数
6401 旅游类	640101	旅游管理	旅游电子商务	旅游及公共游览场所服务人员	旅游服务与管理	旅游管理	869 所
	640102	导游	中文导游	旅游及公共游览场所服务人员	旅游服务与管理	旅游管理	90 所
			国际导游				
	640103	旅行社经营管理	旅行社计调	旅游及公共游览场所服务人员	旅游服务与管理	旅游管理	27 所
			旅行社服务网点管理				
			旅行社外联				
	640104	景区开发与管理	景区服务管理	建筑工程技术人员	园林技术	旅游管理	38 所
			景区规划设计	旅游及公共游览场所服务人员	旅游服务与管理		
			景区活动策划管理		景区服务与管理		
	640105	酒店管理		住宿服务人员	高星级饭店运营与管理	旅游管理	669 所
				销售人员	旅游服务与管理	酒店管理	
				商务专业人员			
				健身和娱乐场所服务人员			
	640106	休闲服务与管理	SPA 管理	健身和娱乐场所服务人员	美容美体	旅游管理	49 所
			高尔夫俱乐部管理	保健服务人员	高星级饭店运营与管理	酒店管理	
				住宿服务人员			

① 《普通高等学校高等职业教育（专科）专业目录》2015 年及 2017 年增补专业。

表 4　2017 年普通高等学校高等职业教育（专科）餐饮类专业目录[①]

专业类	专业代码	专业名称	专业方向举例	主要对应职业类别	衔接中职专业举例	接续本科专业举例	开设院校数
6402餐饮类	640201	餐饮管理	餐厅管理	餐饮服务人员	高星级饭店运营与管理	酒店管理	53 所
			厨政管理		中餐烹饪与营养膳食	工商管理	
					西餐烹饪		
	640202	烹调工艺与营养	中餐烹调	餐饮服务人员	中餐烹饪与营养膳食	烹饪与营养教育	122 所
			西餐烹调		西餐烹饪	食品科学与工程	
	640203	营养配餐	食品制作	餐饮服务人员	中餐烹饪与营养膳食	烹饪与营养教育	7 所
						食品科学与工程	
	640204	中西面点工艺	中式面点	餐饮服务人员	中餐烹饪与营养膳食	烹饪与营养教育	16 所
			西式面点		西餐烹饪	食品科学与工程	
	640205	西餐工艺		餐饮服务人员	西餐烹饪	烹饪与营养教育	20 所
						食品科学与工程	

表 5　2017 年普通高等学校高等职业教育（专科）会展类专业目录[②]

专业类	专业代码	专业名称	专业方向举例	主要对应职业类别	衔接中职专业举例	接续本科专业举例	开设院校数
6403会展类	640301	会展策划与管理	会展策划	会议及展览服务人员	会展服务与管理	会展经济与管理	193 所
			会展运营管理				
			会展营销				
			展示设计与管理				

2017 年 2 月，教育部公布了全国职业院校旅游类示范专业名单，共有 40 所高职院校

① 《普通高等学校高等职业教育（专科）专业目录》2015 年及 2017 年增补专业。

② 《普通高等学校高等职业教育（专科）专业目录》2015 年及 2017 年增补专业。

的 44 个专业上榜（见表 6）。

表 6　2017 年全国职业院校旅游类示范专业名单（高职）

序号	省（市、区）	学校	专业
1	北京市	北京财贸职业学院	导游
2		北京经济管理职业学院	旅游管理
3	天津市	天津青年职业学院	旅游管理
4		天津职业大学	酒店管理
5	河北省	河北旅游职业学院	旅游管理
6	山西省	太原旅游职业学院	导游
7	辽宁省	辽宁现代服务职业技术学院	旅游管理
8	吉林省	长春职业技术学院	酒店管理
9	黑龙江省	黑龙江旅游职业技术学院	旅游管理
10	上海市	上海旅游高等专科学校	酒店管理
			会展策划与管理
11	江苏省	南京旅游职业学院	酒店管理
12		无锡城市职业技术学院	酒店管理
13	浙江省	浙江旅游职业学院	导游
			景区开发与管理
14	安徽省	安徽工商职业学院	酒店管理
15		安徽商贸职业技术学院	旅游管理
16	福建省	福州职业技术学院	旅游管理
17		厦门城市职业学院	旅游管理
18		漳州职业技术学院	旅游管理
19	江西省	江西工业贸易职业技术学院	酒店管理
20		江西旅游商贸职业学院	酒店管理
21	山东省	青岛酒店管理职业技术学院	旅游管理
22		山东旅游职业学院	酒店管理
23		山东外贸职业学院	旅游管理
24	河南省	河南职业技术学院	旅游管理
25		郑州旅游职业学院	旅游管理
			酒店管理

续表

序号	省（市、区）	学校	专业
26	湖北省	恩施职业技术学院	旅游管理
27		武汉城市职业学院	酒店管理
28		武汉职业技术学院	酒店管理
29	湖南省	长沙商贸旅游职业技术学院	旅游管理
			会展策划与管理
30	广东省	广东轻工职业技术学院	酒店管理
31		广州番禺职业技术学院	旅游管理
32		深圳职业技术学院	旅游管理
33	广西壮族自治区	南宁职业技术学院	酒店管理
34	海南省	海南职业技术学院	旅游管理
35	四川省	成都职业技术学院	酒店管理
36		绵阳职业技术学院	旅游管理
37	贵州省	黔东南民族职业技术学院	旅游管理
38	云南省	云南旅游职业学院	导游
39	陕西省	陕西职业技术学院	旅游管理
40	新疆维吾尔自治区	乌鲁木齐职业大学	会展策划与管理

3. 抽样情况分析

（1）根据市场动态需求，调整专业设置①

据课题组抽样调查情况显示，随着旅游市场的不断变化发展，各院校也在积极调整专业设置，适应人才需求的变化。例如，南京旅游职业学院主动对接旅游产业，设置了涵盖旅游行业“食住行游购娱”的 24 个专业，其中教育部和原国家旅游局全国职业院校旅游类示范专业 1 个，教育部和财政部重点支持建设专业 2 个，省级 A 类品牌专业 1 个，省高水平骨干专业 4 个，省级特色专业 2 个，省重点建设专业群 2 个。同时，学校主动适应旅游业优化升级的需要，积极申报了休闲服务与管理、工艺美术品设计、高速铁路乘务服务等 3 个新专业，在教育部专业管理平台成功备案 2018 年拟招生专业达到 23 个，初步建立适应旅游产业转型升级需求的专业动态调整机制。

太原旅游职业学院 2017 年不断优化和调整学院旅游管理等五大专业群的建设，逐渐

① 调研组根据调研情况数据整理。

形成与行业、企业对接的专业集群体系的建设，实现专业集群之间优势互补，搭架资源共享的专业结构体系。扶持新增的重点专业，建设新增重点专业实训基地，2017 年，申报了符合专业集群化建设的中西面点工艺、网络营销和城市轨道交通运营管理三个新专业，学院的专业最终形成了依托区域经济发展、开设符合行业需求凸显学院办学特色的专业集群体系。

山西旅游职业学院紧紧围绕旅游业发展动态，密切关注旅游企业和生产一线对人才的需求变化，及时调整人才培养方案。通过重点投资、重点建设的方式，打造门类齐全的旅游类专业集群，基本实现旅游类专业横向覆盖旅游全行业，纵向覆盖旅游全过程。2017 年学院组织完成了邮轮乘务管理新增专业申报的资料制定、审核及上报工作；组织和推进了空乘服务专业实训基地的验收和旅游管理重点专业的建设。

山东旅游职业学院为更好地适应旅游市场对人才的需求，结合“食、住、行、游、购、娱”旅游六大要素，结合“养”等新要素，构建以酒店管理、旅行社经营管理、航空服务、烹饪工艺、旅游电子商务、旅游英语、环境艺术设计为核心的七大专业群，为旅游人才的培养奠定了基础。目前，学院开设 32 个专业，2017 年招生专业 26 个。学院现有中央财政支持重点建设专业 2 个，国家级重点专业 3 个，省级重点专业 5 个，省级特色专业 6 个。

（2）重视特色专业建设，优化专业格局[①]

开发建设特色专业是一所职业院校办学特色的重要体现。青岛酒店管理职业技术学院突出现代生活性服务产业特色，灵活调整专业布局，发挥旅游酒店专业优势，优先发展旅游大类相关专业，加快发展财经大类、轻纺食品大类、电子信息大类相关专业，适时发展土建大类、文化教育大类、艺术设计传媒大类专业。围绕产业链和职业岗位群，以重点专业为核心，整合相近专业，开辟了酒店工程、酒店财务、酒店艺术设计、酒店信息技术等专业建设方向；面向产业升级、经济发展方式转变及时调整专业，2017 年新增空中乘务、新能源装备技术、建筑工程技术专业，形成高度聚焦旅游酒店类的专业布局。

郑州旅游职业学院根据学校发展规划，一方面围绕提质增效，整合办学资源，将相似专业方向进行合并，另一方面着眼未来，立足区域经济发展，满足社会需求，发展新兴专业。2017 学年对招生专业进行了调整，停招、合并 5 个专业（方向），本年度新增省级专业综合改革试点专业 2 个，申报国家级旅游类示范专业点两个，4 个省级综合改革试点专业、3 个市级示范专业、5 个市级重点专业、4 个院级特色专业，现设专业（含方向）41 个。

上海旅游高等专科学校紧紧围绕旅游产业发展与转型契机，聚焦旅游新兴业态，积极探索专业布局调整，优化专业结构，扩大专业规模。2017 年学校共设有涵盖旅游大类、教育与体育大类、财经商贸大类等三个大类的 13 个专业。其中，酒店管理、烹调工艺与营养、旅游管理是国家示范性高职院校建设项目的重点专业；旅游英语、烹调工艺与营养

① 调研组根据调研情况数据整理。

是上海市“085”工程重点建设专业；旅游英语、餐饮管理专业入选教育部、财政部“高等职业学校提升专业服务产业发展能力项目”。2017 年，酒店管理和会展策划与管理专业成功入选为教育部、国家旅游局高等职业院校旅游类示范专业点。

（三）招生就业及在校生情况

1. 招生情况

（1）区域招生情况

2017 年，高职高专旅游管理类专业全国共招生 11.3 万人。其中招生人数最多的是华东地区，34 986 人，占 31.09%；其次为华中地区，22 604 人，占比为 20.63%；华南和西南招生人数接近，均在 16 000 人以上，占比 13% 以上。这四个区域相加占全国总招生人数的 80%（见表 7、图 4）。

表 7　全国旅游高职院校 2017 年招生情况一览表[①]

区域	省份	招生人数（人）	区域	省份	招生人数（人）
华东（34 986 人）	上海	2209	西北（6331 人）	宁夏	402
	浙江	7307		新疆	1788
	福建	3060		陕西	2171
	安徽	6362		青海	523
	江苏	7310		甘肃	1447
	山东	8738	西南（16 079 人）	西藏	212
华中（22 604 人）	河南	10370		四川	6717
	湖南	4815		云南	1934
	湖北	4153		重庆	3600
	江西	3266		贵州	3616
华北（10 036 人）	北京	1114	东北（6363 人）	吉林	960
	天津	1525		黑龙江	2240
	河北	3375		辽宁	3163
	山西	2287	华南（16 739 人）	广西	4634
	内蒙古	1735		广东	9070
				海南	2371

① 资料来源：原国家旅游局发布的 2017 年全国旅游教育培训统计情况。

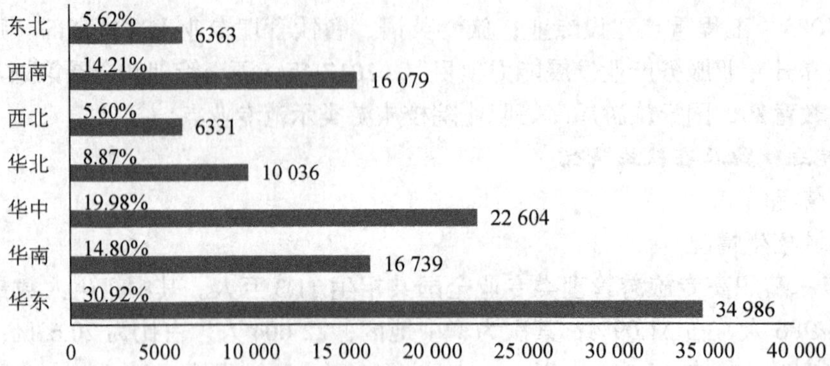

图 4　全国旅游高等职业院校招生人数分布图①

（2）专业招生情况

全国范围内开设旅游管理专业的院校共招生 5.5 万人；开设酒店管理专业的院校全国共招生 4.5 万人；开设会展策划与管理专业的院校全国共招生 6831 人；开设导游专业的院校全国共招生 4000 人；开设休闲服务与管理专业的院校全国共招生 1176 人；开设景区开发与管理专业的院校全国共招生 983 人；开设旅行社经营与管理专业的院校全国共招生 616 人。其中旅游管理专业招生 55 000 人，占比 48.41%；酒店管理专业招生 45 000 人，占 39.82%；其他专业占比均在 10% 以下（见表 1、图 5）。

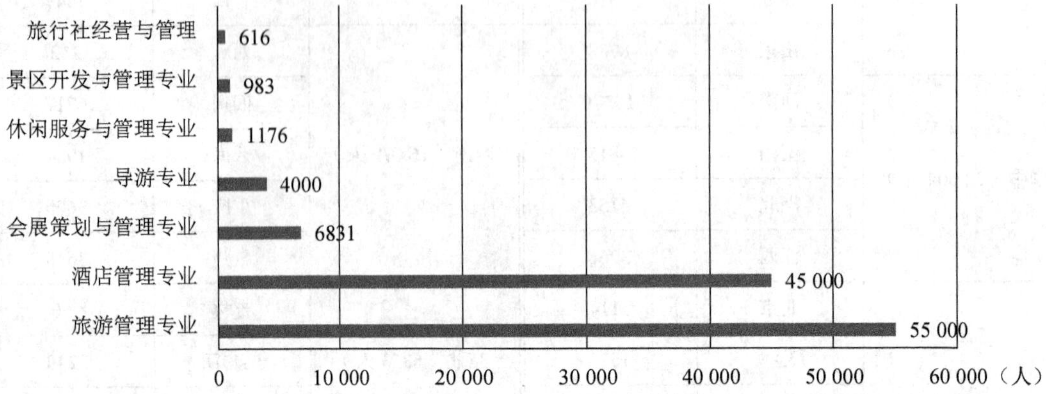

	旅游管理专业	酒店管理专业	会展策划与管理专业	导游专业	休闲服务与管理专业	景区开发与管理专业	旅行社经营与管理专业
招生人数占比（%）	48.41	39.61	6.01	3.52	1.04	0.87	0.54
招生人数（人）	55 000	45 000	6831	4000	1176	983	616

图 5　全国旅游高等职业院校按专业招生人数②

① 资料来源：原国家旅游局发布的 2017 年全国旅游教育培训统计情况。

② 资料来源：原国家旅游局发布的 2017 年全国旅游教育培训统计情况。

（3）学生报到情况

从抽样数据来看，2017 年全国旅游高职院校招生情况良好，学生总体报到率较高。调研组就黑龙江旅游职业技术学院、青岛酒店管理职业技术学院、山东旅游职业学院、山西旅游职业学院、上海旅游高等专科学校、天津青年职业学院、云南旅游职业学院、长沙商贸旅游职业学院、郑州旅游职业学院、广东酒店管理职业学院等 10 所学院的情况进行了较为详细的梳理，详见表 8。

表 8　2017 年部分院校招生及报到情况①

序号	学校名称	录取人数（人）	报到人数（人）	报到率
01	广东酒店管理职业学院	4918	3426	69.66%
02	黑龙江旅游职业技术学院	1994	1765	88.52%
03	云南旅游职业学院	2772	2397	86.47%
04	青岛酒店管理职业技术学院	4197	3890	92.69%
05	山东旅游职业学院	2700	2514	93.11%
06	山西旅游职业学院	2400	1886	78.58%
07	上海旅游高等专科学校	1364	1226	89.88%
08	天津青年职业学院	1647	1503	91.26%
09	长沙商贸旅游职业学院	2974	2703	90.89%
10	郑州旅游职业学院	3500	3117	89.06%

2. 在校生规模

在校生规模与招生情况一致，即华东地区人数最多，华中地区其次，华南和西南紧随其后；从专业角度来看，旅游管理和酒店管理两个专业人数居前两位，其他专业各有不同。如上海旅游高等专科学校全日制在校专科生总数为 3575 人，其中酒店管理专业 1094 人，占学生总数的 30.6%，其次为旅游管理（旅行社）和旅游英语专业，休闲服务与管理、应用西班牙语专业人数较少。山东旅游职业学院有全日制高职在校生 7000 人，其中酒店管理 2030 人，占 29%；旅游管理（旅行社）1750 人，占 25%。河北旅游职业学院在校生人数共 7109 人，其旅游管理 550，占 7.7%；酒店管理 526 人，占 7.3%。青岛酒店管理职业技术学院在校生总数为 13 476 人。浙江旅游职业学院在校生 11 177 人；郑州旅游职业学院 2017 学年全日制普通高职在校生 8290 人。山西旅游职业学院全日制在校生 5981 人。南京旅游职业学院全日制高职在校生 5624 人。云南旅游职业学院全日制在校生 5620 人。太原旅游职业学院全日制在校学生 4761 名；黑龙江旅游职业学院高职在校生 3946 人。重庆旅游职业学院全日制高职在校生 2553 人。

① 调研组根据调研情况数据整理。

3. 就业情况

调研组根据调研情况数据整理显示[①]，高职毕业生在校期间基本素养持续提升。各项素养中，"人生的乐观态度""积极努力、追求上进""乐于助人、参与公益"等素养提升比例连续三年增长，毕业生就业现状满意度同样持续提升，创新能力满足度稳定在高位，反映出高职学生的自信心逐年增强。调研组根据调研情况数据整理显示，2017 届大学生毕业半年后的就业率为 91.9%，与 2016 届、2015 届基本持平。其中，2017 届高职高专毕业生半年后的就业率为 92.1%，略高于 2016 届的 91.5%，近十年应届高职高专毕业生就业率稳步上升，2017 届高职高专就业率首次超过本科。

调研显示，2008—2017 届高职高专毕业生的平均月收入从 1647 元增长到 3860 元，增幅为 134%。在根据 CPI 进行调整后，2008—2017 届高职高专毕业生的平均月收入从 1647 元增长到 3164 元，增幅为 92%。毕业生就业满意度连续提升，2017 届毕业生就业满意度达 67%。从去向分布来看，2017 届高职高专毕业生"受雇全职工作"的比例为 80.8%，"自主创业"的比例为 3.8%，"受雇于半职工作"的是 2.0%。

就旅游高职院校来讲，整体就业情况良好，抽样平均就业率在 90% 以上，个别院校就业率甚至达到 100%（见表 9）。就业对口率较高，如郑州旅游职业学院对口率是 90.64%；南京旅游职业学院酒店管理、旅游管理、烹饪工艺与营养、空中乘务、旅游英语等品牌专业的对口就业率继续保持较高水平；陕西旅游烹饪职业学院对口就业率达到 98% 以上，就业率和就业质量稳步提高。

表 9　2017 年部分旅游高职院校就业情况统计[②]

序号	学校名称	毕业生总数（人）	初次就业人数（人）	初次就业率
01	河北旅游职业学院	1854	1685	90.88%
02	黑龙江旅游职业技术学院	1127	1115	99.99%
03	江西旅游商贸职业学院	5574	5458	97.92%
04	南京旅游职业学院	1750	1728	98.78%
05	青岛酒店管理职业技术学院	4653	4155	97.81%
06	山西旅游职业学院	2401	2368	98.63%
07	江苏旅游职业学院	921	915	99.35%
08	山东旅游职业学院	2401	2368	98.63%
09	陕西旅游烹饪职业学院	429	429	100.00%
10	三亚航空旅游职业学院	2227	2171	97.53%
11	上海旅游高等专科学校	943	934	98.41%

① 调研组根据调研情况数据整理。
② 调研组根据调研情况数据整理。

续表

序号	学校名称	毕业生总数（人）	初次就业人数（人）	初次就业率
12	云南旅游职业学院	890	851	95.62%
13	长沙商贸旅游职业学院	2350	2179	92.72%
14	郑州旅游职业学院	2546	2303	90.46%
15	浙江旅游职业学院	3639	3609	99.17%

（四）师资队伍建设情况

1.“双师”型教师比例提升

调研组根据调研情况数据整理得出：双师素质专任教师比例、企业兼职教师年课时总量等体现了校企合作的深度和资源整合能力，是高职院校内涵建设的重要着力点。例如，河北旅游职业学院双师素质教师 326 人，占专职教师 68.97%；黑龙江旅游职业技术学院双师型教师 384 人，占比为 85.51%；南京旅游职业学院双师型教师占比为 83.88%；山西旅游职业学院双师素质专任教师比例由 2015 年的 59.13% 上升至 63.43%；山东旅游职业学院校内双师素质教师 205 人，占校内教师数量的 85.77%；青岛酒店管理职业技术学院校内专任教师中，293 人为“双师”型教师，占专任教师比例的 91%，；三亚航空旅游职业学院校内专任教师中，具有双师素质的教师 161 人，占 56.10%；浙江旅游职业学院双师素质教师比例为 90.37%；郑州旅游职业学院 2017 年双师素质专业教师 374 人，教所占比例 63.17%；

2. 年龄结构、学历结构、职称结构趋向合理

2012—2017 年，全国高职院校高级职称专任教师由 89 139 人增至 118 452 人；拥有博士学位专任教师由 4253 名增至 7294 名。一批教学水平高、服务能力强的优秀教师脱颖而出，在入选国家“万人计划”的 98 名教学名师中，高职院校占 15 名[①]。

以青岛酒店管理职业技术学院为例，从年龄结构方面来看，35 岁以下教师中，校内专任教师 150 人，占专任教师的 46.58%；36~45 岁教师中，校内专任教师 102 人，占专任教师的 31.68 %；46~60 岁教师中，校内专任教师 70 人，占专任教师的 21.74%。从职称结构来看，校内专任教师中具有高级职称 90 人，中级职称 167 人；校内兼课教师中，具有高级职称 27 人，中级职称 55 人，校外兼职教师中具有高级职称 32 人，中级职称 56 人；校外兼课教师中，具有高级职称 25 人，中级职称 69 人。其中，具有高级职务教师占专任教师比例为 27.95 %。从学校内专任教师中，18 人具有博士学位，274 人具有硕士学位，拥有硕士或以上学位的专任教师占总数比例达到 90.68%，结构显示青年师资队伍的整体学历层次较高，师资队伍合理。

上海旅游专科高等学校现有专兼职专任教师 215 人，其中校内专任教师 156 人，占比 72.6%。师资队伍性别结构中，男女教师比例约为 1∶2；年龄结构，35 岁以下占 27%，35~45 教师占 40%，46 岁以上教师占 33%，可以看出年龄结构方面以中青年教师为主；

① 调研组根据调研情况数据整理。

职称结构中，高级职称教师的比例为 35.3%，中级职称的比例超过 50.6%，初级及以下占 14.1%；学历结构中，硕士研究生及以上学历教师占 80%，其中博士研究生学历教师占 25%；学校已经形成一支专兼结合、结构合理，能够适应目前职业教育发展需求的高素质师资队伍。

通过以上抽样数据可以看出，旅游高职院校的师资队伍是一支年轻的、充满活力的教师队伍，年龄结构、专业技术职务结构分布相对合理。

3. 师资建设制约专业发展

本报告调研组根据调研情况数据整理显示：师资队伍仍然是影响人才培养质量的瓶颈问题，教师缺编严重，有几十所院校专任教师到编率不足 78%，部分院校师生比超过 30∶1，难以有效保障专业教学质量①。有的专任教师年教学工作量超过 400 余学时，影响了企业实践的开展和专业素质的提升。

除此以外，东部地区高职院校资源水平整体较高；中西部地区院校的双师素质专任教师比例、校外兼职老师队伍建设等方面需要加大投入。报告还显示许多高职院校存在“重教书轻育人、重技能轻素质”的现象，教师队伍建设面临挑战。

调研中，不少旅游高职院校反映：“学校师资队伍建设仍有待加强，目前专业领军人才相对匮乏，引进人才的效益需进一步提高，人才引进与自主培养的关系需进一步理顺。高水平学科建设有待完善，国家级和省级重点重大项目有待进一步突破，教师专业优势有待进一步发扬。”②

（五）社会服务情况

调研组根据调研情况数据整理显示：高职高专毕业生对地方经济的服务贡献程度较高。目前，高职高专院校普遍以本地生源为主，毕业生留在本地就业是主流。数据显示，本地生源本地就业的情况不断提升，从 2013 届的 69.3% 上升到 2017 届的 71.5%，并且明显高于本科毕业生的 51.1%。从地区来看，中西部地区的本地就业率增加较为明显。

就旅游类高职院校方面来看，依托教育教学资源，在乡村旅游振兴、实施精准扶贫、横向技术服务、纵向科研服务和非学历培训等方面发挥了重要的作用。

1. 通过提供培训，服务行业企业

2017 年全国旅游系统职工教育培训总量为 586.4 万人次，分为岗位培训和成人学历教育两大类，其中岗位培训 562 万人次，成人学历教育 24.4 万人次③。

表 10　全国旅游系统职工教育培训基本情况一览表④

序号	岗位	培训（万人次）	成人学历教育（万人次）
1	旅游饭店岗位	304.9	11.6
2	旅行社岗位	125.3	7.3

① 调研组根据调研情况整理。

② 调研组根据调研情况整理。

③ 数据来源：国家文化与旅游部《2017 年全国旅游教育培训统计》。

④ 数据来源：国家文化与旅游部《2017 年全国旅游教育培训统计》。

续表

序号	岗位	培训（万人次）	成人学历教育（万人次）
3	旅游景区（点）	95.9	4.1
4	旅游行政部门岗位	9.4	0.4
5	其他旅游企事业单位岗位	26.5	1

山东旅游职业学院适应旅游行业发展需要，积极开展行业培训，为全国旅游业转型升级提供智力服务，2017 年举办全省旅游热点难点系列培训班、区域旅游品牌塑造高级研修班、青海海北州旅游整体提档升级培训班、星级旅游饭店卫生规范培训班和各级各类旅游企业培训班 93 期，培训人数达万余人。浙江旅游职业学院为 30 多个县（市、区）的旅游行政管理部门和农家乐经营户提供各类免费旅游业务培训；承担国家旅游局、省旅游局及各地市旅游行政管理部门等各级各类人才培训 87 期，达到 6652 人次。①

南京旅游职业学院致力于举办及承接全国旅游行业各类培训鉴定项目，为旅游行业培养具有市场竞争能力的高层次、实用型、复合型的管理人才。学院始终围绕“服务行业，回馈社会”的培训宗旨，坚持“紧跟行业发展，满足企业需求，寻求服务创新”的服务原则，遵守“细致服务、经典前瞻”的行为标准，近年来逐步形成了岗位 + 专题培训、成建制培训、送教上门、技能鉴定系列化、定制式培训产品。②

2. 通过技能大赛，服务地方经济

承办技能大赛对于承办学校、承办学校的师生、承办方当地的业内企业甚至承办地的旅游经济都能产生积极的效用。如青岛酒店管理职业技术学院、南京旅游职业学院、山东旅游职业学院等院校近年来多次承办国家级或省级的各项技能大赛，2017 年赛事规模和赛事人数又创新高。

青岛酒店管理职业学院 2017 年圆满承办了全国职业技能大赛中餐主题宴会设计、全国旅游院校服务技能（饭店服务）大赛、全国邮政行业职业技能竞赛等各类各级职业技能大赛。通过大赛规范竞赛标准和规程，充分利用优质资源，继续对口支援青岛市烹饪学校、贵州黔南民族职业技术学院等所职业院校，促进了东西部旅游人才的培养。南京旅游职业学院以承办全国职业院校技能大赛“西餐宴会服务”赛项为契机，开发餐饮教学资源，编撰 3 本大赛成果转化教材，建成了以理论教学为基础，实践教学为主导的立体化教学资源库，并围绕成功申报 3 项省级课题，形成多篇研究论文，以全面总结、提炼和传播大赛成果，真正实现“以赛促教，以赛促研，以赛促产”。

3. 通过课题咨询，服务贡献社会

2017 年，旅游高职院校继续通过横向课题、企业咨询等方式服务地方经济。如浙江旅游职业学院以服务社会为己任，2017 年学院承接各类行业企业课题 105 项，横向技术服务合同金额达 2400 万元，到款总额超 1700 万元；积极开展送教下乡等服务，以乡村景

① 山东旅游职业学院《2018 年度高等职业教育质量报告》。
② 南京旅游职业学院《2018 年度高等职业教育质量报告》。

区建设、全域旅游、旅游产业融合、旅游新业态为重点服务内容，服务社会成果丰硕，学院被评为“2017 年高等职业院校服务贡献 50 强院校”，也是全国旅游与服务类院校中唯一一所获此殊荣的高职院校。

（六）实习实训与校企合作基本情况

企业参与职业教育，在确保高职院校教学内容、培养规格、人才供给适应产业发展需求等方面发挥着不可替代的作用。相关企业年报显示，超过 87% 的企业在高等职业教育发展中有人力资源投入，增强了优秀兼职教师的供给；超过 65% 的企业在高职院校发展中有资金投入，主要用于发放学生实习津贴和师傅带教津贴，以及培训、课程开发和科研等；超过 80% 的企业在高职院校投入实践教学资源，建立实践教学场所，设立学生实习和教师实践岗位；近两成的企业与高职院校共建二级学院或教学与实训机构，发挥办学主体作用；超过 85% 的企业与学校合作开发专业课程与培训课程[①]。

据调研，旅游类高职院校都十分重视与企业的合作。2017 年合作继续深化，趋于融合发展。如河北旅游职业学院通过“引企入校、引校入企”等方式拓展校企合作育人途径，新增北京中航联盟、北京翔宇、河北邮轮、海洋创业等校企合作单位订单班 4 个。学院积极推动校企联合招生、联合培养、一体化育人的现代学徒制试点，“德阳班”校企合作办学模式、丰宁县林业班校政合作取得了较好效果。学院积极稳妥推进中高职人才培养衔接，与赵县职教中心、滦县职教中心等 32 所中职学校签署了联合办学协议。2017 年，有合作企业的专业数已达 70%，企业录用定岗实习毕业生比例 90.85%，学校为合作企业培训员工 12720 人天。

随着校企合作模式的成熟，旅游高职院校也在不断优化其合作伙伴，如校企合作进一步加强。如郑州旅游职业学院 2017 年与迪士尼签署校企全面合作框架协议。与加勒比邮轮、新郑国际机场、喜达屋河南区域、郑州绿地 JW 万豪酒店、同程网等多种业态的品牌企业深化合作，共建实习实训基地。与河南公共保税物流中心等多家企业洽谈深化合作事宜。与河南腾郑电子商务公司等达成共建专业实训室建设意向。与太昊陵景区、芒砀山旅游区、中原福塔景区等景区、单位建立战略合作关系。与河南国脉文化发展中心共建民族传统技艺专业，培养非物质文化遗产保护传承专业人才。

校企合作是高职院校培养学生必不可少的环节，对于实践性较强的旅游学科来讲更是如此，因此校企合作需要不断探索和创新其模式与内容，以期更加符合旅游高职院校培养学生的目标和办学宗旨。

二、取得的主要成果

（一）国际影响力整体水平有所提升

“一带一路”倡议引领中国产业“走出去”。旅游高职教育的国际化办学呈现“引进来”和“走出去”并重态势，高等职业院校在伴随着“走出去”战略中努力提升了国际影响力。中国特色高职教育模式受到发展中国家欢迎，我国一批旅游高职院校受到“一带一

① 调研组根据调研情况数据整理。

路”沿线国家认可，逐渐成为来华留学生的目的地之一，留学生总数逐年递增。教学质量和特色开始成为吸引国外学生的因素，在国际合作中将有更大空间。

全国高职高专校长联席会议负责编制的《2018 中国高等职业教育质量年度报告》于 2018 年 7 月公布。年度再次评出“国际影响力 50 强”，这一榜单反映着中国高职教育国际交流合作的发展水平。与2016年相比，2017年“国际影响力50强”整体水平有所提升，全日制国（境）外留学生人数、非全日制国（境）外人员培训量、在校生服务“走出去”企业国（境）外实习时间、专任教师赴国（境）外指导和开展培训时间等指标平均值分别是上一年的 1.6 倍、4.6 倍、1.4 倍和 1.5 倍。50 强院校体现了高职教育服务国家战略的意识和行动，也引导着高职院校更多关注国际交流与合作。云南旅游职业学院、浙江旅游职业学院连续两年荣登榜单，可见旅游高职教育的国际化步伐走在了全国前列。

目前，国内旅游高职院校的国际交流与合作影响力逐渐增强，合作路径、形式也越来越多元化。一是大力发展交换生、留学生教育和短期出国研修、游学、实践项目，例如，山东旅游职业学院接受培养蒙古留学生 80 余人，河北旅游职业学院学院先后与日本、韩国、俄罗斯、美国、塞舌尔、西班牙、瑞典、加拿大、澳大利亚、新西兰、泰国、塞浦路斯、马来西亚等 30 多所高等院校建立了广泛国际合作关系，并向日本、韩国、美国、泰国等高等学府输送了 100 名留学生，其中 80 多名留学生获得了境外本科、研究生毕业证书，有的已在国外就业、定居。浙江旅游职业学院目前共有来自韩国、日本、俄罗斯、土库曼斯坦、意大利、马来西亚等国近 40 位留学生在校学习，留学生生源方面呈现多元化发展态势。二是稳步推进中外合作办学，大力引进优质教育资源，例如，南京旅游职业学院与美国温森斯大学、新西兰怀阿里奇理工学院、普渡大学、美国夏威夷太平洋大学、公立马德里康普顿斯大学专升硕项目等多个国家进行合作办学，考取学士、硕士学位。

（二）社会服务能力全面提升

旅游高职教育是与旅游经济发展最紧密的教育之一，旅游经济的发展在很大程度上依靠旅游者的素质和技能水平。旅游高职院校通过设置旅游产业发展和旅游经济转型相适应的专业，培养服务、管理第一线的旅游高素质技能型人才，为旅游经济发展提供人才的支持。旅游高职院校除了向旅游区域和行业提供人才培养与培训外，还承担着向旅游区域经济社会发展或行业产业提供技术创新、咨询、推广和服务，并担负起技术服务中心的职能，传承、传播和辐射先进文化的功能。

《2018 中国高等职业教育质量年度报告》评出 2017 年度“服务贡献 50 强”。与 2016 年度相比，50 强院校横向技术服务、纵向科研服务和非学历培训到款额等 3 项指标的中位数分别增长 49%、75% 和 93%，整体水平有较大提升。作为旅游类专科院校浙江旅游职业学院也位列其中。这体现了旅游高职教育过程中更加注重强调“服务发展、促进就业”的办学方向，重视毕业生人数和就业去向、横向技术服务到款额、纵向科研经费到款额、技术交易到款额、非学历培训到款额和公益性培训等指标对旅游高职教育社会服务功能的促进作用。

在旅游精准扶贫项目中，旅游高职院校担负着乡村旅游培训的实施者的重要角色，投入乡村振兴成为旅游高职服务新热点，乡村旅游开发为乡村发展注入新动能，校村合作、校镇合作成为城乡融合新模式。山东旅游职业学院推出了“校地合作”品牌，直接支持地方旅游业发展。“支援中西部地区招生协作计划”覆盖的中西部省份。高职院校组团开展跨省援助和省域内帮扶，通过院校联办专业、高职帮扶中职、中职延伸服务，开启了中西部地区“跨省互助 + 省内自助”的新模式。优质院校得到地方政府和行业领军企业的认可与支持，为中国制造注入新动力。

（三）学生成长成才培养成效显著

随着旅游职业院校积极顺应这种新的形势和任务，改革课程体系、教学模式、教育方式，不断强化对学生价值观、社会公德、职业精神、职业道德的培育塑造，从学生发展维度来看，高职教育在技能教育之外，对重塑学生自信心、上进心等方面有着重要成效，实践教学、社团活动的育人功能日益显现，毕业生对母校满意度达到 86%。毕业生毕业半年后就业率达到 92.1%，收入结构呈优化态势，高收入群体有所增加，低收入群体有所下降，专业相关度、自主创业比例、毕业三年职位晋升比例等指标均稳中有升，就业质量进一步提高，职业发展上升空间扩大。

2017 年抽样的部分旅游高职院校数据显示，毕业生就业率、月收入、专业相关度、就业满意度、工作稳定性、自主创业比例和创业存活率等指标稳中有升，抽样平均就业率在 90% 以上，个别院校就业率甚至达到 100%。就业对口率较高，如郑州旅游职业学院对口率是 90.64%；南京旅游职业学院酒店管理、旅游管理、烹饪工艺与营养、空中乘务、旅游英语等品牌专业的对口就业率继续保持较高水平；陕西旅游烹饪职业学院对口就业率达到 98% 以上，就业率和就业质量稳步提升。

（四）产教融合、校企合作程度更加深入

产教融合是职业教育育人过程的体现，是职业教育改革发展的方向，涉及办学定位、政策调整、文化建设、课程整合、师资建设等多种因素。产教融合是促进经济社会持续快速健康发展的稳定器，是职业院校培养高素质人才的加速器，也是行业企业获得实用人才的蓄水池。旅游高职教育的产教融合在政策层面已经搭建了优质的环境，实践层面也展开了大量的探索。目前，旅游高职院校的双师素质专任教师比例、企业提供的校内实践教学设备值、企业兼职教师年课时总量都已经有了显著的提高，部分旅游高职院校的双师素质专任教师比例超过 90%。

三、存在的主要问题

（一）优质教学资源共建共享机制尚未形成

优质教学资源是高职教育优质发展的重要保障。专业课程、教学科研仪器设备值、年财政拨款水平、全日制在校生人数、专任教师总数、教学及辅助行政办公用房面积、校内实践教学工位数、双师素质专任教师比例、校园网主干最大带宽、企业提供的校内实践教学设备值、企业兼职教师年课时总量等构成了优质教学资源的主要内容。目前，部分旅游院校存在专业教学资源短缺、生师比高、生均教学资源投入不足、专业质量认证机制缺失等问题。有的院校生师比高于 20∶1，生均教学科研仪器设备值低于 3000 元。信息化建设存在区域不平衡、教师信息化教学能力欠缺等问题，中西部旅游高职院校校园网主干最大带宽较全国高职院校平均水平低。

旅游高职院校是行业产业属性极强的院校类型，在对企业对院校教学的支持方面尤为重视，但是从2017年高等职业院校“教学资源50强”中没有旅游职业院校的现象可以看出，旅游高职院校在优质教学资源建设和共享机制建设方面还需加大投入，加强建设。

（二）创新创业教育学生参与度仍需挖掘

1991年，东京创业创新教育国际会议从广义上把“创业创新教育”界定为：培养最具有开创性个性的人，包括首创精神、冒险精神、创业能力、独立工作能力以及技术、社交和管理技能的培养。早在2010年，教育部在《关于大力推进高等学校创新创业教育和大学生自主创业工作的意见》中就指出：“在高等学校开展创新创业教育，积极鼓励高校学生自主创业，是教育系统深入学习实践科学发展观，服务于创新型国家建设的重大战略举措；是深化高等教育教学改革，培养学生创新精神和实践能力的重要途径；是落实以创业带动就业，促进高校毕业生充分就业的重要措施。”

然而，数年过去了，我国旅游高职教育界的创新创业教育可以说还处在较为粗浅的阶段，真正发展成熟、极具推广的模式并不多。主要问题包括：思想观念及重视度不足，缺乏相应投入；缺乏相应的课程体系、课程设计、教材编著和师资培养；缺乏有效的实践环节和相应的实践设施；仅仅依靠单一的一门或几门选修课程、创业社团等进行粗浅的尝试，缺乏与行业企业联合系统培育；等等。创新创业教育学生参与度不足，创业教学课程、辅导活动、实践活动和竞赛活动的参与度不足50%，还有扩大覆盖范围的空间。

（三）专业师资、兼职教师培养力度有待提升

由于经费投入不足，校企合而不深、合而不融的问题依然存在，一些旅游告知院校专业师资培养不足，兼职教师聘用困难，难以满足人才培养的需求。教师的职称结构不够合理，教学一线正高职称教师稀少，仍有少部分教师的职称为中学和中专系列，影响了学院和学科的发展；青年教师、专业带头人和中青年骨干教师培养力度不足。师资培养制度、保障机制、岗位聘任机制、激励机制和考评机制重身份轻业绩，重身份轻能力等问题突出，制度设计和保障机制已不能满足学校发展的新要求。在兼职教师培养方面，与一些优秀的旅游高职院校资金充足，师资力量雄厚，基础设施完善相比，一些院校支付企业兼职教师课酬低于每月1000元，甚至有些院校无兼职教师课酬。

四、对策与建议

（一）坚持立德树人根本方向

习近平总书记在党的十九大报告中强调“要全面贯彻党的教育方针，落实立德树人根本任务，发展素质教育，推进教育公平，培养德智体美全面发展的社会主义建设者和接班人”[①]。这既是国家对各层次各类型教育的总体要求、根本要求，也是具体要求、现实要求，必将深刻影响各类教育特别是高等职业教育的办学方向和人才培养模式。长期以来，受各种因素的影响，高等职业教育一定程度上存在“重技能轻知识、重能力培养轻品质养成”

① 中国共产党第十九次全国代表大会报告。

的现象，一段时间还表现得相当严重。党的十八大以来，特别是2016年全国高校思想政治工作会议召开以来，“立德树人”作为教育的根本性要求得到进一步强化。中国特色职业教育要走向世界舞台中央，必须坚持围绕立德树人的根本任务。对于旅游职业院校来说，必须根据党和国家的新形势、新政策、新要求，不断调整课程体系、管理服务体系、校园文化育人体系，全面推动社会主义核心价值观进教材、进课堂、进学生头脑，在重视职业知识、职业能力的同时，将思想政治教育和职业精神放在更加根本和重要的位置，建立起适应新时代需要、符合全域旅游发展需要的旅游职业教育人才培养模式。另外，随着我国经济社会发展进入新时代，我国经济由高速增长阶段转向高质量发展阶段，对人力资源素质和教育质量提出了更高的要求。要建设现代化旅游经济体系，必须把提高人力资源供给体系质量作为主攻方向。这就更加需要旅游职业教育坚持立德树人，创造适应新需求的有效教育供给。新时代的旅游职业教育，要着力培养兼具良好品性、技术技能、解决问题等综合能力的新型人才，适应国家建设知识型、技能型、创新型劳动者大军的需要，更加重视提高学生的综合素质。

（二）持续加强教师队伍建设

百年大计，教育为本。教育大计，教师为本。只有建立一支高素质的教师队伍，才能培养出高素质的旅游专业人才。习近平总书记指出：“今天的学生是未来实现中华民族伟大复兴中国梦的主力军，广大教师就是打造这支中华民族’梦之队’的筑梦人。”对于学校来讲，教师队伍的重要性怎么强调都不为过。如何建设一支高素质的教师队伍？2014年教师节之际，习近平总书记在北京师范大学考察时强调，全国广大教师要做“有理想信念、有道德情操、有扎实知识、有仁爱之心”的好老师，为发展具有中国特色、世界水平的现代教育，培养社会主义事业建设者和接班人做出更大贡献。2016年教师节之际，习近平总书记到北京市八一学校考察时强调，提出“广大教师要做学生锤炼品格的引路人，做学生学习知识的引路人，做学生创新思维的引路人，做学生奉献祖国的引路人”，“四有教师”和“四个引路人”为我们指明了教师队伍建设的方向、目标和路径。对于旅游高等教育来讲，必须按照“四个引路人”和“四有教师”的标准，持续不断地加强教师队伍建设。另外，旅游业产业特性对应用型、复合型人才的要求，决定了旅游高等职业教育师资必须以具有行业从业经历的“双师型”师资为主体。在这方面，德国的“双元制”旅游教育师资体系树立了很好的榜样。旅游职业院校所拥有的“双师型”师资的质量、数量成为决定办学质量和人才培养质量的根本。旅游高等职业院校必须以建设“双师型”队伍为主要目标，鼓励和引导教师按照“双师型”要求不断提高自身素质。一是改革师资引进体制，重点引进具有行业从业经历和国际化教育和职业背景的人才。二是建立教师企业挂职锻炼管理办法，教师必须定期到企业挂职锻炼，将挂职锻炼作为职务评聘的必备条件。三是改革评价体系和收入分配制度，建立利益分享机制，将教师教学、科研和社会服务工作统筹计算，鼓励教师走出象牙塔，允许教师通过产学研合作获取合理报酬，积极投身于企业行业一线获取知识、增长能力。

（三）不断完善实践育人体系

实践能力是国际公认的职业人才必备的核心素质。工学结合、校企合作是职业教育的本质特征和生命线。对学生实践能力的培养主要是通过建设校内实训基地、校外实习基地和大力推动校企合作来实现，它们共同构成旅游职业院校的实践育人体系。一是切实加强校内实训基地建设。校内实训基地是进行实践教学的重要基地，对于培养学生的基本能力、基本技能和职业素质具有重大意义。必须重视和加强实训基地的建设，不断加大投入，充实实训内容，改革实训方法。山东旅游职业学院兴建了兼具校内实训中心功能的四星级百川花园酒店，以此为依托开展实践课改革，实训老师在岗指导，学生直接参与对客服务、实际经营，实现了教学与经营的“无缝对接”，大大提高了学生的实践能力。校外实习基地是校企合作、产学结合的联系纽带，是目前校企双方热情最高、最成熟的校企合作渠道和机制。但我们也要看到，这其间也存在诸如内容单一、质量不高、责任不清晰、管理不科学等一系列问题。要解决这些问题，必须在加强制度建设、强化过程管理、细化校企责任分工、建设实习标准、加强考核管理等方面采取创新性的举措。二是深化校企协同育人。创新校企合作育人的途径与方式，引导旅游企业充分发挥重要办学主体作用，积极推动校企联合招生、联合培养、一体化育人的现代学徒制试点，深化工学结合人才培养模式改革，根据技术技能人才成长规律和工作岗位的实际需要，共同研制人才培养方案、开发课程和教材、设计实施教学、组织考核评价、开展教学研究等。三是发挥集团化办学优势。开展集团化办学是深化产教融合、校企合作，激发职业教育办学活力，促进优质资源开放共享的重大举措。要认真学习贯彻《教育部关于深入推进职业教育集团化办学的意见》的文件精神，进一步规范完善职业教育集团治理结构，积极探索混合所有制办学，通过人员互聘、平台共享，探索建立基于产权制度和利益共享机制的旅游职业教育集团治理结构与运行机制。

（四）加快提升国际合作水平

旅游业是我国与国际接轨最早的行业之一，国际化是旅游业的特有属性。旅游职业教育国际化是与世界旅游业一体化相伴共生的一种客观趋势，旅游业人才国际化是提升旅游业国际化水平是建设旅游强国的重要途径之一。顺应国际化的发展趋势，与国际旅游教育接轨，在国际平台上培养国际化的旅游人才，是全球化时代中国旅游职业教育发展的必然选择。旅游高等职业院校要以放眼全球的眼光，加快国际化进程，自觉、主动、积极融入“一带一路”发展进程，使旅游职业教育朝着国际的水准发展。要加强与国（境）外旅游院校的交流与合作，积极输送优秀教师到国（境）外开展学习交流，到处于同行业发展前沿的国家或地区取经，借鉴汲取先进的办学经验和教学理念，有条件的也可以尝试与国（境）外优秀的教育机构联合办学，开办国际化专业，招收留学生，构建与国际一流旅游职业教育院校对话沟通的共同语境。要拓展学生海外实习实训渠道，扩大海外实习规模，推动实施高水平、示范性中外合作办学，探索与出境旅游快速发展相配套的旅游职业教育发展新模式，支持优质旅游职业院校到国（境）外办学，培养符合中国游客境外旅游需要的本土化人才。

（五）切实规范行业用人机制

旅游职业教育的发展离不开企业界的支持和参与。旅游职业院校和旅游企业分处人才培养链的两端，院校负责供给，企业提供需求，两者应同向而行、结伴而行，是相互服务、相互支持、协同发展的命运共同体。分析中国旅游高等职业教育存在的主要问题，在院校人才培养体系之外，与旅游企业的管理体制、特别是选人用人体制、工资薪酬体系有着密切的关系。近年来，旅游业一直受到“吸引力下降”瓶颈的困扰。在学校方面，很多学生及家长不愿报考旅游专业；在企业方面，年轻人不愿到旅游行业工作，甚至在一定程度上出现了“用工荒”。之所以出现这种现象，这与旅游企业的用人机制存在很大的关联性。旅游行业工作时间长、工作辛苦、标准要求高，但从业人员社会地位和工资薪酬却较低。部分旅游企业与在院校和员工关系方面，居高临下，一味索取，不愿在员工培养、校企合作方面加大投入。要改变这种局面，就需要旅游企业在校企合作方面不断加大投入，深度融入旅游职业院校人才培养过程，支持旅游院校不断推进人才培养模式改革和创新。另外，要进一步完善和规范企业选人用人机制，提高准入门槛，建立更加完善的培训机制、考核机制和薪酬体系，逐步改变低薪酬大批量用人的服务模式，吸引更加毕业生和优秀人才投身旅游业。

回顾过去，随着中国特色社会主义进入新时代，2017 年的中国旅游高等职业教育发生了深刻而深远的变革，发展的质量更高，办学的体制更完善，人才培养模式更成熟，校企合作和国际合作的水平更高。展望未来，在国家大力发展旅游业和职业教育的背景下，在习近平新时代中国特色社会主义思想的指导下，中国旅游高等职业教育一定会顺势而为、乘势而上，不断完善体制机制，探索构建具有中国特色的旅游职业教育人才培养模式，为旅游业和经济社会发展做出更大贡献。

（本报告由山东旅游职业学院课题组完成，课题组负责人：魏凯；执笔人：马保烈、孙健、刘萍）

中国旅游中等职业教育年度报告

我国旅游产业近年来发展迅速，现已成为国民经济发展的新兴产业和新的经济增长点。据世界旅游组织预测，到 2020 年，我国将成为世界最大的旅游目的地和第四大旅游客源国。随着国内旅游产业的迅猛发展及旅游产业转型升级的迫切要求，旅游教育特别是旅游人才的结构质量面临新的挑战。中职旅游教育作为不可或缺的一部分，是广大青年打开通往成功成才大门的重要途径。《国家中长期教育改革和发展规划纲要（2010—2020年）》明确提出："到 2020 年，要形成适应经济发展方式转变和产业结构调整要求、体现终身教育理念、中等和高等职业教育协调发展的现代职业教育体系。"本报告旨在通过梳理目前旅游类中职院校情况，以客观的数据、案例、典型的做法等呈现旅游中职教育的现状，提出共性问题，分析对策，展望未来发展趋势，为旅游中职教育的发展提供方向。

一、研究背景

1917 年，中华职业教育社成立，标志着我国职业教育的诞生。至 2017 年，我国的职业教育历经百年，经历了从蹒跚学步到展翅腾飞的发展历程。近年来，党和国家高度重视职业教育发展，出台了一系列有利于职业教育发展的政策。随着国务院下发《关于加快发展现代职业教育的决定》及《职业教育法》的颁布实施，我国职业教育发展实现了历史性的新跨越。

职业教育是面向人人、面向全社会的教育。发展职业教育是促进转方式、调结构和民生改善的战略举措。以改革的思路办好职业教育，对提升劳动大军就业创业能力、产业素质和综合国力，意义重大。"十三五"期间，职业教育将牢牢把握服务发展、促进就业的办学方向，深化体制机制改革，创新各层次各类型职业教育模式，坚持产教融合、校企合作，坚持工学结合、知行合一，加快构建现代职业教育体系。我国的旅游中职教育也将继续秉承为行业服务的初衷，顺应时代发展，响应国家号召，加快培育大批具有专业技能与工匠精神的高素质劳动者和人才，深度融入大众创业、万众创新和"中国制造 2025"的实践之中，促进新动能发展和产业升级，带动扩大就业和脱贫攻坚，为支持推动旅游业发展做出新贡献！

二、发展概况

（一）学校规模

2017 年，全国开设旅游类专业（主要包括旅游管理、导游、旅行社经营管理、景区开发与管理、酒店管理、休闲服务与管理和会展策划与管理等 7 个专业）的普通高等职业院校 1086 所，开设旅游相关专业（主要包括高星级饭店运营与管理、旅游服务与管理、旅游外语、导游服务、会展服务与管理 5 个专业）的中等职业学校 947 所[①]（见表 1），中、高职学校数量相差不多，开设专业的对口率较高。

表 1　2017 年全国旅游中职院校基本情况汇总表

省份	院校数（所）	招生数（人）	省份	院校数（所）	招生数（人）
北京市	17	622	河南省	19	1903
天津市	2	510	湖北省	23	3039
河北省	20	1765	湖南省	22	2502
山西省	8	1145	广东省	71	7477
内蒙古自治区	17	1507	广西壮族自治区	18	5026
辽宁省	19	1841	海南省	40	9468
吉林省	9	524	重庆市	74	9572
黑龙江省	13	591	四川省	125	14 134
上海市	16	2410	贵州省	20	2132
江苏省	40	4367	云南省	121	8228
浙江省	61	5882	西藏自治区	5	524
安徽省	23	6076	陕西省	4	887
福建省	28	1985	甘肃省	19	1180
江西省	2	632	青海省	2	410
山东省	38	4749	宁夏回族自治区	2	398
新疆维吾尔自治区和新疆生产建设兵团	69	28	合计	947	101 514

2017 年，全国开设旅游类专业的中等职业学校 947 所，比上年度增加了 23 所，相对靠近 2013 年旅游类专业的高峰期，与 2014 年相对持平（见图 1）。

① 文化和旅游部：2017 年全国旅游教育培训统计，http：//zwgk.mct.gov.cn/auto255/201804/t20180419_832575.html?keywords=。

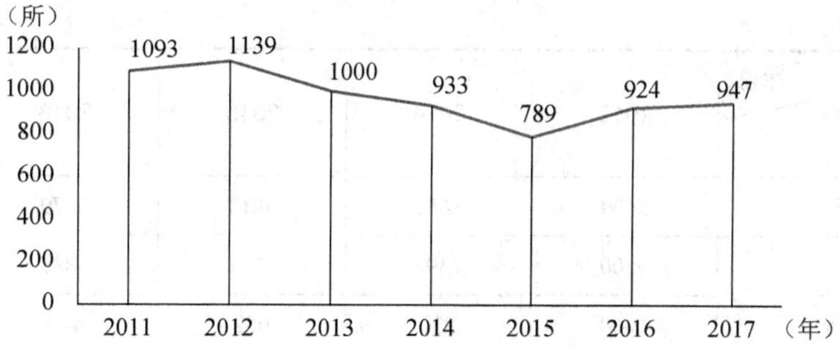

图 1　2011—2017 旅游中职校数量

（二）中职教育招生规模

2017 年，全国旅游类中职专业共招生 10.2 万人。其中高星级饭店运营与管理专业全国共招生 2.2 万人；旅游服务与管理专业全国共招生 4.7 万人；旅游外语专业全国共招生 2122 人；导游服务专业全国共招生 5766 人；会展服务与管理专业全国共招生 647 人；其他旅游类专业全国共招生 2.4 万人（见图 2）。

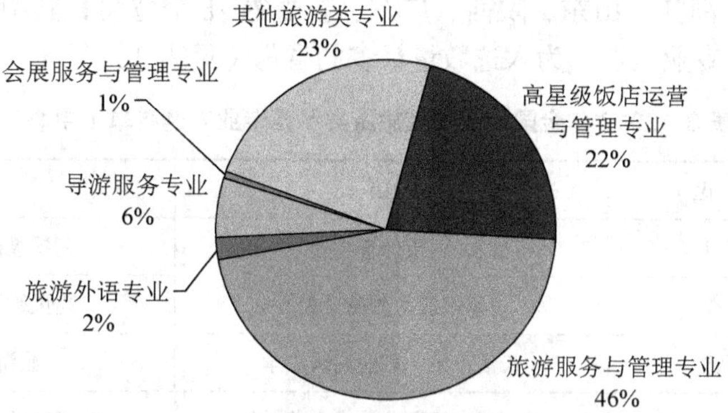

图 2　中职教育招生情况

相对于 2016 年的数据来看，2017 年高星级饭店运营与管理专业增加 2000 人，旅游服务与管理专业增加 1000 人，旅游外语专业减少 1157 人，导游服务专业减少 120 人，会展服务与管理专业减少 207 人，其他旅游类专业增加 4000 人。总而言之，2017 年中职旅游类专业招生总量稳定，较 2016 年（10.4 万人）略有下降（见表 2）。

表 2　近五年旅游中职教育各专业招生情况汇总表（单位：人）①

专业 \ 招生人数 \ 年份	2013	2014	2015	2016	2017
高星级饭店运营与管理	25 300	31 600	21 000	20 000	22 000
旅游服务与管理	51 300	49 900	40 000	46 000	47 000

① 资料来源：原国家旅游局统计数据。

续表

专业 \ 招生人数 \ 年份	2013	2014	2015	2016	2017
旅游外语	5400	8651	3813	3279	2122
导游服务	9300	7492	7332	5886	5766
会展服务与管理	1600	970	652	440	647
其他旅游类专业	—	24 400	20 000	28 000	24 000

从以上可以看出，旅游服务与管理专业和高星级饭店运营与管理专业在招生人数上占到总招生人数的 2/3 以上。近年来，高级酒店管理人才在全球一直处于紧缺状态，中等职业院校专业招生的情况与行业需求基本相符，对行业人才输出做出了积极贡献。

2017 年，教育部组织评选了全国职业院校旅游类示范专业，共有 29 所中职学校的 29 个专业入选。入选总量低于高职院校的 40 所院校，44 个专业。入选的学校范围分布较广，涉及北京、上海、浙江、山东、陕西、广东、新疆等 18 个省份，其中，辽宁、上海分别有 3 所学校的 3 个专业入选，为入选数量最多的省份（见表 3）。

表 3　2017 年全国职业院校旅游类示范专业入选名单（中职）①

序号	省（市、区）	学校	专业
1	北京市	北京市外事学校	高星级饭店运营与管理
2	河北省	石家庄市旅游学校	高星级饭店运营与管理
3	山西省	长治市第一职业高级中学	旅游服务与管理
4	辽宁省	丹东市中等职业技术专业学校	高星级饭店运营与管理
5		沈阳市外事服务学校	高星级饭店运营与管理
6		沈阳市旅游学校	旅游服务与管理
7	吉林省	吉林女子学校	旅游服务与管理
8		长春市农业学校	高星级饭店运营与管理
9	黑龙江省	牡丹江市职业教育中心学校	高星级饭店运营与管理
10	上海市	上海市南湖职业学校	高星级饭店运营与管理
11		上海市商贸旅游学校	旅游服务与管理
12		上海市现代职业技术学校	高星级饭店运营与管理
13	江苏省	常州旅游商贸高等职业技术学校	旅游服务与管理
14		苏州旅游与财经高等职业技术学校	旅游管理

① 资料来源：中华人民共和国教育部官方网站。

续表

序号	省（市、区）	学校	专业
15	浙江省	安吉职业教育中心学校	旅游服务与管理
16		杭州市旅游职业学校	旅游服务与管理
17	福建省	福州旅游职业中专学校	旅游服务与管理
18	山东省	青岛旅游学校	高星级饭店运营与管理
19		山东省潍坊商业学校	旅游服务与管理
20	广东省	广东省旅游职业技术学校	高星级饭店运营与管理
21		广州市旅游商务职业学校	高星级饭店运营与管理
22	广西壮族自治区	桂林市旅游职业中等专业学校	高星级饭店运营与管理
23		南宁市第一职业技术学校	高星级饭店运营与管理
24	海南省	海南省海口旅游职业学校	高星级饭店运营与管理
25		海南省旅游学校	导游服务
26	重庆市	重庆市旅游学校	高星级饭店运营与管理
27	贵州省	赤水市中等职业学校	高星级饭店运营与管理
28	陕西省	陕西省旅游学校	高星级饭店运营与管理
29	新疆维吾尔自治区	阜康市职业中等专业学校	旅游服务与管理

（三）师资队伍规模

通过对比2008—2012年旅游中职教育和旅游高职教育师资情况可以发现：旅游高职教育师资规模逐年稳定扩大，旅游中职教育师资规模基本稳定。近两年来，由于原国家旅游局发布的全国旅游教育培训统旅游计数据未涉及中职教师数量情况，参照此前五年（2008—2012年）统计数据，考虑招生规模总体缩小的因素，2017年全国旅游中等职业学校专职教师规模大约在2万人左右，中职师生比例较高职师生比例略高，为1:25（见表4）。

表4 2008—2012年全国旅游教育中高职师生比

类别 \ 年份		2012	2011	2010	2009	2008
中职学校	教师数（万人）	1.97	1.97	2	2.04	1.99
	学生数（万人）	49.72	48.34	49	45.4	40.5
	师生比例	1 : 25	1 : 25	1 : 25	1 : 22	1 : 20
高职院校	教师数（万人）	2.47	2.53	2.4	2.21	1.78
	学生数（万人）	57.62	59.98	59.6	49.8	44
	师生比例	1 : 23	1 : 24	1 : 25	1 : 23	1 : 25

（四）校企合作情况

校企合作是一种注重培养质量，注重在校学习与企业实践，注重学校与企业资源、信息共享的“双赢”模式。校企合作做到了应社会所需，与市场接轨，与企业合作，实践与理论相结合的全新理念，为教育行业发展带来了一片春天。近年来，旅游中职教育持续深入推进产教融合、校企合作，广泛开展订单培养、校中厂、厂中校、现代学徒制等合作，基本形成产教协同发展和校企共同育人的格局。

2017 年，原国家旅游局发布了《关于组织开展旅游职业教育校企合作示范基地遴选工作的通知》，面向具有良好校企合作基础的旅游职业学校遴选建设一批示范基地，全国共有 50 所院校入选，其中中职学校 19 所（见表 5）。原国家旅游局将连续 3 年、年均投入 350 余万元专项经费，引导加强校企合作顶层设计、制订校企合作发展规划和年度项目计划、开展合作模式创新等。此项目的实施，将引领旅游中职院校的校企合作工作实现一个新的跨越式发展。

表 5　旅游职业教育校企合作示范基地（中职）

序号	省份	学校
1	北京市	北京市外事学校
2	河北省	石家庄市旅游学校
3	山西省	平遥现代工程技术学校
4	辽宁省	沈阳市外事服务学校
5	吉林省	吉林女子学校
6	黑龙江省	牡丹江市职业教育中心学校
7	上海市	上海市现代职业技术学校
8	山东省	烟台旅游学校
9	河南省	洛阳旅游学校
10	广东省	广东省旅游职业技术学校
11	海南省	海南省旅游学校
12		海口旅游职业学校
13	重庆市	重庆市旅游学校
14	四川省	四川省旅游学校
15	贵州省	贵州省旅游学校
16	云南省	腾冲市第一职业高级中学
17	西藏自治区	西藏山南市职业技术学院
18	青海省	西宁市第一职业技术学校
19	新疆维吾尔自治区	新疆生产建设兵团第十师北屯职业技术学校

在全国旅游职业教育教学指导委员会和地方职教集团的带领下，众多旅游中职院校在校企合作方面结出了累累硕果。北京外事学校坚持走校企合作之路，与北京饭店、钓鱼台国宾馆等五星级饭店，外交部、国家发改委、中南海警卫局、中石油、首都剧院、北京地铁运营有限公司、核工业部机关等五十余家单位组成校企合作委员会，通过校园招聘会为行业企业输送人才。利用企业和学校两种不同的教育环境和教育资源，培养学生，提高学生的综合素质，适应市场经济发展对人才素质的需要，解决企业人才培养的问题。

沈阳外事服务学校 2017 年新增“香格里拉班”，企业冠名班达 10 个，冠名班就业率 100%；1050 名学生参加企业教学实习和顶岗实习，119 人次行业大师、专家到校开展讲座，55 名行业企业专家到校授课，362 人次教师到合作企业见习、实践；与沈阳香格里拉大酒店、沈阳鹿鸣春饭店等 28 家企业合作开展专业建设相关工作。

三、取得的主要成果

党的十八大以来，我国职业教育在统筹推进“五位一体”总体布局和协调推进“四个全面”战略布局中快速发展、不断壮大，实现了历史性的新跨越，站在了新的起点。2014 年，国务院召开了 21 世纪以来第三次全国职业教育工作会议，印发了《关于加快发展现代职业教育的决定》，对推进职业教育现代化做出专门部署。2015 年，我国以《职业教育法》为引领，适应经济社会发展需要，形成了涵盖学校设置、专业教学、教师队伍、学生实习、经费投入、信息化建设等一系列制度和标准。近年来，职业教育人才培养质量稳步提高，中职毕业生就业率连续居高不下，就业质量持续向好，近 70% 的职业学校毕业生在县市就近就业。职业学校毕业生成为支撑区域产业发展的一支生力军，有力助推了产业升级和经济增长。2017 年，中国旅游中等职业教育在教育集团化建设、产教融合发展、人才培养模式改革、校校联合发展等方面取得了突出的成就。

（一）推进职教集团建设，引领教育改革创新

目前，我国经济发展进入新常态，产业转型升级加速，创新驱动发展战略深入实施，供给侧结构性改革持续推进，为我国旅游职业教育的发展带来了新机遇、新挑战。职业教育集团化办学，可以实现强强联合、资源共享，有利于职业学校深入开展校企合作，提高人才培养质量。近年来，职教集团保持了强劲发展势头，数量大幅增加，覆盖范围持续拓展，运行机制不断健全，制度建设渐趋完善，已成为我国职业教育多元主体协同发展的重要实现形式。在各级政府政策引导推动下，全国职业教育集团化办学迅猛发展，集团数量快速增长。截至 2016 年年底，全国共有职业教育集团 1406 个，比 2014 年年底的 1048 个增加 358 个，其中 2015 年比 2014 年增加 173 个，2016 年比 2015 年增加 185 个，比上一年度的增幅分别达到 16.51%、15.15%。①

旅游职业教育集团以旅游专业为纽带，积极探索新型的集团化办学模式，广泛开展校企结合和校校合作，促进了学校职业教育规模的扩大和办学水平的提高，为旅游与酒店行业的发展做出贡献。近年来，我国的旅游职业教育集团也取得了令人瞩目的成果。2008 年，海口

① 数据来源：中国职业教育集团化办学年度报告（2017）。

旅游职业学校牵头成立了海南旅游职业教育集团，成为我国旅游中职教育界集团化办学的先行者。2017 年，由广东省旅游职业技术学校牵头组建的广东旅游职教集团在广州南沙大酒店召开了年会暨现代学徒制汇报研讨会，此次大会邀请了包括广东省教育厅、原广东省旅游局、中国职业技术教学学会、全国旅游职业教育教学指导委员会等部门和组织的专家，以及共计 90 余家单位的成员代表到会，为推动旅游中职的改革发展起到了积极的促进作用。

2017 年，作为北京外事服务职业教育集团主任校，北京外事服务职业学校在北京国际饭店举办了 2017 年京津冀中等职业学校酒店服务专业技术技能交流赛。组织此项赛事，旨在更好地服务京津冀地区经济发展和三地职业教育协同发展，满足三地职业学校建设需要和职业学校酒店服务专业师生交流需要，集团三地成员校学生选手共同参加了本次比赛。此次活动的组织，在集团成员内部起到了以赛促教、以赛促学的良好作用。

沈阳市外事服务学校依托沈阳市餐饮与旅游职业教育集团校企深度合作，与香格里拉酒店集团签约，开设企业冠名班，共同探索实践、着力构建现代学徒制培养体系；借助辽宁省“刘敬贤技能大师工作室”项目，校企深度合作，共同创新研发满汉全席之“鹿鸣宴”，在“带徒传艺、攻关创新、研发推广、交流辐射”等方面，取得了丰硕的建设成果。

（二）深入产教融合，共育产学研硕果

党的十九大明确提出“深化产教融合、校企合作”的要求。深化产教融合，促进教育链、人才链与产业链、创新链有机衔接，是当前推进人力资源供给侧结构性改革的迫切要求，对新形势下全面提高教育质量、扩大就业创业、推进经济转型升级、培育经济发展新动能具有重要意义。为贯彻落实党的十九大精神，深化产教融合，全面提升人力资源质量，2017 年年底，经国务院同意，提出《关于深化产教融合的若干意见》，内含 7 个方面 30 项政策[①]。

《关于深化产教融合的若干意见》更多侧重产教融合，《职业学校校企合作促进办法》更多侧重校企合作，两个文件共同形成了推动职业教育提高质量，深化产教融合、校企合作的政策“组合拳”。

青岛旅游学校积极响应国家号召，不断深入开展产教融合多种形式。2017 年 9 月由青岛旅游学校牵头的青岛市旅游服务产业教育促进会正式成立，具备法人资质，有校企合作、实习实训、职业培训、技能鉴定、课程开发等职能。更好地将中高职学校、行业协会、知名企业的优质资源进行融合，也为混合所有制等体制机制改革探索提供了可能性。

青岛市旅游服务产业教育促进会主要从四方面开展工作。一是专业标准共建。积极与民宿经营企业合作，共同研讨制定民宿行业、企业人才培养标准；与青岛旅行社协会合作，联合旅游企业专家、骨干教师共同制定研学旅行导师培训考核标准，发挥促进会的引领与标杆作用。二是课程开发共建。由旅游专指委的企业专家和集团内的优秀教师共同制定了《山东省文明礼仪课程标准》等课程标准，开发建设了《“带你游青岛”——青岛旅游》等多门精品课程。三是师资共同培养。学校完善修订了《青岛旅游学校教师赴企业挂职管理办法》，借助企业力量提升校内教师业务水平；青岛旅游服务类专业建设指导委员

① 中华人民共和国中央人民政府，http：//www.gov.cn/zhengce/content/2017-12/19/content_5248564.htm。

会组织旅游服务专业的40位骨干教师在行业名家的带领下分别参与了“旅游饭店星级评定”和“景区考察调研”培训活动，通过培训，老师增长了专业知识，更增强了服务企业特别的技术和产品研发的能力。四是产学研合作。依托青岛市研学旅行研发服务中心，成功承办青岛一中和青岛九中的研学旅行服务项目，选拔旅游专指委的专家和集团内的骨干教师共同组建研学旅行课程研发团队，共同设计研学旅行线路及方案。

（三）探索现代学徒制发展，提升人才培养质量

2017年，为充分发挥专家组织的研究和指导作用，提高技术技能人才培养质量和针对性，构建具有中国特色的现代学徒制，教育部成立了全国现代学徒制工作专家指导委员会、设立专家库（2017—2020年）①。

一批旅游中职学校也积极参与，投身到探索现代学徒制发展的工作中来。例如，广东省旅游职业技术学校和广州南沙大酒店联合开展现代学徒制试点，成为首批国家级现代学徒制试点单位，探索形成了校企合作“六共模式”，即校企共需、契约共受、基地共建、机构共管、人才共育、利益共享。

青岛旅游学校自2016年起先后在旅游服务与管理、高星级饭店运营与管理专业试点现代学徒制。秉持着“学生—学徒—准员工—员工”四位一体的人才培养思路，根据地区经济发展需要，通过建立校企双导师团队，完善考核评价机制，校企共同制定行业标准、行业专家进校园、走进企业开展实践等措施，加深与企业的合作。

现代学徒制的探索发展有利于促进行业、企业参与职业教育人才培养全过程，实现专业设置与产业需求对接，课程内容与职业标准对接，教学过程与生产过程对接，毕业证书与职业资格证书对接，职业教育与终身学习对接，提高了人才培养质量和针对性。

（四）发挥校校联合优势，实现持续跨越发展

2015年，经原国家旅游局人事司和全国旅游职业教育教学指导委员会倡议，广东省旅游职业技术学校、四川省旅游学校、海南省旅游学校、苏州旅游与财经高等职业技术学校、北京市外事学校、沈阳市旅游学校联合发起成立中国旅游中职教育七金联合体（以下简称“七金联合体”）。这是继旅游高职院校“五星联盟”之后，旅游职业教育领域的又一次“强强联合”。

“七金联合体”由6所全国顶尖的旅游类职业学校强强联合，探索建立五个合作平台，即学生交流平台、教师交流平台、优质资源共建共享平台、教科研合作平台，推进联合体各成员实现深度融合、共同提升，引领中职旅游教育的持续跨越发展。“七金联合体”成立两年以来，在全国旅游职业教育教学指导委员会的指导和支持下，联合体正在共同推广高星级饭店运营与管理专业校企实习培训一体化等项目，共同承担了全国中职旅游类、高职导游类等专业标准培训，承担了教育部酒店专业等的实习标准制定工作，全力服务于全国旅游院校酒店服务技能大赛等，积极推动各校教学成果奖的共享，实现成员间的优势互助发展。2017年，根据全国旅游行指委安排，“七金联合体”在苏州顺利合作开办3期全国中职学校旅游类专业教学标准培训班，来自全国近百所学校的200多名专业骨干教师参

① 中华人民共和国教育部，http：//www.moe.edu.cn/s78/A07/A07_gggs/A07_sjhj/201707/t20170725_310090.html。

加培训。

目前，联合体开展了大量的合作和交流活动，积极参与原国家旅游局“万名旅游英才计划”，并多次在全国旅游行指委和中国旅游协会教育分会组织的全国性会议宣传“七金联合体”的合作项目，“七金”作为一个年轻的校际合作品牌逐渐深入人心。这种模式的校校合作，也为旅游中职教育的发展注入了新的活力。

四、存在的主要问题

对职业教育而言，现在是个黄金时代，也是充满挑战的时代。在大发展、大变革、大调整的时代浪潮下，社会发展加快，社会发展所需的技能也在不断更新换代，这让我们必须审视旅游中职教育存在的不足。

（一）中高职专业与课程衔接有待完善

实施中高职衔接，是构建完善的现代职业教育体系的重要一环。而中高职专业衔接则是中高职衔接的关键环节，如果专业设置不一致，中高职的衔接就缺乏对接的基础。根据抽样样本统计结果，中职学校开设的旅游类专业数量和高职院校开设的专业数量比为1:2。同时，中等职业学校的旅游专业类型比较单一，主要集中在旅游服务与管理、酒店管理、导游、烹饪等；而高职院校旅游专业设置则比较全面，专业目录上旅游大类的专业基本都涵盖，而且还有专业目录之外的与旅游相关的专业，这也导致了目前各省开设的旅游类专业“五年一贯制”和“3+2”培养模式，只能锁定在酒店管理、旅游管理等少数几个专业上，专业目录上缺乏一体化的设计，造成中职和高职专业目录同质不同类，专业口径及命名不够规范，专业目录的分割与专业标准的各行其是①。

此外通过抽样分析还发现，中高职课程体系在课程结构、课时比例和核心课程等方面有较大的相似性，主要表现为以下三个方面。

一是专业课程内容重复。目前，中高职院校在制定课程体系时“各自为政”，而国家、各地区也尚未制定统一的课程标准和专业教材，致使一些专业课程在中高职阶段内容重复。例如酒店管理专业，中高职都开设《客房服务与管理》《餐饮服务与管理》《前厅服务与管理》等课程，不仅课程名称一样，课程内容也基本相似。

二是文化基础课脱节。因中职学校在课程设置上没有考虑知识的系统性和递进关系，中职学生升入高职院校后，对公共基础课的学习普遍感到比较困难，尤其是大学英语、高等数学等课程。随着升入高职院校学生数量的增多，已经严重影响到人才培养工作的开展和培养质量的提高。

三是技能训练提升不明显。在专业技能课程设置上，中高职没有体现出层次内涵上的差异，许多中职学校拥有的实验室和实训设备与高职院校不相上下，高职院校的技能课程内容没有明显的提升，使得学生在上技能训练课时，感觉中职和高职的学习差异性不大，导致学生的学习积极性不高。

① 齐守泉．中高职专业衔接研究［D］．华东师范大学博士学位论文，2016.

（二）人才培养目标与社会人才需求适应性不强

《国家中长期改革规划发展纲要》（2010）中指出：“把提高质量作为重点。以服务为宗旨，以就业为导向，推进教育教学改革。实行工学结合、校企合作、顶岗实习的人才培养模式。”这就要求中等职业学校的人才培养模式必须以能力为中心，以培养学生综合素质为目标。同样，中职旅游教育也必须“深化人才培养模式改革，更新教学内容，改进教学方法，突出职业道德教育和职业技能培养，全面培养学生的综合素质和职业能力，提高其就业创业能力。”①

旅游教育是满足旅游业持续发展的基础，也是提高旅游业从业人员素质的有效途径。目前，中国的旅游教育已形成一个从初级到高级的旅游教育体系，中职层次的旅游教育是这个教育体系的重要组成部分。中职旅游教育培养目标是具有良好职业道德、基本科学文化素养，掌握必要文化基础知识、专业知识，具备导游服务、饭店服务等基本操作能力及旅行社经营管理与饭店管理能力，能够胜任旅游服务行业经营管理工作的技能型人才。

然而目前中职学校旅游专业在教学过程中主要是以理论教学为主，没有偏重实践教学设计，无法全部满足旅游企业对旅游专业人才的需求。同时，随着时代的快速发展，随着“互联网+”以及全域旅游、厕所革命和旅游供给侧改革等的创新发展中，旅游新业态层出不穷。中职旅游教育并未与时俱进，在专业定位、课程设置上并未及时反馈。

（三）师资队伍建设有待增强

旅游业的快速发展使得旅游业的相关人才紧缺，而教师是培养专业人才的重要力量，但是多数中职学校教师资源不足，现有教师大多是直接由大学毕业后进入学校从事旅游职业教育工作，没有在旅游企业任职的经历。另外有部分教师属于“半路出家”的，根据学校的课程安排需要，从其他专业如地理、历史等学科转行来担任旅游专业教师。教师缺乏理论和实践相结合的能力，在教学过程中便缺乏理论和教学创新，讲述的知识缺乏新意和实用性，学生的掌握程度和学习兴趣不高。

1. 师资力量整体不强

师资力量在传统的教学工作中起着基础性作用，虽然目前加大了教育实践环节力度，但效用还远远不够。我国中职学校中大部分旅游专业教师缺乏相关专业理论基础，也没有旅游实践的丰富经验，理论和实践两方面都较差，这是我国中职旅游教育行业面临着的一个现实状况。

中职旅游教育师资队伍问题表现为以下几个方面。

（1）知识结构不尽合理

旅游教师应该具备三个方面的知识：通识知识、旅游专业知识、教育专业知识。通过调查发现，旅游教师的知识结构仍不全面，有待提高和完善，有相当多的旅游教师不甚了解国内、国际旅游业发展的最新动态和成果，不能捕捉市场最新信息，因而在教学内容改革上显得很乏力，很难做到增加信息量，增添新内容，从而不能把最新知识传授给学生。

旅游管理教育具有边缘学科、专业性与应用性相交叉相结合的综合特点，这决定了旅

---

① 宋雪梅 . 山东省中职旅游教育人才培养模式研究［D］. 西北师范大学硕士学位论文，2014.

游专业教师既要有扎实的基础知识，又要有精深的专业理论，更要懂得现代化的科学管理、技术和方法。只有如此，才能适应旅游教学的内连性、交叉性、实用性的需要。这对旅游管理教师就自身的知识结构，如何使之完善，实现理论和实践两个教学层面最大程度的融合、互补，提出了更高的要求。目前旅游管理教师大多对自己承担的教学学科有一定的理论研究和教学经验，但缺少对教学所需知识的整体把握和对前沿知识的及时了解，特别是对专业所需的基础知识如经济学、管理学、外语等掌握不够，即知识的点掌握得较好，知识的面略显不足，这样在实际教学中便很难自由张弛。

（2）实际操作能力欠缺

旅游专业教师除应具有普通教师所具备的专业能力外，还要具有“双师型”教师应具备的特殊能力，即掌握本专业的操作技能和技巧，熟练指导实践教学，以及较强的组织管理能力和社会活动能力。但在调查中发现旅游教育专业课教师队伍中大部分来源于高校，虽具备一定的专业理论知识，但缺乏行业职业技术岗位实践经历和经验，缺乏相应的实践操作技能和理论联系实际的能力，导致教师指导学生实践、组织学生参与实习能力不足。另外，对学生进行的教师教学方式的调查显示半数以上的教师在授课时不用或很少用信息化教学，经常运用的教师占比不到 28.4%，反映出旅游教师的现代教育技术应用能力较为薄弱，这与信息时代对教师提出的要求不相适应。

（3）科研能力较低

对于中职学校教师而言，除完成教学任务外，还要求具备一定的教育科研能力。但调查表明在中职学校中仅有 9.2% 的教师经常参与科研，在这些参与科研的教师中也有一部分认为撰写和发表论文是出于评定职称的需要。这说明多数教师没有形成教学和科研相结合的意识，仅仅把科研任务当作可有可无的事，这种情况随着教育层次的降低更加明显。

2. 封闭式管理限制了资源共享和优化

旅游中等职业教育是一个开放的行业和体系，任何一所中职旅游学校都不可能关起门来发展。目前我国的旅游院校与旅游院校之间缺乏应有的教学经验交流和合作，造成教学信息和资源不能同时共享，面向社会服务的企业信息库、岗位技能标准库、人才需求信息库、创新创业案例库等开放资源急缺。随着社会的发展和教育观念的进步，目前一些高等院校已经意识到要加强教学理论和实践的结合、教育与行业需求的融合，但大多数院校目前主要是在自我办学，与旅游行业、旅游企业以及国外旅游院校交流很少。

2009 年 10 月，为打造中国旅游高等职业教育的“常青藤联盟”，南京旅游职业学院、山东旅游职业学院、浙江旅游职业学院、桂林旅游高等专科学校和上海旅游高等专科学校联手成立“中国旅游院校五星联盟”，开创了国内旅游高职院校资源共享、携手共进的先河。中职旅游学校借鉴高职院校经验，由广东省旅游职业技术学校、四川省旅游学校、海南省旅游学校、苏州旅游与财经高等职业技术学校、北京市外事学校、沈阳市旅游学校于 2015 年联合发起成立中国旅游中职教育七金联合体，旨在共建合作平台，共享资源优势，共谋发展方略，共铸优质品牌。

作为旅游业的从业人员，不仅需要扎实的专业知识，更需要积累丰富的实践经验，掌握较强的实际应用能力。而这一切的前提条件就是旅游专业教师必须具备这种经验和能力，把理论教学与管理实践统一起来，只有这样，才能培养出符合社会工作实际要求的应用型人才。

（四）产教融合及校企合作方式较单一

根据2017年国务院办公厅印发的《关于深化产教融合的若干意见》："深化产教融合，促进教育链、人才链与产业链、创新链有机衔接，是当前推进人力资源供给侧结构性改革的迫切要求，对新形势下全面提高教育质量、扩大就业创业、推进经济转型升级、培育经济发展新动能具有重要意义。"

根据《国务院关于发展现代职业教育的决定》中提出要求，目前，"产教融合"成了职业教育发展的基本原则，重点要求职业学校"突出办学特色，强化校企合作"。产教融合、校企合作中，行业企业与职业学校是两个主体，两者都起重要的作用。事实上，我国职业教育的产教融合、校企合作，绝大多数都属于以学校为主的校企合作模式，其表现为产教融合、校企合作从观念到实践都存在着问题，主要是政府缺乏有力的政策、法律支持，企业偏重利益，难以形成长远的产教融合、校企合作机制。

在实践中，产教融合、校企合作存在以下问题。

一是校企合作的运行制度还未成熟，学校在合作运行机制与现行制度出现矛盾时，显得无能为力。

二是合作的层次多数属于浅层次的，只有个别学校能够达到深层次合作。在已形成的合作中，学校主动向企业界寻求合作伙伴的范例多，而主动来寻求与学校合作办学的企业却很少，只能是少数名校的个别专业能够做到。

三是合作过程中多数企业给予学校的资助，只是捐助教学设备、提供实习基地、教师培训等方面，如何激发企业的积极性是急需解决的问题。与合作的最终目标——形成稳定、持续发展的高效合作机制，实现教育资源的优化组合，提升职业教育质量还相去甚远。

四是学校和企业的机制、文化存在差异，制约校企深度合作。

五是学生到企业中真正有价值的实习机会少，而且受到企业运行机制的影响，有效实习、实训的时间较短，学生只是被当作单纯的教育对象，未能实现由学生到职业人的角色转换。

五、对策与建议

《"十三五"旅游人才发展规划纲要》中提出"十三五"期间旅游人才发展的目标，到2020年，要形成一支数量充足、结构优化、素质优良、充满活力、与旅游业发展相适应的旅游人才队伍[①]。即旅游人才规模更加壮大、旅游人才素质显著提升、旅游人才结构更加优化、旅游人才发展环境明显改善，同时，纲要指出："加快发展现代旅游职业教育"是一项主要任务[②]。

① 《"十三五"旅游人才发展规划纲要》。

② 《国家中长期人才发展规划纲要（2010-2020年）》。

中职教育是现代旅游职业教育的重要组成部分，是旅游专业人才输出的重要基地。在旅游中职教育中，如何更好地提高学生的职业能力与综合素质，关系着学生的未来就业与终身发展，是旅游中职教育必须考虑的重要问题。在此，针对现状，从中职学校旅游专业实际情况与我国旅游产业发展需求出发，特提出以下对策与建议。

（一）以市场需求为导向，优化人才培养模式

中职学校旅游专业所培养的人才，是为了满足旅游市场对旅游专业人才的需要。因此，创新中职旅游人才培养模式时，必须立足于旅游市场，以提高学生职业能力为本位，对人才培养目标进行优化，使所培养出来的人才更能符合旅游市场发展的需要。

1. 适应“互联网 +”和“旅游 +”融合发展需要，培养复合型人才

根据旅游业态发展，适应自驾车旅居车旅游、海洋及邮轮旅游、森林旅游、冰雪旅游、低空旅游、工业旅游、农业旅游、文化创意旅游、健康医疗旅游、研学旅游、体育旅游、商务会展新型旅游形式的兴起，中职旅游教育应积极探索相关专业或专业方向的设置，优化专业结构。同时，加强与相关产业部门合作，开发、完善新课程体系，推进“旅游 +”复合型人才的培养。

2. 适应企业需求，培养技能型人才

中职学校应当明确旅游人才的培养目标，对教学模式进行改革，建立适应市场需求的教学标准，强化实习实训，积极探索现代学徒制、校内外多种形式结合的实训教学模式，增加实践操作学习的时间，使学生在毕业前获得更多的实践经验。如在校内进行一些口语实训、模拟场景实训、旅游产品设计实训、竞赛形式的实训等。与企业合作，采取企业观摩、跟岗实训、志愿者活动、行业专家指导、订单式培养等形式，让学生深入了解行业，熟悉岗位职能。同时，将实训学分作为学生毕业综合评价学分的重要组成。这样，既可以提高学生参与实训的积极性，又能收到很好的实训效果①。

3. 加强国际联合办学，培养国际型旅游人才

十三五规划中指出：“培养符合国际旅游组织需求的旅游专门人才。开展旅游人才培养国际交流，引进海外优质教育资源，支持有条件的院校开展海外办学和国际合作人才培养项目。扩大旅游专业教师和学生到海外留学、进修、实习的数量。大力培养外语特别是小语种导游。强化出境旅游领队培训。”② 目前，经济国际化、城市国际化，迫切需要大量的国际化专业人才。中职教育要深入研究、学习借鉴国外旅游教育在办学理念、课程设置、管理模式等方面成功经验与做法，开阔思路与眼界，以通用的国际化标准来办学；要通过交流学习、联合办学等方式，全力推进与国外旅游院校在旅游人才培养方面的合作，进一步提升中国旅游人才的培养层次与水平，努力为中国旅游业发展提供高层次、能够与国际接轨的旅游服务专业人才支撑。

4. 明确“以人为本”的思想观念，提升学生自我完善能力

终身学习能力，对一个人的发展极为重要。如果学校培养出来的学生，能够满足当前旅游产业的需要，学生却缺乏终身学习能力，不能进行自我完善，在未来也可能因为后续

① 郑向敏，范向丽 . 论旅游专业“四高”的人才培养理念与运作模式［J］. 人文地理，2010（6）.

② 《“十三五”旅游人才发展规划纲要》。

发展动力不足而逐渐被淘汰。因此，必须建立起提升学生终身学习能力、提升学生自我完善能力的人才培养模式。随着旅游产业的发展，所需要的人才不再只是具备单一技能的人才，而是需要大批掌握多种知识和技能的复合型人才，这样才能满足日益激烈的市场竞争的需要。中职学校旅游教育人才培养中，应当创新理念，建立起“以人为本”的人才培养模式，针对学生的特点，采用不同的方法，让学生能在自己个人特点得到发展的同时，得到综合素质的提高，尤其是学习能力的提高，包括认知能力、分析能力、分享能力等，并提升学生对专业知识的学习、探索兴趣，激发学生对旅游专业知识的求知欲①。

（二）以校企深度合作为基础，搭建产学研一体化平台

目前，很多中职学校都大量采用校企结合的人才培养模式，但由于国家缺少政策等支持，企业、学校对于校企合作的认识还处于形式阶段，学校体制滞后，大多数企业缺乏“合作教育”的思想，这是企业只选择人才，不愿意参与培养等原因，使得校企合作并没有形成有效机制。如能形成“国家主导、多方联动”的模式，将会是推动校企稳定、深度合作的有力保障。例如国家对校企合作模式给予政策和资金上的支持，出台相应的制度与办法，对参与校企合作的企业的利益制定相关的政策保护和激励措施，以调动企业参与合作的积极性。政府主管部门及教育部门研讨建立专门的第三方协调机构，制定校企合作的相关制度、完整有效的合作准则和指导手册、考核评价手册等，使合作难以获得企业主管单位、人力资源部门、教育部门的充分支持，保障合作的顺利运行。

此外，在长期的办学过程中，学校与行业、企业建立起了较稳定的合作关系，校企双方可通过以下途径小步子共同育人。

校企共同进行学生实习前的岗前培训。每年学生在进行实习前，邀请高学教授、行业协会专家和企业一线员工等，对学生进行岗前培训，使得学生不仅具有丰富的理论知识，还对岗位实践有充分的认识。

校企共同开发课程与数字化资源。学校拥有专业教师，企业具有实操条件和实际案例，两者合作能够发挥出各自最大的优势，共同建设好专业教学资源库。

校企共同开发岗位标准。学校培养的学生最终会走向工作岗位，企业需要的员工要经过学校的教育。学校和企业能从不同的角度出发，开发岗位标准，使得学生提前了解未来从事岗位的要求。

定期邀请企业专家人校讲座等。由于教师缺乏了解行业实际和动态的渠道，因此有必要邀请企业专家到学校为学生开设讲座，使得学生了解到行业动态、前辈的奋斗历程。

组织教师赴企业实践，深入了解企业用人需求。只有亲自在岗位上体验过、工作过，才能全方位了解到员工应该具有什么能力、企业需要什么人，才能真正找到培养目标与企业人才需求的差距与偏差，从而在此基础上进行修改、完善，使之更加符合行业需要。

（三）以师资培训为支撑，提高“双师型”教师比例

面对日新月异的旅游业界变化和市场需求变化，作为教育的引领者和核心，专业教师的作用极其重要。因此，优化旅游专业师资结构，打造一支过硬的“双师型”教师队伍，

---

① 夏学英．旅游专业人才培养模式创新研究［J］．沈阳师范大学学报，2009（1）．

已成为旅游职业教育中实践型教学成功的关键。

1. 加强专业技能培训，提升专业教师核心竞争力

为适应社会和旅游行业的需求，学校和教师应加强旅游类教师个体核心竞争力的培养意识。一方面，学校要加强与培训组织单位的联系与合作，针对目前存在的专业教师理论强、技能弱、专业知识相对滞后等现象，研发更加适合提升教师专业能力的培训课程，让培训更具有针对性，以促进教师继续教育培训成效的落实，让培训实效在提高教学质量上发挥作用；另一方面，教师个人应平衡好日常工作与自身职业成长之间的关系，有意识地留出时间和精力，关注国家旅游政策方针、行业发展趋势、最新动态和市场需求，深入企业调研、挂职，培养个人核心竞争力。

此外，教师个体的核心竞争力因教师个体的个性特征、专业特长、业务能力素养等因素而异，因此根据教师的职业成长需求，将背景相似的教师进行组团，建设“任务导向型”的教师团队，是培养教师核心竞争力的有效途径之一。对教师团队的数量、性质和具体任务，各个学校可根据自身的办学情况和教师现有水平来设置。教师团队建设不仅有利于培养教师核心竞争力，同时也有利于发挥学校的办学特色与优势①。

2. 健全名师工作室机制，充分发挥示范、引领和辐射作用

旅游专业教师名师工作室的管理运行机制，应突出旅游专业的特色，加强和企业的合作，注重提升教师的专业意识和能力。因此，在制定工作制度和管理制度方面，工作室应结合旅游专业特色详细梳理工作目标和工作内容。

专业教师名师工作室应由学校名师和企业大师联手组成，邀请企业大师加入工作室，与校内名师大师携手推动“青蓝工程”“新老教师帮扶结对工程”等工作的深入开展，使名师大师的教育教学水平以及专业技能水平得到良好的传承和进一步的发展，以此来加快学校骨干教师、学科带头人以及“双师型”教师的培养；名师大师不仅要充分带动工作室的整体运转，还要有计划、有针对性地围绕高素质专业教师队伍培养、师资团队打造、教学改革、专业建设、课程体系改革、校企深度合作等项目落实一系列相关工作，带动学校教师参与到职业教育新动态、新方向的实践与研究中，积极参与高技能人才的培养，真正肩负起名师大师的领军责任。

3. 提高师资队伍国际化水平，满足国际化办学需求

随着旅游教育国际化趋势的加强，中外合作办学在中职旅游专业领域蓬勃开展起来，在引进外国优质教育资源的同时，促进了我国旅游专业教育的发展与改革，增强了我国旅游专业教育的国际竞争力。教师作为学校开展教育教学活动的组织者和引导者，是推动国际化办学向前发展、提高国际化办学实效的重要力量。

为提高师资队伍的国际化水平，首先，政府层面应出台中职学校国际化办学方针政策，为中职学校开展国际化办学指明清晰的办学方向和工作思路；制定外籍教师的引进、管理及考核制度，明确规定外籍教师的引进比例、外籍教师“语言 + 技能”的要求、薪酬待遇等内容，让中职学校按照合理的标准引进和管理外籍教师；其次，学校自身要重视教

① 曹华．论高校教师核心竞争力的培养［J］．中国成人教育，2012（14）：88.

师国际化水平的培养。加强教师的国际交流与培训，使教师有机会了解发达国家的职业教育现状，将国际职业教育中先进的教学理念、教学模式、教学策略等运用到国际化教学的实践中。教师自身应主动争取国际交流与培训的机会，开阔教师与学生国际视野，树立国际化意识，提高自身外语水平和技术技能水平，使自己具备国际化教学的能力，以此提高职业竞争力。

4. 搭建多方合作平台，构建“双师型”教师培训机制

中职旅游专业学校应继续加强“双师型”教师队伍建设，与相关的高校、企业“三主体”联合打造“双师型”教师培养基地；推动完善到旅游企业挂职交流制度。给老师们创造更多的条件进修学习，把专业教师进企业挂职锻炼落到实处，切实提高专业教师的实践能力、专业技术能力。同时，努力搭建合理的兼职教师队伍动态管理机制，吸收旅游企业家和行业高级技术技能人才兼职，共同参与专业教学指导方案、教学计划的制订、教学评估和日常教学工作等。减少兼职教师流失量，稳定兼职教师队伍①。

5. 发挥“产学研”合作优势，提升教师教科研能力

由于教育理论的掌握不够全面、缺乏有效的指导、环境资源条件限制等原因，目前大部分中职教师根本无法将主要精力投诸教科研和课程开发中来。基于以上原因，建议学校一方面给教师“减负”，要把时间还给教师，让教师从烦琐的工作中脱身出来用于教科研研究。另一方面以“课程开发”为主轴，通过在学校成立“课程开发小组”等形式，将教师个体的探索变成团队成员共同的探究，让教师在实际的课程开发中，在团队成员的共同支持下，彼此互相学习、共同解决问题，在边行动边研究中进行新课程开发，实现教师专业发展。

编写教材能极大地提高专业教师团队的业务水平，也会引导教师密切联系企业，搜集第一手资料，为编写教材准备充足的素材。在构建“产学研”一体化的教学模式过程中，学校应组织专业教师深入调研企业对技能人才的知识需求和技能需求，与企业行业专家共同编制适应企业需求的教学计划、主要学科的教学大纲等教学文件，创建技术理论课与操作技能课的模块化教学模式。学校与企业要开展多种方式的产学研合作，积极探索提升技能的有效方法，鼓励教师针对新课程体系研究和开发配套校本教材及公开出版发行的教材②。

（四）以改革创新为手段，完善教学评价体系

评价在教学活动中起着指挥棒的引导作用，在传统的教学模式中，评价学生的标准是单调的，即仅仅依据成绩来对学生进行评价，由此产生了许多弊端——重视考核，忽视反馈；重视记忆，忽视技能；重视顶岗，忽视指导；重视结果，忽视过程；重视表演，忽视标准。

因此以过程性评价和终结性评价相结合的理论为基础，以全面衡量学生职业素质发展和反映学生个体差异为出发点，在加强学生的学习能力、学习态度、学习方法、学业成绩、创新精神和实践能力评价的同时，注重课程与就业方向的衔接，注重学生可持续发展

① 宋晓欣，闫志利．我国中职师资队伍建设：现状、问题与对策［J］．职教通讯，2016（7）．

② 柴建伯．中职学校研究型重实践的师资队伍建设模式研究．［J］师资培养，2017（9）：59.

的需求，从而促进其全面发展。具体组织实施时，可遵循以下几个原则。

1. 评价内容的全面性原则

评价的内容不仅要包括学生在知识、技能、智力和能力等认知方面的发展，还要评价学生在学习过程中所表现出来的态度、情感、价值观、个性、人格、世界观等非认知因素的发展。以酒店专业为例，不仅要考查学生中西餐摆台、中式铺床及夜床服务等技能，还要通过考察学生在学习过程中与教师、同学相处的情况，待人接物态度、面对挫折的精神状态等，以此来全面评价学生的综合素养。

2. 评价方法的多样性原则

针对实践教学综合性强、实践过程较难把握的特点，针对传统实践教学评价体系的弊端，在对实践教学进行评价的时候应把握：评教与评学相结合、过程评价与结果考评相结合、量化评价与模糊评价相结合、内容评价与形式评价相结合、校内考评与校外考评相结合。评价过程中要将诊断性评价、形成性评价和总结性评价。

3. 评价主体的多元化原则

新大纲强调评价主体多元化，强调评价的激励性。不仅要有教师对学生的评价，还要有学生的自我评价、学生对学生的评价、家长对学生的评价以及企业导师对学生的评价。从而形成一个有机全面的多元评价模式。以导游专业的现场导游课程为例，过往的评价中，更加重视教师对于学生讲解情况的评价；在评价体系改革后，更加重视学生之间的互评，让学生在更加放松自然的状态下进行学习；同时利用现代学徒制的教学改革，借助企业导师对学生的学习情况进行评价，加强专业学习与行业的密切联系，提高学生的学习兴趣、明确学习目标。

4. 实践教学评价方法的几点思考

科学的评价方法不仅具有导向功能、激励功能、改进功能、决策功能，而且也是考查职业教育实践教学成果最有效的方法。旅游管理专业实践教学评价方法包括以下考量因素。

（1）开放式评价

采用激励评价、延时评价、反思评价、分层评价等方法。例如学生在导游词讲解练习的过程中，如果遇到讲解不流畅，教师可以对学生多给予鼓励，并且用引导的方式协助学生完成讲解练习。在旅游概论等通识性课程的学习中，根据学生的学习能力，分层布置作业，并且分层点评，帮助学生更好地树立学习信心，完成学习任务。

（2）分阶段评价

通过采用评价方式改革，将以往的期末一次性评价，改为平日多次反馈 + 期末综合考评的方式。改变“一考定终身”的单一模式，帮助学生在日常学习中注重积累和学习态度的培养，小步勤反馈，引导学生形成良好的学习习惯，最终的教学效果也会有所提高。

（3）竞赛式评估

将技能大赛机制引入日常的学习生活中，定期进行针对不同技能点的竞赛，阶段性检测学生的学习成果，同时以赛促教，提高学生的竞争意识，辅以小组合作的方式，也增进同学之间的情感交流。

（4）互评与自评

以导游专业中的旅游线路设计为例，在小组完成项目任务后，进行分层次评价。第一步进行小组自评：各组组长向全班汇报、展示本组设计的最终作品，并配合预先制作的小组自评表，介绍本组项目作品的设计思路、设计过程中遇到什么问题及解决方法等。通过小组自评，学生积极参与到学业评价中，有助于培养学生的自我反思能力、合作精神、自主学习和解决问题的能力。第二步进行项目互评：一组作品展示和自评时，其他各组进行点评、提问与评分，从而达到互相评价、互相学习的目的。组织学生开展互评，在互评中相互学习、相互促进、共同提高，为学生奠定终身学习的基础。

（五）以专业优势为动力，支持旅游业新发展

目前，我国的旅游业出现了前所未有的新活力，一些新的旅游形式也在层出不穷。2013 年 2 月 2 日，国务院办公厅印发了《国民旅游休闲纲要（2013—2020 年）》，纲要中提出“逐步推行中小学生研学旅行”的设想①。研学旅行是指学生集体参加的有组织、有计划、有目的的校外参观体验实践活动。目前，许多地方的教育部门已经开始重视研学旅行，并使其成为了中小学生的必修学分之一。

虽然研学旅行的意义已经不言而喻，但是目前研学旅行的组织依然存在不少问题，比如雷同性、旅游同质化、缺少对当地资源的依托等。而旅游类院校则可以依托学校的旅游专业优势，在研学旅行的课程开发、路线设计、研学导师培养等方面进行深入研究。如《模拟导游》课程，可以结合当地的旅游资源对研学旅行课程进行开发，既可以让旅游专业的学生得到实践运用的机会，又丰富和拓展了研学旅行的课程内容。

旅游专业的师生可以充分运用《模拟导游》《旅游线路运营与策划》等课程学到的知识，从线路确定、实地考察、方案确定、研学手册的编制等几个方面为研学旅行课程与路线开发服务。在线路确定及实地考察方面，可以设计出适合各年龄段的学生参与的旅行线路，并进行实地考察。在实地考察过程中，既可以对制定的研学旅行线路进行修正，又可以让旅游专业的学生也得到一次实践操作的机会，一举两得。

旅游业是世界型的朝阳产业，中国的旅游业更是具有极大的发展潜力，其劳动密集型的特点，为中职旅游专业的发展提供了更广阔的空间，同时也提出了更高的要求。教育的现代化离不开中等职业教育，旅游业的发展离不开中职旅游教育。顺势而变、顺势而为，把旅游中等职业教育做得更好！

（本报告由青岛旅游学校课题组完成，课题组负责人：刘宇虹；执笔人：李艳芳、孙靖然、刘海燕、王妤丹、韩磊、袁峰）

① 《国民旅游休闲纲要（2013—2020 年）》。

中国旅游职业教育理论研究年度报告

近年来，我国旅游职业教育规模趋于稳定，人才培育质量获得稳步提升，教育教学实践不断创新。伴随着实践领域众多新成绩、新模式、新探索的诞生，旅游职业教育理论研究领域也涌现出了一批丰硕的新成果。本报告以文献法为主，尝试从不同的角度对 2017 年中国旅游职业教育理论研究的总体情况进行梳理概括，既包含论文和项目的分析，也有对研究热点的分析，并根据旅游业的发展对中国旅游职业教育研究进行展望。

一、研究综述

2017 年，随着我国旅游职业教育实践探索的不断深入，旅游职业教育的理论研究成果也日渐丰富。研究论文、研究项目均呈现出与实践紧密结合的特征。

（一）研究论文分析

课题组以中国知网数据库为主要的搜索平台，分别以“旅游、酒店、景区、导游、旅行社、会展、旅游职业教育”等词语作为主题，以“职业”作为作者单位开展模糊搜索。结果显示：2017 年，中国旅游职业教育理论研究相关文章总计 4701 篇，具体分析情况见表 1。

表 1　2017 年度旅游职业教育论文统计

主题词	论文数量（篇）	下载量前五名的论文题目
旅游	3094	《田园综合体理论探索及发展实践》《智慧旅游城市旅游竞争力评价》《新常态下旅游休闲经济发展与区域经济增长关联性研究》《乡村旅游民宿的发展困境与对策研究》《一带一路背景下沿海康养旅游产业研究》
酒店	681	《酒店人力资源管理存在的问题与对策》《服务型领导会影响酒店员工的品牌公民行为吗？——一个跨层级模型的构建与检验》《酒店服务质量管理中的常见问题及处理对策》《基于价值链理论的酒店企业成本管理研究——以 M 酒店为例》《主题酒店发展趋势与前景分析》
景区	362	《南京乡村旅游景区游客网络关注与景区引力耦合协调度》《大数据引领智慧旅游发展新模式》《旅游景区 PPP 模式的困境及优化路径》《基于“互联网＋全域旅游”融合模式的研究——湖南省旅游产业融合模式剖析》《基于游客认知视角的全域旅游发展模式研究——以浙江省象山县为例》
导游	222	《动态顺应视域下的导游词翻译策略》《导游人员素质现状及提升对策》，《基于旅游体验视角下景区解说系统优化探讨——以苏州园林为例》《导游服务质量评价体系构建与实证研究》《导游自由执业下“一人旅行社”的可行性分析》

续表

主题词	论文数量（篇）	下载量前五名的论文题目
旅行社	130	《大学生旅游市场调研报告》《大数据引领智慧旅游发展新模式》《"互联网+"背景下传统旅行社的创新发展研究》《亲子旅游产品开发现状及问题分析——以西安市为例》《在校大学生旅游行为及市场营销策略分析——以沙洲职业工学院为例》
会展	168	《低碳经济背景下可循环展示设计的实现途径》《"一带一路"战略背景下云南边境旅游发展策略研究》《后"G20峰会"时代杭州打造国际会展之都的比较研究》《会展业转型升级在"互联网+"时代的探讨》《会展专业高职顶岗实践课"课程思政创新"管理实效初探》
旅游职业教育	44	《乡村旅游发展背景下农村女性劳动力职业教育策略研究》《基于绩效评价的旅游职业教育课程评价体系构建》《乡村旅游发展背景下新生代农民工职业教育问题分析》《我国旅游教育学理论研究——评〈旅游教育学〉》《"一带一路"战略视阈下吉林省旅游职业教育对外开放刍议》

资料来源：课题组根据知网数据整理。

从各主题论文下载量靠前的文章题目来看，本年度论文与当下旅游业发展的热点结合较为紧密，"智慧旅游""全域旅游""乡村旅游""大数据"等成为研究热点。

1. 研究成果分析

（1）研究专业分析

在分专业的研究中，以中国知网为检索平台，按照"旅游管理"为主题，并且包含"高职"或含"中职"主题进行精确搜索（下同），共有文章233篇，酒店管理专业245篇，导游专业124篇，景区专业19篇，旅行社专业36篇，会展专业48篇，休闲服务与管理（包括高尔夫）19篇（见图1）。

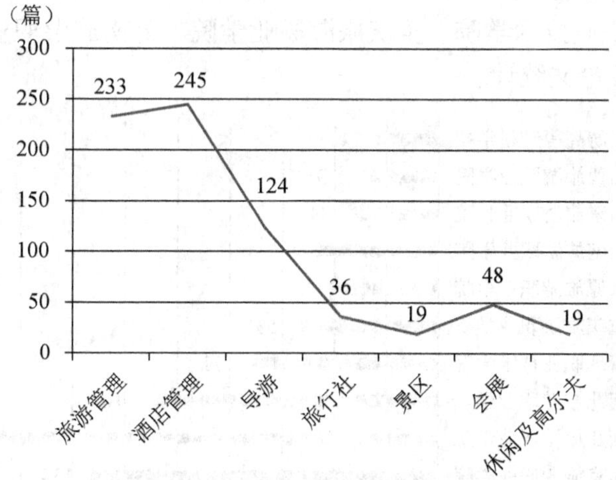

图1 旅游职业教育研究专业分析

资料来源：课题组搜集整理。

从分析结果中可以看出，针对旅游职业教育的研究仍多数集中在三大老牌专业上，即旅游管理、酒店管理和导游专业。旅行社、会展专业的研究论文数量次之。休闲服务（含高尔夫）及景区专业的论文数量最少。分专业论文的研究数量情况基本与当下旅游职业教育各专业的在校生规模相吻合。

（2）研究方向分析

在对旅游职业教育相关文章进行进一步分析后可以发现，这些文章多围绕人才培养、教学模式、教学方法、评价体系、师资建设、校企合作和学生职业素养等几方面展开。其中排在前三位的是：人才培养的论文数量占总数的 11.2%；教学模式占比为 9.8%；校企合作占比为 7.6%。

以上结果说明，我国职业教育研究的重点仍然是“培养什么人”和“如何培养人”的问题。同时，校企合作、创新创业、技能大赛等方面相关研究近年来受关注度越来越高。

2. 旅游相关专业学术期刊分析

通过在国家新闻出版总局的网站上以“旅游”为关键词查询，可以发现目前我国正式出版的旅游专业相关期刊有《中国国家旅游》《旅游论坛》《旅游纵览》等 26 本。其中北大中文核心期刊有《旅游学刊》《旅游科学》两本，且均为 CSSCI 中文社会科学引文索引来源期刊。本年度没有新增旅游期刊情况。

再分别以“职教”“职业教育”“职业技术教育”为关键词查询，得到相关期刊《职教论坛》《职业技术教育》等 21 本；以“职业技术学院学报”为关键词，得到相关期刊《四川职业技术学院学报》《山东商业职业技术学院学报》”等 47 本；以“成人教育”为关键词查询，结果为 7 本，其中有《职教论坛》《中国成人教育》《职业与教育》《职业技术教育》《中国职业技术教育》和《成人教育》等为核心期刊。

通过对上海旅游高等专科学校、浙江旅游职业学院、山东旅游职业学院、南京旅游职业学院、山西旅游职业学院、太原旅游职业学院、河北旅游职业学院、郑州旅游职业学院、青岛酒店管理职业技术学院、重庆旅游职业学院、云南旅游职业学院共 11 所旅游类院校为样本进行相关论文统计。

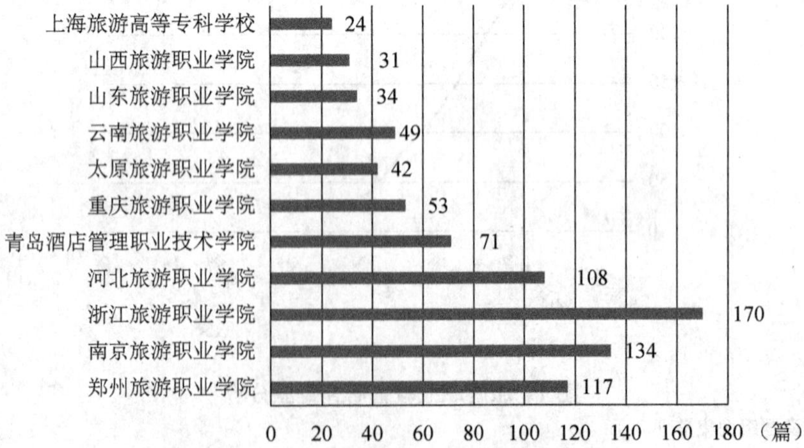

图 2　2017 年样本院校发表论文数量统计

资料来源：课题组根据知网检索统计。

结果显示：11 所院校 2017 年共发表期刊类论文 833 篇，其中数量上排前三位的是浙江旅游职业学院（170 篇，2016 年 260 篇），南京旅游职业学院（134 篇，2016 年度 115 篇）和郑州旅游职业学院（117 篇，2016 年 225 篇）（见图 2）。11 所院校 2017 年共发表中文核心期刊（EI 或 CSSCI）共 144 篇，占比 17.29%。排前五位的是郑州旅游职业学院（66 篇，2016 年 138 篇），浙江旅游职业学院（16 篇，2016 年 43 篇）、南京旅游职业学院（14 篇，2016 年 12 篇）、河北旅游职业学院（14 篇，2016 年 36 篇）和重庆旅游职业学院（14 篇，2016 年度 9 篇）（见图 3）。数据表明，2017 年旅游类相关院校发表学术期刊数量总体减少，核心期刊的数量占比不高。

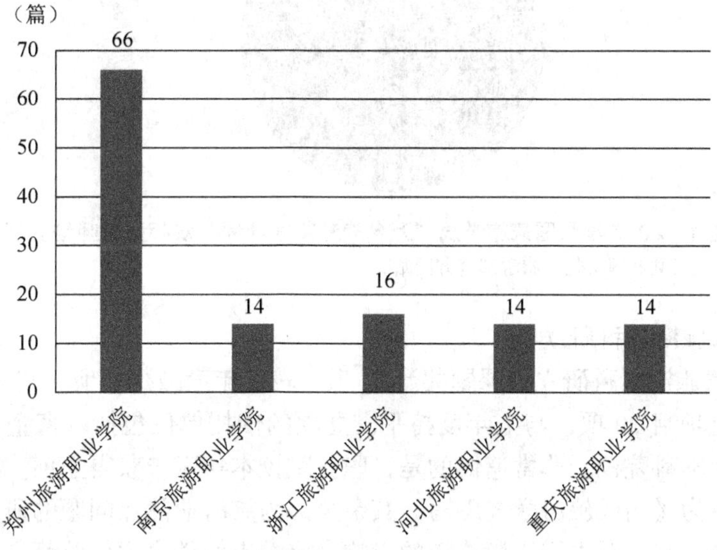

图 3　样本院校发表核心期刊论文数量

（二）研究项目分析

课题组在查阅了教育部、全国哲学社会科学规划办公室、国家旅游局等机构官方网站后，搜集、整理了研究项目数据，并尝试做出如下分析。

1. 项目类型分析

（1）国家社科基金项目及青年项目

2017 年国家社科基金项目共立项 3196 项，其中涉及旅游业的有 44 项；青年项目共立项 1097 项，涉及旅游业的有 11 项。总量共比 2016 年增加了 11 项，其研究学科涵盖了应用经济学、管理学、民族问题研究、体育学等多个学科。研究热词主要包括："全域旅游""一带一路""乡村旅游""旅游新常态""体育旅游""智慧旅游"等。可喜的是，本年度桂林旅游学院共获得 3 项，云南旅游职业学院获得 1 项，比上年度有所增加。

（2）原国家旅游局"万名旅游英才计划"

2017 年，原国家旅游局"万名旅游英才计划"双师型教师培养项目共有 132 所院校的 394 名教师申报，实践服务型培养项目共有 135 所院校的 392 个学生团队参与角逐。最终，共有 100 个双师型项目、198 个实践项目获得立项。同时，有 100 个项目获得研究型英才培养项目，全部由本科院校旅游专业教师获得。本年度还增设了万名旅游英才计划——旅游数据与旅游统计专业技术人才培养项目和“金牌导游”培养项目，共有 56 人入选旅游数据与旅游统计专业技术人才培养项目，218 名导游入选“金牌导游”项目。

在 100 个双师型培养项目中，高职院校占 86 个，中职学校占 14 个（见图 4）。可见，高职院校在这方面处于绝对领先地位，中职院校教师的科研能力与水平还有待提升。

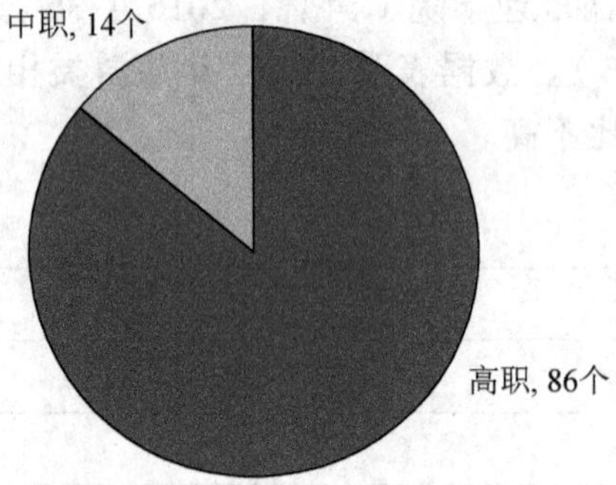

图 4　2017 年原国家旅游局“万名旅游英才计划”双师型教师培养项目

资料来源：中华人民共和国文化和旅游部官方网站。

（3）原国家旅游局科研立项

2017 年国家旅游局科研立项课题共计 21 项，较上年度减少 7 项。其中重点项目 1 项，减少 7 项；面上项目 20 项，与上年度持平。立项的依托单位包括两家企业，两所研究机构，其余全部为本科院校。非常遗憾的是，职业院校本年度未获得立项。获得立项的研究项目中重点项目为《当代旅游学》编写，其余全部为旅游业热点问题的研究，例如，旅游统计、旅游经济、雾霾对中国入境旅游的影响、旅游市场秩序评价监管、全域旅游、研学旅行等。获得立项的课题并无旅游教育或旅游职业教育方面的研究。以上现象可以说明两点：一是职业院校教师的科研能力依旧无法与本科院校相媲美，仍处于绝对劣势的地位；二是关于旅游职业教育方面的研究获得高级别研究项目难度较大。

（4）省级社科项目

2017 年，各省级社科立项研究课题中，旅游类研究项目获得了长足的发展。以北京市社科项目为例，共立项 359 项，旅游类 4 项；浙江省社科立项共 362 项，旅游类共 7 项。特别是山东省本年度的社科立项增添了旅游专项，639 个项目中，共有旅游类项目 42 个，有包括山东旅游专业学院和山东商务职业学院在内的 4 位老师获得了该项目立项。不同于国家部委科研立项，省级社科研究项目更多地立足于省域旅游发展，研究服务于地方经济和旅游事业发展，使得更多的职业院校教师获得了立项机会。

（5）教育部人文社科项目

本年度教育部人文社科立项课题共 2842 项，其中旅游相关项目共 33 项，涵盖了体育科学、民族与文化学、管理学、经济学、语言学和交叉学科。立项作者依托单位绝大多数为本科院校，职业院校极为稀少。值得一提的是，浙江旅游职业学院作为唯一的旅游类职业院校获得了一项立项课题，为旅游职业院校争得了一席之地。

2. 研究方向分析

不同级别、不同机构组织的科研立项评选由于侧重点不同，其获得立项的研究项目也存在明显的方向差异性。例如，各地方机构组织评选的科研项目多着重旅游与当地经济发展、社会进步的联系性，区域发展研究较多。而国家级课题立项则研究范围更广，不仅包含区域性的研究，也包含国家层面、国内外对比、整个行业的研究。

本年度，国家社科基金项目和国家社科基金青年项目中旅游类研究项目一共立项55项，大多围绕机制研究、模式研究、路径研究、策略研究等开展，覆盖面以全国或区域为主，较少有对某一具体现象或某一城市的研究。

对比而言，原国家旅游局的项目更加注重对新业态和旅游教育的研究。原国家旅游局科研立项主要侧重旅游业的热点问题，而“万名旅游英才计划”中，“研究型英才培养项目”侧重于理论研究；“双师型教师培养项目”主要涵盖人才培养、校企合作、课程建设等方面。这些都与其他国家部委课题项目不同，更具有其自身特点。

二、研究热点分析

（一）旅游人才培养

旅游人才培养方面的研究一直以来都是旅游职业教育研究的热点和重点。本年度，学者们除研究具体的案例、模式外，更多地侧重于大背景、新形势下旅游人才培养方面的研究与探索。例如，余意梦婷、全娜①探讨了“一带一路”背景下旅游英语专业的人才培养和教学改革，提出通过增改课程内容设置、融入先进教学理念、引进国外旅游人才、促成多校联合培养、拓展境外实践教学、搭建高仿真实训室等措施，培养出符合时代发展和国际旅游市场需求的复合技能型人才。刘朝文②研究了全域旅游视野下旅游人才培养的创新路径探讨；魏凤云③探讨了智慧旅游背景下高校旅游专业人才培养的模式；吴春柳、孙希瑞、荆亚宇④论述了“互联网+”背景下旅游管理专业人才培养模式；白稚萍⑤提出了产教深度融合背景下高职旅游管理人才培育的实践模式；操阳⑥提出了新常态下高职旅游人才培育的路径。

（二）课程教学

近年来，随着科技进步发展，旅游课程教学改革也发生了巨大的变化。翻转课堂、云课程建设、资源共享课程建设等逐步普及发展。在研究领域，姜秋杰、何淑贞⑦以旅游职

① 余意梦婷，全娜.“一带一路”背景下高校旅游英语专业人才培养与实践教学改革［J］.南宁职业技术学院学报，2017，22（1）.

② 刘朝文.全域旅游视野下旅游人才培养的创新路径探讨——以四川旅游学院为例［J］.四川旅游学院学报，2017（4）.

③ 魏凤云.智慧旅游背景下高校旅游专业人才培养研究［J］.长春师范大学学报，2017（2）.

④ 吴春柳，孙希瑞，荆亚宇.“互联网+”背景下旅游管理专业人才培养模式研究［J］.赤峰学院学报，2017（14）.

⑤ 白稚萍.产教深度融合背景下高职旅游管理人才培养实践研究［J］.教育现代化，2017（3）.

⑥ 操阳.新常态下高职旅游人才培养途径探析［J］.江苏经贸职业技术学院学报，2017（2）.

⑦ 姜秋杰，何淑贞.翻转课堂在项目式教学中的应用研究——以旅游职业英语课程为例［J］.山西广播电视大学学报，2017（10）.

业英语课程为例，探讨了翻转课堂在项目式教学中的应用；马卫、陈海艳、汝勇健[①]从绩效评价的角度构建了旅游职业教育课程体系；焦云宏、陈睿、方莉[②]研究了基于生涯集群的旅游管理专业课程设置，提出通过职业发展定位，对高职旅管专业课程进行解构重组的观点。学者们研究往往从实践中来，到实践中去，研究成果对旅游职业教育的实践探索形成了良好的指引作用。

（三）校企合作

党的十八大以来，校企合作愈来愈受到职业院校的重视，在理论研究领域，校企合作也一直是职业教育领域的热词。本年度，董英[③]从"旅游+"背景下提出了旅游职业教育校企合作的创新模式；陈江美[④]以三峡旅游职业学院为例，提出了"政校行企"一体化旅游人才培养的实践和思考；高海燕[⑤]则从区域协同发展的角度提出了教师队伍的建设问题；李凌[⑥]研究了基于校企合作平台的景区旅游志愿队伍建设。可以看出，目前校企合作方面的研究不再拘泥于校企共建实习实训基地建设、实践课程开发方面的研究，其范围更广，实践性更强，对教育教学的指导意义更大。

（四）实践教学

在传统实践教学研究方面，沈小雨[⑦]提出了基于现代学徒制的旅游类高职院校实训基地建设；杨玲[⑧]解析了旅友管理专业实践教学模式；段七零、董广智[⑨]从深化旅游专业人才供给改革的角度提出重建实践教学体系的观点；穆芃芃[⑩]探究了高职旅游教育实践教学的特色建设。本年度实践教学方面的研究不再单一以院校或专业实践案例为主，研究的适用范围和广度有所增强。

在创新创业教育研究方面，瞿立新[⑪]提出了大众旅游时代的旅游创新创业教育体系构建；颜霓、李艳、张晓华[⑫]剖析了双创背景下高职旅游学生创新创业教育亟待解决的问题，卢莹、林雅尔则分别以案例的形式研究了学生创业项目点扶持及营销。总体而言，创新创业方面的研究成果数量比上年度更丰富，研究水平也有所提升。

（五）旅游新业态

伴随着我国旅游经济的飞速发展，旅游业产业升级，一些新的旅游形态层出不穷，相应的研究也如雨后春笋般出现了。

---

① 马卫，陈海艳，汝勇健.基于绩效评价的旅游职业教育课程评价体系构建［J］.高等职业教育探索，2017（1）.

② 焦云宏，陈睿，方莉.新业态下云南高职院校旅游管理专业课程设置探析——基于生涯集群课程开发理论［J］.新课程研究，2017（6）.

③ 董英."旅游+"背景下旅游职业教育校企合作创新模式探讨［J］.经济研究导刊，2017（25）.

④ 陈江美."政校行企"一体化旅游人才培养的实践与思考——以三峡旅游职业学院为例［J］.旅游观察，2017（6）.

⑤ 高海燕.京津冀旅游英语师资队伍协同建设研究［J］.中国轻工教育，2017（2）.

⑥ 李凌.基于校企合作平台的景区旅游志愿者队伍建设［J］.中国市场，2017（2）.

⑦ 沈小雨.基于现代学徒制的旅游类高职院校实训基地建设与管理［J］.西部素质教育，2017（23）.

⑧ 杨玲.旅游管理专业实践教学模式研究［J］.吉林省教育学院学报，2017（1）.

⑨ 段七零，董广智.高职院校深化旅游专业人才供给侧改革研究［J］.旅游纵览，2017（2）.

⑩ 穆芃芃.探究高职旅游教育实践性教学特色建设的思考［J］.旅游纵览，2017（8）.

⑪ 瞿立新.大众旅游时代旅游创新创业教育体系的构建与实践［J］.中国职业技术教育，2017（19）.

⑫ 颜霓，李艳，张晓华.众创背景下高职旅游学生创新创业教育亟待解决的问题［J］.太原城市职业技术学院学报，2017（3）.

研学旅行方面，乐柔佳[①]探讨了研学旅行对旅游类高职院校建设的价值，提出了旅游类高职院校开展研学旅行的策略，以促进研学旅行的发展。

营地旅游方面，麻益军[②]提出了发展乡村营地旅游的建议；李凤、汪德根、刘昌雪、孙枫[③]研究了中国自驾车房车营地的空间分布特征及驱动机制，提出自驾游市场规模的扩大、露营产品和理念的营销推广、依附于高禀赋资源的吸引、依赖于优良生态环境的支撑、交通水平提升与线路改进、景观廊道空间的利用、国家政策保障与引导和地方标准制定与规划等是推动营地发展的二级要素。

民宿方面，王璐、李好、杜虹景[④]针对乡村旅游民宿的发展困境提出了发展对策；李征[⑤]从茶文化的视角，论述了茶文化融入民宿型酒店设计的发展研究；李敏勇和李娜[⑥]则从标准化与特色化的角度研究了民宿的设计。

另外，还有学者从康养旅游、主题酒店、冰雪旅游等方面进行了有益的研究探索。

三、研究展望

（一）紧跟发展新形式，优化旅游人才培育

作为现代服务业的重要组成部分，在中国旅游产业规模逐步扩大、产业结构不断优化、产业能级不断提升的同时，各种新型业态也相应地开始大量涌现。在经济新常态的背景下，全域旅游、乡村旅游如火如荼，会奖旅游、研学旅游、康养旅游方兴未艾。除此之外，伴随着短租旅游、智慧旅游等众多新型旅游形式的出现而发展起来的产业形态也在逐步地显现。大众旅游的时代已经到来，旅游不再是靠入境游、出境游、组团游等传统观念就可以诠释的了。

作为旅游业发展的人才供给方，旅游职业院校人才培养必须适应市场、企业发展的需求，及时调整发展步伐，紧跟时代的脚步，根据当前需求，培养实践能力强、适应性强的高素质旅游综合人才。因此，关于这方面的研究实践比例将增多。

（二）关注区域协同发展，实现多层面合作共赢

目前，我国旅游类职业院校培育的人才较多地服务于当地经济，因此，关注区域协同发展，促合校地合作、校企合作、职教集团合作、行业协会合作、校校合作等多个层面的融合、合作，势在必行。旅游职业教育的发展不能靠单打独斗，区域协同、合作共赢的道路有助于旅游职业教育提高人才培养质量，达到抱团取暖的效果。未来的研究，将突破原有校地合作、校企合作的表层研究，可能向更纵深的方向发展。

（三）迎合国家“双创”趋势，提升实习就业能力

目前，在大众创业、万众创新的时代背景下，很多旅游类职业院校都为学生开设了创

① 乐柔佳．研学旅行对旅游类高职院校建设的价值研究［J］．旅游纵览，2017（3）．

② 麻益军．国家化旅游产业发展视角下的乡村营地旅游项目开发研究［J］．农业经济，2017（10）．

③ 李凤，汪德根，刘昌雪、孙枫．中国自驾车房车营地空间分布特征及其驱动机制［J］．资源科学，2017（2）．

④ 王璐，李好，杜虹景．乡村旅游民宿的发展困境与对策研究［J］．农业经济，2017（3）．

⑤ 李征．茶文化融入民宿型酒店设计的发展研究［J］．福建茶叶，2017（3）．

⑥ 李敏勇，李娜．民宿设计标准化与特色化研究［J］．美与时代，2017（11）．

新创业类课程。如何设置课程体系、如何培育双创教师、如何给予政策扶持、如何建设双创实验室、如何进行教学评价等一系列实践层面的问题已经摆在我们面前。通过文献检索，我们不难发现，目前这方面的研究成果还不多，对实践的指导性、适应性不强，主要观点还有些“众说纷纭”的意味。未来，旅游职业教育研究者们有望在此方面有所突破。

（四）灵活运用多种研究方法，提升科研成果理论水平

纵览我国旅游职业教育的研究，学者们经常使用比较研究、文献研究等定性的研究方法，定量研究特别是实证研究较少。缺乏有代表性的足够量的数据支持，一直以来都是旅游职业教育研究的短板。多数时候，学者们更多的是对于旅游产业和旅游教育方面某一问题进行具体性描述、分析原因，然后提出相应对策建设，往往是一种经验的总结概括或案例剖析。较少从经济学、心理学、管理学等不同学科视角，运用不同的理论模型来进行研究，研究视角有待拓展。在未来的研究过程中，我们期待更多具有学科交叉性、理论或实证水平高的科研成果出现。

（本报告由山东旅游职业学院课题组完成，课题组负责人：魏凯；撰稿人：刘正华）

全国职业院校技能大赛（旅游类）赛项回顾

全国职业院校技能大赛（以下简称大赛）自2008年开始举办，到2017年已是第十个年头，十届大赛成功举办，积累了丰富的经验，同时取得了丰硕的成果。大赛是我国职业教育的一项重大创新，截至目前，建立了一套保证比赛秩序和公平公正的制度体系，基本形成了校、省、国家的三级竞赛体系和常规赛项与行业特色赛项互为补充的专业布局，很好地推进了专业教学改革，推动了产教融合、校企合作，增强了职业教育的影响力和吸引力，在社会上进一步营造了“崇尚一技之长，不唯学历凭能力”的氛围，大赛成效获得了社会的高度认可①。

2017年全国职业院校技能大赛由教育部联合36家部委单位共同主办，于5月8日—6月29日在天津主赛区和吉林、江苏、浙江、安徽、福建、江西、山东、河南、湖北、湖南、广东、广西、重庆、四川、贵州、云南、陕西、甘肃、青岛等19个分赛区举行，共设有常规赛项81个（中职35个，高职46个）、行业特色赛项4个，参赛选手逾万人。其中，旅游职业教育赛项三个，分别是中职酒店服务赛项、高职中餐主题宴会设计赛项、高职西餐宴会服务赛项。各赛项赛前准备充分，比赛过程紧张有序、亮点频现。现就各赛项比赛情况及赛项特点、成果略作总结。

一、中职组酒店服务赛项回顾

（一）赛项概况

2017年6月6—7日，由苏州旅游与财经高等职业技术学校承办的2017年全国职业院校中职组（酒店服务）技能大赛隆重举行，来自全国各省、自治区、直辖市、计划单列市、新疆兵团的37支队伍共104位选手汇集苏州吴江，角逐奖次。经过紧张有序的比赛，全国37支代表队104位选手中共计62名选手分别获得一、二、三等奖，其中，一等奖10名、二等奖21名、三等奖31名。

（二）竞赛内容

1. 竞赛内容的组成与比重

具体内容组成及比重如下（见表1）：

---

① 中华人民共和国教育部网站，http：//www.moe.gov.cn/jyb_xwfb/xw_fbh/moe_2069/xwfbh_2017n/xwfb_07050402/170504_sfcl02/201705/t20170504_303808.html.

表 1　中职酒店服务赛项比赛内容

一级指标	比例	二级指标	比例
现场实操	80	中餐宴会摆台与服务（含仪容仪表展示）	40
		客房中式铺床（含仪容仪表展示）	40
理论竞赛	20	专业理论	10
		专业英语	10
总计	100%		

资料来源：国家教育部网站。

2. 理论竞赛的内容与时长

专业理论测试（口试）：主要考查选手的专业理论综合分析及服务应对能力。每位选手须回答专业理论 4 道题，其中简答题、应变题各 2 道。时间为 3 分钟。

专业英语测试（口试）：主要考查选手的对客服务英语口语表达能力，每位选手需回答情景对话 5 道题。时间为 3 分钟。

3. 现场实操的内容与时长

仪容仪表：主要考查选手的仪容仪表是否符合酒店行业的基本要求及岗位要求。在现场操作比赛之前进行仪容仪表展示，展示时间不超过 1 分钟。

现场操作：各参赛选手独立完成所有现场操作比赛内容。为贴近行业工作实际，着重考察选手技能标准掌握的准确性，尤其是基本技能与核心技能的熟练性、规范性、实用性、美观性。中餐宴会摆台与服务现场操作比赛时间 18 分钟；客房中式铺床现场操作比赛时间 3 分钟。

（三）赛项成绩

经过紧张有序的比赛，全国 37 支代表队 104 位选手中共计 62 名选手分别获得一、二、三等奖，其中，一等奖 10 名、二等奖 21 名、三等奖 31 名。（见表 2）

表 2　2017 年全国职业院校中职组（酒店服务）技能大赛获奖名单

一等奖				
序号	代表队	学校	姓名	指导教师
1	江苏省	苏州旅游与财经高等职业技术学校	李筱琦	朱　勇
2	江苏省	苏州旅游与财经高等职业技术学校	赵志凌	周　艳
3	宁波市	宁波甬江职业高级中学	陈莎莎	张丹颖
4	山东省	山东省潍坊商业学校	袁俊俊	尹倩倩
5	江苏省	南京浦口中等专业学校	刘家慧	管　云

续表

一等奖				
序号	代表队	学校	姓名	指导教师
6	青岛市	青岛旅游学校	黄钰鑫	白　睿
7	青岛市	青岛旅游学校	杨　杰	吴晓燕
8	山东省	枣庄经济学校	褚潇璐	高玉鉴
9	宁波市	北仑职业高级中学	张　彤	徐晓君
10	福建省	福建省福州旅游职业中专学校	林锦广	杨　松

二等奖			
序号	代表队	学校	姓名
1	浙江省	杭州市中策职业学校	江浩辉
2	福建省	福建省福州旅游职业中专学校	黄晓烨
3	山东省	山东省潍坊商业学校	王　欣
4	广西壮族自治区	南宁市第一职业技术学校	钟　俊
5	广西壮族自治区	南宁市第一职业技术学校	周玉华
6	湖南省	长沙财经学校	刘　曾
7	重庆市	重庆市旅游学校	邓　聪
8	河南省	洛阳旅游学校	金玉笛
9	河南省	焦作市职业技术学校	赵雅娟
10	广东省	广东省旅游职业技术学校	朱嘉敏
11	上海市	上海市现代职业技术学校	徐永洁
12	湖南省	长沙财经学校	易长城
13	深圳市	深圳市龙岗区第二职业技术学校	赵兴蓉
14	湖南省	常德财经中等专业学校	娄旬蓓
15	深圳市	深圳市龙岗区第二职业技术学校	林冰冰
16	吉林省	长春市公共关系学校	曲书琳
17	安徽省	合肥市经贸旅游学校	杨紫薇
18	重庆市	重庆市女子职业高级中学	冯　腾
19	四川省	四川省成都市礼仪职业中学	黎新宇
20	安徽省	合肥市经贸旅游学校	钱梦婕
21	辽宁省	沈阳市外事服务学校	李　宇

续表

三等奖			
序号	代表队	学校	姓名
1	浙江省	杭州市富阳区职业教育中心	凌志钢
2	大连市	大连市经济贸易学校	何翔辰
3	吉林省	吉林女子学校	李加乐
4	湖北省	长阳土家族自治县职业教育中心	彭红梨
5	北京市	北京市外事学校	刘禧辰
6	河南省	平顶山市文化旅游学校	张远航
7	辽宁省	鞍山市现代服务学校	闫 帅
8	上海市	上海市现代职业技术学校	傅玫楦
9	四川省	四川省成都市礼仪职业中学	廖安昊
10	厦门市	厦门工商旅游学校	林尤林
11	海南省	海南省经济技术学校	方 婷
12	江西省	南昌市第一中等专业学校	游 慧
13	贵州省	安顺职业技术学院	李美龄
14	黑龙江省	大庆市外事服务职业高级中学	金冬雪
15	辽宁省	沈阳市旅游学校	夏 禹
16	厦门市	集美轻工业学校	杨 欣
17	广东省	广州市旅游商务职业学校	卢瑞珍
18	广东省	广东省旅游职业技术学校	姚丽婷
19	重庆市	重庆市旅游学校	晏钱源
20	内蒙古自治区	赤峰第一职业中等专业学校	冯浩然
21	河北省	保定市女子职业中专学校	徐宏艳
22	北京市	北京市外事学校	王 浩
23	福建省	福建省漳州第二职业中专学校	杨 琼
24	安徽省	芜湖市职业教育中心（安徽省芜湖应用技术学校）	赵 磊
25	四川省	四川省成都市财贸职业高级中学校	黄圣德
26	青海省	西宁市第一职业技术学校	赵思杰
27	浙江省	义乌市国际商贸学校	吴照辉
28	内蒙古自治区	赤峰第一职业中等专业学校	朱芳莹

续表

三等奖			
序号	代表队	学校	姓名
29	山西省	芮城县第一职业中学	高凯华
30	河北省	石家庄市旅游学校（需初中分离）	王旭斌
31	吉林省	吉林女子学校	孙语晨

资料来源：国家教育部网站。

（四）赛项特色

本项赛事已举办六年，本届是中餐宴会摆台、客房中式铺床合二为一的新赛制首秀，大赛更加全面考查了选手的整体技艺水平和良好的精神风貌，更加明确地指导旅游职业教学的改革方向。既充分体现了旅游教育专业特色，又抓住了综合素质考教这一人才培养的核心，展现了旅游相关专业教育教学成果。

二、高职中餐主题宴会设计赛项回顾

（一）赛项概况

2017 年 5 月 19—21 日，全国职业院校技能大赛高职组中餐主题宴会设计赛项在青岛酒店管理学院举行。来自全国 83 所高等职业学校的 249 名参赛选手，将围绕中餐宴会接待方案创意设计、中餐主题宴会摆台设计、现场互评、餐饮服务操作和餐饮服务英语口语测试等环节进行激烈角逐，展示良好的专业技能和综合素养。

（二）赛项内容

比赛内容包括中餐宴会接待方案创意设计、中餐主题宴会摆台设计、现场互评、餐饮服务操作和餐饮服务英语口语测试。

1. 中餐宴会接待方案创意设计

中餐宴会接待方案创意设计为团体竞赛项目，要求参赛团队 3 名选手根据确定的主题，现场讨论，并在规定时间内按要求完成设计文案。提交电子版和打印版文案。文案字数须在 2500~3000 字，以电脑统计字符数（不含空格）为准。比赛创意主题范围于赛前公布，比赛开始前十五分钟，由裁判长抽取比赛创意题目。比赛安排在计算机机房进行，赛前抽签确定考场和赛位，考场提供台式计算机和打印设备，现场不提供上网环境。

2. 现场操作

现场操作包括中餐主题宴会摆台设计（含台面创意设计评分和摆台操作）、现场互评和餐饮服务操作，均为个人竞赛项目，由团队成员通过抽签确定每个队员的比赛项目，赛前抽签确定分组和赛位，在操作现场完成比赛。

中餐主题宴会摆台设计：包括台面创意设计、中餐宴会摆台操作、主题装饰物制作等。台面直径 1.8 米，按 8 人位摆台。主要考查选手操作的熟练性、规范性以及选手对中餐饮食文化的理解等。

现场互评：参赛选手需通过抽签对同组比赛的另外一个参赛作品进行评析，阐述其主题设计各要素的优点与不足，并回答裁判提出的问题。该环节考查选手对专业知识的掌握以及其创新能力、应变能力等。

餐饮服务操作：本环节主要完成开瓶、红酒示酒、收撤餐具等台面整理工作、酒水斟倒等。餐饮服务所使用台面系各代表队的参赛台面，主要考核选手服务操作的熟练性、规范性以及对服务过程的现场控制紧急预案的掌握情况等。本环节在现场互评准备结束后进行，分两批操作。

3. 餐饮服务英语口语测试

餐饮服务英语口语测试，团队三位选手全部参加，分别进行测试，每位选手需完成五道题，其中中译英、英译中各两道，情景对话一道。该项目测试采用问答形式，赛前提供题库。主要考查选手的英语口语表达能力及专业英语水平。

（三）赛项成绩

本次大赛为团队赛，每队 3 名选手。经过三天激烈的角逐，本届大赛共评选出一等奖 8 个团队，24 名选手；二等奖 17 个团队，51 名选手；三等奖 25 个团队，75 名选手，优秀指导教师 16 名（见表 3）。

表 3　中餐主题宴会赛项获奖名单

一等奖				
序号	代表队	学校	姓名	指导教师
1	山东省	青岛酒店管理职业技术学院	李佳丽	许文素 / 郭贵荣
2	山东省	青岛酒店管理职业技术学院	高永磊	许文素 / 郭贵荣
3	山东省	青岛酒店管理职业技术学院	张芳铭	许文素 / 郭贵荣
4	山东省	山东旅游职业学院	谭小娅	陈永燕 / 韩爱霞
5	山东省	山东旅游职业学院	岳　彤	陈永燕 / 韩爱霞
6	山东省	山东旅游职业学院	陈　艳	陈永燕 / 韩爱霞
7	浙江省	浙江旅游职业学院	王超燕	沈建龙 / 顾燕云
8	浙江省	浙江旅游职业学院	归珊珊	沈建龙 / 顾燕云
9	浙江省	浙江旅游职业学院	金瑾莹	沈建龙 / 顾燕云
10	江苏省	南京旅游职业学院	张微熹	王天辰 / 田　园
11	江苏省	南京旅游职业学院	王伶羽	王天辰 / 田　园
12	江苏省	南京旅游职业学院	张　淼	王天辰 / 田　园
13	浙江省	金华职业技术学院	沈明月	谭春霞 / 顾敏艳
14	浙江省	金华职业技术学院	金佳雷	谭春霞 / 顾敏艳
15	浙江省	金华职业技术学院	邱彬彬	谭春霞 / 顾敏艳

续表

一等奖				
序号	代表队	学校	姓名	指导教师
16	山东省	山东商业职业技术学院	徐玲玲	赵　娟 / 滕爱凤
17	山东省	山东商业职业技术学院	姚圣男	赵　娟 / 滕爱凤
18	山东省	山东商业职业技术学院	李　倩	赵　娟 / 滕爱凤
19	福建省	厦门华天涉外职业技术学院	卢先全	周莎莎 / 解芳君
20	福建省	厦门华天涉外职业技术学院	杨　倩	周莎莎 / 解芳君
21	福建省	厦门华天涉外职业技术学院	李丽沙	周莎莎 / 解芳君
22	北京市	北京财贸职业学院	封春丽	蔡丽伟 / 李　岩
23	北京市	北京财贸职业学院	黎　强	蔡丽伟 / 李　岩
24	北京市	北京财贸职业学院	候胜楠	蔡丽伟 / 李　岩

二等奖			
序号	代表队	学校	姓名
1	浙江省	浙江商业职业技术学院	邱则名
2	浙江省	浙江商业职业技术学院	顾燕青
3	浙江省	浙江商业职业技术学院	兰　昕
4	重庆市	重庆城市管理职业学院	叶佳莉
5	重庆市	重庆城市管理职业学院	伍分静
6	重庆市	重庆城市管理职业学院	罗晨晨
7	福建省	厦门南洋职业学院	王恺吟
8	福建省	厦门南洋职业学院	陈　欣
9	福建省	厦门南洋职业学院	陈锐敏
10	安徽省	安徽工商职业学院	范道远
11	安徽省	安徽工商职业学院	许丽菊
12	安徽省	安徽工商职业学院	黄金妹
13	吉林省	长春职业技术学院	张　雪
14	吉林省	长春职业技术学院	李　馨
15	吉林省	长春职业技术学院	卢元元
16	辽宁省	辽宁经济职业技术学院	邵丹妮
17	辽宁省	辽宁经济职业技术学院	王　硕

续表

二等奖			
序号	代表队	学校	姓名
18	辽宁省	辽宁经济职业技术学院	李 月
19	江苏省	无锡商业职业技术学院	刘 晶
20	江苏省	无锡商业职业技术学院	张增光
21	江苏省	无锡商业职业技术学院	孙梦云
22	安徽省	安徽商贸职业技术学院	吴慧娟
23	安徽省	安徽商贸职业技术学院	李 勤
24	安徽省	安徽商贸职业技术学院	李晓萌
25	广西壮族自治区	广西工商职业技术学院	杨文婷
26	广西壮族自治区	广西工商职业技术学院	潘静文
27	广西壮族自治区	广西工商职业技术学院	黄远珊
28	河南省	河南职业技术学院	范 婕
29	河南省	河南职业技术学院	赵丽婷
30	河南省	河南职业技术学院	吴慧慧
31	安徽省	安徽工业经济职业技术学院	殷佳俊
32	安徽省	安徽工业经济职业技术学院	刘雪梅
33	安徽省	安徽工业经济职业技术学院	孙 银
34	广东省	江门职业技术学院	黎钰敏
35	广东省	江门职业技术学院	麦志成
36	广东省	江门职业技术学院	陈佩玲
37	浙江省	浙江舟山群岛新区旅游与健康职业学院	周露雅
38	浙江省	浙江舟山群岛新区旅游与健康职业学院	夏欣雨
39	浙江省	浙江舟山群岛新区旅游与健康职业学院	俞芳芳
40	湖北省	咸宁职业技术学院	黄 慧
41	湖北省	咸宁职业技术学院	余春燕
42	湖北省	咸宁职业技术学院	余梦婵
43	山西省	山西旅游职业学院	尹雪敏
44	山西省	山西旅游职业学院	刘 月
45	山西省	山西旅游职业学院	米晨玉

续表

二等奖			
序号	代表队	学校	姓名
46	湖南省	长沙职业技术学院	朱　闪
47	湖南省	长沙职业技术学院	杨梦嫣
48	湖南省	长沙职业技术学院	陈　丹
49	湖北省	三峡旅游职业技术学院	毛张旭
50	湖北省	三峡旅游职业技术学院	任　聪
51	湖北省	三峡旅游职业技术学院	黄家琛

三等奖			
序号	代表队	学校	姓名
1	辽宁省	大连职业技术学院	陈　晨
2	辽宁省	大连职业技术学院	杨　卓
3	辽宁省	大连职业技术学院	夏思瑶
4	山西省	太原旅游职业学院	郝文娟
5	山西省	太原旅游职业学院	郭慧玲
6	山西省	太原旅游职业学院	曲建勋
7	湖南省	张家界航空工业职业技术学院	符振武
8	湖南省	张家界航空工业职业技术学院	唐　湘
9	湖南省	张家界航空工业职业技术学院	周　迪
10	上海市	上海城建职业学院	王璧清
11	上海市	上海城建职业学院	徐知宇
12	上海市	上海城建职业学院	韩展程
13	重庆市	重庆旅游职业学院	吴小娟
14	重庆市	重庆旅游职业学院	龚美玲
15	重庆市	重庆旅游职业学院	张　亭
16	安徽省	安徽国际商务职业学院	杨　慧
17	安徽省	安徽国际商务职业学院	水立平
18	安徽省	安徽国际商务职业学院	杜宏宣
19	河北省	河北旅游职业学院	曹　强
20	河北省	河北旅游职业学院	马　立

续表

三等奖			
序号	代表队	学校	姓名
21	河北省	河北旅游职业学院	曹建鑫
22	福建省	厦门城市职业学院	王丽兰
23	福建省	厦门城市职业学院	刘玮瑶
24	福建省	厦门城市职业学院	骆宛颖
25	湖南省	长沙商贸旅游职业技术学院	罗 依
26	湖南省	长沙商贸旅游职业技术学院	曾 艺
27	湖南省	长沙商贸旅游职业技术学院	黄 婷
28	四川省	成都职业技术学院	张静秋
29	四川省	成都职业技术学院	姜 莉
30	四川省	成都职业技术学院	冯颖俐
31	天津市	天津青年职业学院	郭 雯
32	天津市	天津青年职业学院	任慧云
33	天津市	天津青年职业学院	田凯娜
34	福建省	漳州职业技术学院	肖雪儿
35	福建省	漳州职业技术学院	谢碧莲
36	福建省	漳州职业技术学院	陈韦婷
37	辽宁省	辽宁现代服务职业技术学院	田 甜
38	辽宁省	辽宁现代服务职业技术学院	商关惠子
39	辽宁省	辽宁现代服务职业技术学院	张 妍
40	广西壮族自治区	南宁职业技术学院	何雨玲
41	广西壮族自治区	南宁职业技术学院	冯晓晴
42	广西壮族自治区	南宁职业技术学院	卢秀斌
43	江西省	江西工业贸易职业技术学院	李雪婷
44	江西省	江西工业贸易职业技术学院	辛 嘉
45	江西省	江西工业贸易职业技术学院	王 娜
46	广西壮族自治区	广西国际商务职业技术学院	陈子依
47	广西壮族自治区	广西国际商务职业技术学院	陆柠柠
48	广西壮族自治区	广西国际商务职业技术学院	韦柳静

续表

三等奖			
序号	代表队	学校	姓名
49	海南省	海南外国语职业学院	王雪梅
50	海南省	海南外国语职业学院	祝欣莉
51	海南省	海南外国语职业学院	翁绵霞
52	江西省	江西旅游商贸职业学院	邓小凤
53	江西省	江西旅游商贸职业学院	吴珠珠
54	江西省	江西旅游商贸职业学院	江晓慧
55	新疆维吾尔自治区	新疆职业大学（含中专部）	王成英
56	新疆维吾尔自治区	新疆职业大学（含中专部）	贾芳芳
57	新疆维吾尔自治区	新疆职业大学（含中专部）	刘凤伟
58	湖南省	湖南商务职业技术学院	向　倩
59	湖南省	湖南商务职业技术学院	唐　静
60	湖南省	湖南商务职业技术学院	黄向慧
61	山西省	山西省财政税务专科学校	陈志华
62	山西省	山西省财政税务专科学校	董　静
63	山西省	山西省财政税务专科学校	车凯玉
64	贵州省	安顺职业技术学院	陈宝莉
65	贵州省	安顺职业技术学院	彭方斌
66	贵州省	安顺职业技术学院	许浴入
67	贵州省	贵阳职业技术学院	黄　鑫
68	贵州省	贵阳职业技术学院	雷伶俐
69	贵州省	贵阳职业技术学院	沈　媛
70	河南省	郑州旅游职业学院	陈倩倩
71	河南省	郑州旅游职业学院	毕颖颖
72	河南省	郑州旅游职业学院	胡晓爽
73	贵州省	黔东南民族职业技术学院	孙　青
74	贵州省	黔东南民族职业技术学院	罗康美
75	贵州省	黔东南民族职业技术学院	高雨洁

资料来源：国家教育部网站。

（四）赛项特色

本次比赛为团队赛，每支参赛队由 3 人组成，每队指导教师不超过 2 人，不允许跨校组队。以中餐主题宴会设计为主线，涵盖中餐宴会接待方案创意设计、中餐主题摆台设计、现场互评、餐饮服务操作、餐饮服务英语口语等内容，旨在检验参赛选手餐饮服务的专业操作能力及创新应变能力。通过比赛，进一步加强了高职院校酒店管理专业建设，推进了在行业发展背景下的教学改革，促进了校企深度融合，推动了工学结合人才培养模式的改革与创新，检验了高职学生的创新能力、应变能力、综合职业能力和职业素养。

三、高职西餐宴会服务赛项回顾

（一）赛项概况

5 月 24—26 日，2017 年全国职业院校技能大赛高职组西餐宴会服务赛项在南宁职业技术学院隆重举行，来自全国 28 个省、自治区、直辖市的 66 所高职院校 80 名选手参加比赛。

（二）赛项内容

比赛分四部分，即西餐宴会摆台、英语台面主题介绍及知识问答、西餐服务、鸡尾酒调制。

西餐宴会摆台操作：选手现场摆一个 6 人西餐宴会台，并围绕西方传统节日进行台面主题设计与布置。主要考查选手操作的熟练性、规范性，台面布置的美观性、实用性，以及对西餐文化的理解等专业知识的掌握。

英语台面主题介绍及知识问答：选手用英语介绍台面设计主题、设计思路，并现场回答 1 个根据台面主题设计提出的问题。考核选手西餐服务英语的综合运用能力。

西餐服务：选手根据现场提供的菜单，为 3 个餐位的客人斟倒冰水、调整餐具。提供侍酒服务。包括撤掉多余的餐具，开红葡萄酒瓶，并进行红白葡萄酒斟酒服务。考查选手对西餐服务知识和技能的掌握程度，以及服务的规范性。

鸡尾酒调制：每位选手现场调制一杯抽签鸡尾酒和一杯可以用作开胃酒的自创鸡尾酒。考察选手对鸡尾酒调制方法的掌握程度和操作的基本规范，以及鸡尾酒的创新能力。

（三）赛项成绩

本赛项为个人赛。通过激烈的比拼，大赛评出一等奖 8 名，二等奖 16 名，三等奖 24 名，优秀指导老师 8 名（见表 4）。

表 4　西餐宴会服务赛项获奖名单

一等奖				
序号	代表队	学校	姓名	指导教师
1	江苏省	南京旅游职业学院	孟凡翔	徐　斌
2	广西壮族自治区	南宁职业技术学院	洪瑞芬	何兰兰
3	江苏省	南京旅游职业学院	邱振超	徐　斌

续表

一等奖				
序号	代表队	学校	姓名	指导教师
4	山东省	青岛酒店管理职业技术学院	孙雪兵	程 彬
5	广东省	广州工程技术职业学院	邱祥君	傅云雁
6	重庆市	重庆旅游职业学院	黎 铃	周 璐
7	湖北省	武汉城市职业学院	何紫璇	张 智
8	陕西省	陕西工商职业学院	杨廷岚	刘晓花

二等奖			
序号	代表队	学校	姓名
1	江苏省	无锡商业职业技术学院	李旋旋
2	广东省	珠海城市职业技术学院	马玫妍
3	湖南省	湖南工程职业技术学院	朱 颖
4	四川省	绵阳职业技术学院	魏 筠
5	湖南省	湖南网络工程职业学院	曾 亮
6	福建省	漳州职业技术学院	黄嘉娜
7	广西壮族自治区	南宁职业技术学院	唐晓程
8	上海市	上海城建职业学院	邱晨辰
9	广东省	广东机电职业技术学院	马佳纯
10	福建省	厦门南洋职业学院	周芳玲
11	浙江省	浙江旅游职业学院	龚一晨
12	山西省	太原旅游职业学院	阴棠棠
13	福建省	漳州职业技术学院	薛海燕
14	陕西省	杨凌职业技术学院	杨宇光
15	山东省	山东旅游职业学院	张莉媛
16	辽宁省	沈阳职业技术学院	赵 颖

三等奖			
序号	代表队	学校	姓名
1	上海市	上海城建职业学院	陈苗苗
2	天津市	天津青年职业学院	张 璐
3	北京市	北京财贸职业学院	刘宏源

续表

三等奖			
序号	代表队	学校	姓名
4	江西省	江西旅游商贸职业学院	杨思思
5	安徽省	安徽财贸职业学院	王晨晨
6	江西省	江西旅游商贸职业学院	周　盼
7	安徽省	安徽工业经济职业技术学院	杜　彬
8	辽宁省	辽宁经济职业技术学院	何程程
9	重庆市	重庆电力高等专科学校	胡佳利
10	河北省	河北旅游职业学院	郭东晓
11	四川省	四川城市职业学院	高兴意
12	重庆市	重庆电力高等专科学校	董菊花
13	湖南省	长沙商贸旅游职业技术学院	丁苏莉
14	浙江省	金华职业技术学院	戴一楠
15	湖北省	武汉职业技术学院	张静宇
16	贵州省	安顺职业技术学院	谢芷芃
17	陕西省	杨凌职业技术学院	赵思思
18	吉林省	长春职业技术学院	李　湘
19	贵州省	黔东南民族职业技术学院	王丽英
20	新疆维吾尔自治区	乌鲁木齐职业大学（含中专部）	杨嘉懿
21	安徽省	安徽中澳科技职业学院	陶余平
22	浙江省	浙江商业职业技术学院	徐圣超
23	四川省	成都农业科技职业学院	胡雪敏
24	海南省	海南经贸职业技术学院	樊效萍

资料来源：国家教育部网站。

（四）赛项特色

本次大赛以西餐宴会服务为主，调酒服务为辅，涵盖西餐宴会摆台、台面创意设计、餐巾折花、调酒、西餐服务、西餐服务英语运用以及西餐服务知识问答等内容，重点关注选手操作技能水平以及操作过程中的职业礼仪与职业规范。赛项设计与当前西餐服务行业要求密切衔接，综合考量学生的理论功底、外语水平及操作能力。

四、技能大赛对旅游职业教育发展的影响

全国职业院校技能大赛经过十年的发展，建成起了一个覆盖整个职教战线的竞赛体系，建立了一套保证比赛秩序和公平公正的制度体系，形成了促进产教融合校企合作的运行机制，促成了全社会多方联动支持发展职业教育的新的局面，大赛成效获得了社会的高度认可。旅游赛项的圆满举办，在推动我国旅游职业教育教学改革、提升社会影响力、推动产学研合作等方面具有重要意义。

（一）有利于培养旅游专业学生的“工匠精神”

2016 年政府工作报告中指出“鼓励企业开展个性化定制、柔性化生产，培育精益求精的工匠精神”。工匠精神，不是停留在口头上的，而是要实实在在地关注品质、关注细节。它是对自己的产品和服务精雕细琢、精益求精的精神理念，代表着一个时代的气质，其内涵在于：精益求精，严谨，耐心坚持，专业敬业。

“工匠精神”重在精益求精、重视细节，旅游职业教育是以技能为中心的综合职业能力的教育，要把培育工匠精神贯穿于技能人才培养全过程。选手赛前通过反复对竞赛项目的训练，提高了实践操作能力，丰富了专业理论课讲解的内容，提高职业水平，更是培养了学生的职业素养①。

（二）促进产教融合

构建现代旅游职业教育的主要路径是促进产教融合，并且经过验证是非常有必要进行的。旅游高职院校在进行技能大赛或者是地方选拔时，都会有企业参与评选和指导，既能减轻高职院校的经济压力，也能通过举办技能大赛提高企业的知名度和影响力。在比赛期间，企业可以选择有潜力的人才进行培养，或者是有潜力的项目进行投资和开发，加深校企合作②。

（三）推动旅游高职院校进行教育教学改革

现在职业院校技能大赛在各省市自治区的影响越来越大，参与的院校越来越多，受到社会的关注越来越高，职业院校内部相应的专业教师结合大赛的经验改革教学办法和教学任务，提高教学积极性，并且在与大赛关联性得专业改革过程中融入大赛的理念，以竞赛的方式进行实践教学，提高学生的学习积极性，也能引导学生开发潜能，并认识到技能学习的重要性，推动旅游职业院校进行教育教学改革。

（本报告由山东旅游职业学院课题组完成，课题组负责人：魏凯；执笔人：宋斐红）

① 白丽红，刘萍．基于世界技能大赛培养职业院校学生的工匠精神［J］．职教论坛，2017（29）．

② 刘影．全国职业院校技能大赛现状分析及对策研究［J］．建筑工程技术与设计，2018（5）．

全国旅游职业教育教学指导委员会 2017 年工作总结

一、积极参加上级部门会议，贯彻旅游职教精神

2017 年为“十三五”规划发展的第二年，各行各业都聚精会神谋发展。为更好地学习教育部、国家旅游局对发展职业教育、旅游职业教育的有关精神，旅游行指委秘书处及委员积极参加了教育部举办的各项工作会议，如 2017 年行业指导委员会秘书长工作研讨会；教育部高职专业标准启动会、内审会；中职专业目录修订系列会议；全国职业院校技能大赛筹备会、总结会等。并参加了由国家旅游局举办的全国旅游工作会等重要会议。旅游行指委派有关同志参会并做好会议纪要，会后由秘书处整理成工作简报向旅游行指委全体委员通报和归档保存。秘书处定期向国家旅游局人事司汇报旅游行指委工作进展、沟通工作思路和工作计划，并根据工作需要召开相关工作专题会议。将各项会议精神分解细化到年度工作计划和安排之中，切实贯彻到具体的工作中。

二、举办职业技能大赛，搭建旅游职教风采展示平台

（一）成功举办 3 个旅游服务类赛项

2017 年全国职业院校技能大赛旅游服务类赛项由教育部、国家旅游局、江苏省人民政府、山东省人民政府、浙江省人民政府等 36 个部委联合主办，在教育部和国家旅游局的指导与大力支持下，2017 年旅游行指委取得全国职业技能大赛中职组酒店服务赛项、高职组西餐宴会服务赛项、中餐主题宴会设计赛项、3 个赛项的举办权，苏州旅游与财经高等职业技术学校、南宁职业技术学院、青岛酒店管理职业技术学院三所高校承办。经过前期多次召开赛项说明会、专家研讨会和相关部署会议，2017 年国赛于 5—6 月顺利举办，高职组中餐主题宴会设计赛项、高职组西餐宴会服务赛项、中职组酒店服务赛项分别在福建、江苏、山东分赛区举办。共有来自全国 28 个省、自治区、直辖市、新疆生产建设兵团以及计划单列市的共 186 所院校的 433 名选手参与竞技。本届旅游服务类技能大赛硕果累累，共产生了一等奖 42 名、二等奖 88 名、三等奖 130 名及优秀指导教师奖 43 名。其中，中职组一等奖 10 名、二等奖 21 名，三等奖 31 名；高职组西餐宴会服务赛项一等奖 8 名、二等奖 16 名、三等奖 24 名；高职组中餐主题宴会设计赛项首次采用团体赛制的形式 8 个代表队共 24 名选手获得一等奖，17 个代表队共 51 名选手荣获二等奖，25 个代表队共 75 名选手荣获三等奖。旅游服务赛项吸引了近 3000 人次前往赛项场地观摩学习。

2017 年全国职业院校技能大赛旅游服务赛项形成了赛项执委会统一领导、各专业分委员会组织指导、承办校具体承办的完整的办赛机制，及时根据教育部要求更新办赛理念、促进赛项实现转型突破。高职组中餐主题宴会设计赛项规模盛大，参赛选手人数达 249 人，创下旅游服务赛项历史新高。并进一步改进了团体赛的办赛机制积累了团体赛办赛经验；高职组西餐宴会服务赛项吸引了西部省份大量院校首次登上国赛舞台展示风采，赛制方案荣获无数好评，保持了该赛项零投诉的佳绩；中职组酒店服务赛项首次将客房铺床与中式摆台项目进行了合并，对选手的综合能力提出更高要求。赛项同期举办教育部高端论坛——“百川论坛”，赛事活动精彩纷呈。

2017 年恰逢全国职业院校技能大赛开赛十周年，承前启后，继往开来，各部委高度重视，李克强总理亲作批示。旅游服务赛项执委会积极应对大赛制度新变革为承办国赛带来的全新挑战，贯彻落实李克强总理关于大赛的批示精神，充分发挥大赛的引领示范作用，努力并将继续为推动旅游职业教育教学发展，为更好地发挥我国旅游人才资源优势贡献力量。

（二）举办赛后国赛总结工作研讨会

赛后，为更好适应国赛新赛制、充分发挥以赛促教促学的作用，2017 年 8 月 30—31 日，由旅游行指委主办、山东旅游职业学院承办的 2017 年全国职业院校技能大赛旅游服务类赛项工作会在山东省济南市圆满召开。各专委会主任委员、秘书长及来自全国各职业院校以及本科、行业的 60 余名专家出席了本次会议，对相关旅游服务类国赛赛项进行总结和新一届的筹划。

各赛项承办校领导分别介绍了本校办赛经验，专家们群策群力为亟须解决的问题提出建议，对 2018 年赛项设计展开研究。研讨会在专家组的积极建议下着重讨论了赛后成果转化思路和方案，各专委会将积极探索赛项成果转化线上平台模式的构建，打造立体化教学课程集引领教学，建设赛项优质成果资源库和赛项作品共享平台，以崭新的思路完成新一届赛项成果转化任务。

三、实施万名旅游英才计划，推进落实人才培养战略

（一）组织 2015 年万名旅游英才计划项目验收工作

2015 年国家旅游局共资助“万名旅游英才计划”项目 6 类，其中“创新创业型英才培养项目”“实践服务型英才培养项目”和“双师型教师培养项目”的项目执行办公室设立在旅游行指委，旅游行指委秘书处主要负责项目的具体实施，承担名额分配、组织申报、审核评议、中期检查、成果验收等工作。

2017 年 3—4 月，旅游行指委秘书处对 2015 年“万名旅游英才计划”项目组织了验收工作。共收到 39 所本科院校的 94 份“创新创业型英才培养项目”材料、43 所高职院校的 286 份“实践服务型英才培养项目”材料、42 所高职院校的 188 份“双师型教师培养项目（高职）”材料、25 所中职学校的 79 份“双师型教师培养项目（中职）”材料，回收率达 98.6%。

2015 年为本项目发起之年，在所有来自行业英才的共同努力下取得了良好的成绩，

若干院校的优秀成果在《中国旅游报》关于2015年英才项目报道中亮相，获得了广泛关注和广大认可，也展现了本项目在人才培养方面的巨大影响力。

（二）组织评审2017年万名旅游英才计划项目

2017年是万名旅游英才三年计划的最后一年，也是成果升华的一年，国家旅游局人事司在总结前两年工作经验的基础上对项目类别和申报形式进行了调整：第一，彻底改变之前的名额分配制为公开申报、限额入选的机制，增加了本项目的覆盖范围，进一步扩大了本项目的影响力度，体现了国家旅游局实施英才计划的初衷；第二，取消了专门为本科院校设置的"创新创业型英才培养项目"，保留"双师型教师培养项目""实践服务型英才培养项目"，其中，"双师型教师培养项目"仍由高职、中职院校的双师型教师申请，可入选名额为100名，"实践服务型英才培养项目"由本科和高职院校的旅游专业学生申请，可入选名额为200名。经过为期3个月的组织申报工作，秘书处共收到来自132个单位的394份"双师型教师培养项目"申报书，135个单位的392份的"实践服务型英才培养项目"申报书。

10月27—29日秘书处组织召开了2017年度"万名旅游英才计划——'双师型教师培养项目''实践服务型英才培养项目'"专家评审会。邀请了来自全国各地的22名旅游行指委委员及相关专家对两类项目申报书进行分组评审，最终评选出来自全国60所高职院校的85份优秀申报材料、12所中职院校的15份优秀申报材料入选"双师型教师培养项目"；69所本科院校的100份优秀申报材料、56所高职院校的98份优秀申报材料入选"实践服务型英才培养项目"申报材料。后期，秘书处将继续协助人事司做好入选项目信息入库、发票入账、立项证书制作与发放等项目管理工作。

四、组织申报和发布项目，丰富旅游职教研究成果

（一）完成3个教育部高职专业教学标准修（制）订项目

科研成果的数量和质量是衡量职业教育发展水平的重要指标，旅游行指委自成立以来，一直致力于职业教育发展科学研究，并取得了可观的成绩。根据教育部相关文件指示，由旅游行指委牵头在2017—2018年对7个高职旅游类专业教学标准进行分批修（制）订工作，其中第一批为：酒店管理专业、景区开发与管理专业、旅行社经营与管理专业；第二批为：旅游管理专业、会展策划与管理专业、导游专业、休闲服务与管理专业。在教育部行指委办公室的指导下，为了保证项目实施的规范性和科学性，旅游行指委秘书处邀请了综合组专家对7个专业教学标准修（制）订工作主要负责人进行了专业培训，并于2017年6月和9月举行了两次项目内审，邀请了教育部、国家旅游局领导和行业内专家对第一批项目进行了严格的评审。截止到12月12日，旅游行指委的酒店管理专业和景区开发与管理专业顺利通过了教育部组织的第一批次内审会议，专家反馈良好。旅行社经营与管理专业将于2018年1月8日参加教育部组织的第三批次内审会议。第二批次的4个专业的修（制）订调研工作也已启动，正在稳步推进。

（二）完成教育部《中等职业学校专业目录》修订工作

《中等职业学校专业目录》是中职学校设置与调整专业、实施人才培养、组织招生、

指导就业的基本依据，是教育行政部门规划中职专业布局、安排招生计划、进行教育统计和人才预测等工作的主要依据，也是学生选择就读中职专业、社会用人单位选用中职毕业生的重要参考。近些年来，我国经济社会的快速发展、产业结构的不断优化调整以及教育自身的改革发展等，对中职学校专业设置提出了新的要求。根据教育部《关于做好〈中等职业学校专业目录〉修订有关工作的通知》（教职成司函〔2016〕142号）要求和《关于开展〈中等职业学校专业设置优化调整方案〉研制工作的通知》，旅游行指委成立领导小组和专家工作组，由赵晓鸿委员任工作组组长，董家彪委员、陈春福委员任副组长，牵头实施有关调研、撰写报告。最终完成对旅游大类中8个专业的调整，包括原《中等职业学校专业目录》中6个专业和2个新增专业。并于2017年10月12日参与《中等职业学校专业设置优化调整方案》研制第五专家工作组审定会议，顺利通过审定。

（三）组织申报2017—2019年行业指导职业院校专业改革与实践项目

为了进一步发挥行业在人才需求预测、职业教育教学标准体系建设中的重要作用，教育部职成司组织开展了2017—2019年行业指导职业院校专业改革与实践项目，计划在未来三年内每个行指委完成三项《专业人才需求报告》，根据行业发展趋势，以及充分发挥各专委会智慧力量，旅游行指委委托上海旅游专科学校承担2017年《会展策划与管理专业人才需求报告》、浙江旅游职业学院承担2018年《景区开发与管理专业人才需求报告》、苏州旅游与财经高等职业技术学校承担2019年《导游专业人才需求报告》。目前所有项目申报均已上报，等待教育部审批。

（四）组织撰写《2016年中国旅游职业教育年度报告》

为紧随中国旅游业前进的步伐，客观细致地分析国内旅游职业教育发展的现状，把握中国旅游职业教育的发展趋势，在国家旅游局人事司的支持下，旅游行指委已经连续四年出版《中国旅游职业教育年度报告》（以下简称《报告》），并取得了业内较好的反响。为了保证书本的科研高度，旅游行指委每年将《报告》纳入旅游行指委科研项目管理，为其立项、编号，2017年将继续组织出版。《报告》介绍了我国旅游职业教育的总体概览，对热点问题进行具体分析讨论，同时吸收了院校及企业提供的真实案例，为全面了解中国旅游职业教育发展现状，把握中国旅游职业教育发展规律提供窗口。《报告》的出版将为中国旅游职业教育发展研究提供重要参考，也将成为中国旅游职业教育发展历程上的宝贵历史资料。

（五）完成旅游行指委2016年项目结项及项目汇编出版工作

旅游行指委于2016年9月8—10日在北京第二外国语学院召开旅游行指委项目结（立）项评审会，邀请了来自全国的16位旅游职业教育领域专家，对项目进行审核，并提出指导意见。2016年旅游行指委项目结项评审会共有9个项目参加结项评审并顺利结项。根据2017年度计划，将对所有顺利结项的项目成果进行规范和完善以后汇编成集，以达到丰富职教科研成果，共享优秀资源的目的，成果汇编将于下一年的工作会上发布。

（六）完成2017年旅游行指委项目立项工作

在前3年经验以及影响力的作用下，受国家旅游局人事司的支持，2017年旅游行指委继续发布项目，申报数量创下历史新高，共收到来自全国24个省（市）所在院校的100份科研项目申报书。为保证项目的公正、公平性，旅游行指委对所有项目按照通信与评审、现场评审等方式，请 7 位行业内专家对 100 份申报材料进行评审决议。最终有 10 个项目入选国家旅游局经费资助项目，同时为了扩大科研项目影响范围、给职业院校老师更多科研机会、提升职业院校的科研水平，旅游行指委 2017 年度新增 10 项自筹经费项目，所有入选项目进行编号和公示。旅游行指委一直坚持将提升职业院校教师的科研能力作为重点工作之一，将旅游职业教育课题作为重点研究领域，以探索高效务实的职业教育方法作为出发点，以推进中国旅游职业领域师生共同发展作为最终目标。

五、举办骨干教师培训班，提升师资教育教学能力

在国家旅游局人事司的大力支持下，旅游行指委于 2017 年 9—11 月举办了 5 期全国职业院校旅游类专业骨干教师培训班，分别依托相关专委会组织设计，由青岛酒店管理职业技术学院承办高职酒店管理专业骨干教师培训班、苏州旅游与财经高等职业技术学校承办高职导游专业骨干教师培训班、上海旅游高等专科学校承办高职会展管理专业骨干教师培训班、云南旅游职业学院承办高职景区开发与管理及休闲服务与管理专业骨干教师培训班、沈阳市旅游学校承办中职导游服务专业骨干教师培训班。共有来自全国 28 个省（市、自治区）的 97 所高职院校、36 所中职学校的 330 余名骨干教师参加培训。

今年的培训班注重师德修养和教师科研能力的提升，特别设置了教师成长与修养、职业院校教师科研能力困境与突破路径两门必修课，分别由具有教育学、心理学研究背景的樊豫陇教授讲授，以及科研成果丰硕的资深行业专家王昆欣教授和周春林教授讲授，三位老师尽心尽责，根据学员背景不断调整课程内容、优化授课方案。课程设计上，每个培训班又各具特色，高职酒店管理专业骨干教师培训班突出课堂组织与教学实践，依托“寻找问题、实践探索、寻求突破”三个主题，以项目教学的形式呈现培训内容；中、高职导游专业骨干教师培训班突出探索在新形势下导游行业发展和专业教学的前沿动态，熊剑平教授为讲好本次培训班课程专门组织了专家团队，对《导游实务》的内容架构与相关问题进行了深入研讨并分享给学员；高职会展管理专业骨干教师培训班围绕高职会展专业建设及课程体系优化创新，以会展行业人才需求为导向，积极探讨双创人才培养模式；高职景区开发与管理及休闲服务与管理专业骨干教师培训班针对两个专业的共通性和特性，在招生规模较少的情况下，突出专业发展方向和趋势，设置了核心课程组织与讲授技巧课程、人才需求课程以及行业前沿问题研讨的有关课程。

5 期培训班的举办是旅游职业教育教师培养的成功探索与实践，学员培训满意度近乎 100%，将有助于推动职业院校旅游类专业教育教学质量与水平的提升。旅游行指委将进一步完善办班机制，依托专委会在相关专业建设、师资培训、人才培养模式和课程体系改革等方面做出积极贡献，助力旅游职业教育改革与发展。

六、组织旅游校企合作示范基地评审工作

为贯彻党的十九大精神，进一步落实旅游业“515 战略”、《国家旅游局 教育部关于加快发展现代旅游职业教育的指导意见》《“十三五”旅游人才发展规划纲要》《教育部办公厅 国家旅游局办公室关于公布全国职业院校旅游类示范专业点名单的通知》，推动旅游

职业学校对接行业产业、强化校企合作、创新人才培养模式，国家旅游局决定开展旅游职业教育校企合作示范基地遴选工作，面向具有良好校企合作基础的旅游职业学校，遴选建设一批示范基地。旅游行指委秘书处组织专家配合旅游局人事司于12月17日完成了项目评审工作，共有来自全国30个省（市、自治区）的50所学校入选。旅游局将支持入选学校与旅游企业深度合作、融合发展，联合开展人才培养、标准建设、课程开发、“双师型”教师队伍建设、实习实训基地建设、产学研创新平台建设等各类校企合作项目，在旅游职业教育改革校企合作方面发挥引领示范作用。旅游行指委也将继续配合旅游局做好相关管理协调工作。

七、完善组织机制建设，提高工作运行效率

（一）优化旅游行指委委员组成结构

根据《教育部关于公布全国行业职业教育教学指导委员会（2015—2019年）组成人员的通知》（教职成函〔2015〕9号），第二届旅游行指委委员名单正式公布，因部分委员工作调整、离开原工作岗位、离职或在工作中不能履职，考虑到旅游行业发展实际，为更好地发挥旅游行指委专家组织职能，经报国家旅游局人事司批准同意，对第二届旅游行指委委员组成进行了调整，并向教育部备案。原旅游行指委主任委员、国家旅游局副局长魏洪涛不再担任主任委员，由人事司司长缪沐阳接任。调整后的委员组成结构更加合理完善，在新主任委员的带领下委员们将继续精诚合作、积极发挥作用，为助推旅游职业教育改革发展贡献更大力量。

（二）组建中、高职专委会委员队伍发挥更大作用

为更好发挥骨干旅游院校在我国旅游职业教育教学改革中的领军作用，推进行业进步与发展，旅游行指委自2015年起开始组建中、高职专业分委员会的相关工作。经过为期2年的筹备和遴选，在2017年6月7日的工作会上正式宣布5个中职专业委员会、7个高职专业委员会成立，并为所有专委会秘书处所在单位进行了授牌，为所有主任委员、副主任委员、秘书长颁发聘书。为更好发挥专委会职能，旅游行指委研究拟定了《全国旅游职业教育教学指导委员会专业委员会章程（试行）》，对专委会的工作职责分工和行为规范做出明确规定。截止到2017年12月中旬，所有专委会完成了本组织的第一次全体会议的召开，在会议上各专委会主任委员为委员颁发聘书，并对本组织的具体工作事项和未来工作计划进行了讨论。专委会在本专业的专业设置、课程建设、师资培训、教材建设等方面积极开展工作，承担了大赛方案研究、骨干师资培训班方案设计与承办、专业教材开发、专业标准修（制）订等一系列工作。在旅游行指委的指导下，将对引领专业建设发挥更大作用。

（三）逐步建设完善旅游行指委网站和微信群

为了更好地宣传旅游行指委、与委员单位建立有效联系、服务全国各院校，全国旅游职业教育教学指导委员会网站实时发布新闻、工作简报和有关通知，并收集出版作品，扩大影响，进一步提高网站的宣传、通知功能，提高工作效率。

为加强委员之间的沟通联系，向委员及时传达旅游行指委工作近况和计划，旅游行指

委秘书处建立了全国旅游职业教育教学指导委员会微信群、专委会秘书长微信群及专委会委员微信群，方便传达文件及会议最新精神，便于委员及时交流分享有关工作。

（四）旅游行指委秘书处合理分工提高效率

旅游行指委秘书处现有秘书长 1 人，助理 4 人，定期召开工作会议，部署工作计划、总结工作经验，助理们各司其职、分工协作，按照值班表轮流值班，日常工作更有计划性，提高了工作效率。并及时向主任委员、国家旅游局人事司汇报工作，积极搭建联系教育部、国家旅游局、各委员单位及全国旅游类院校的桥梁，做好上传下达的工作。

八、工作展望

在教育部、国家旅游局人事司的持续支持和领导下，旅游行指委经过一年的不懈努力和经验积累，高效保质执行年度计划，完成了一系列工作，取得了令人欣喜的成绩。

接下来的一年，旅游行指委将继续加强自身组织结构和运行机制建设、完善各项制度，充分发挥行业指导、专家智库等各项功能，继续服务于旅游职业教育事业。落实教育部有关工作，有序推进高职专业教学标准第二批修订工作、2017—2019 年行业指导职业院校专业改革与实践项目实施、高职行动计划等。此外，2018 年旅游行指委还将完成 4 个赛项——高职中餐主题宴会设计赛项、高职西餐宴会服务赛项、高职导游服务赛项、中职酒店服务赛项的举办，并继续配合国家旅游局人事司完成“万名旅游英才计划”项目、旅游职业教育校企合作示范基地建设、中国旅游职业教育教材建设等。

新的一年，在国家政策大力地支持及国家旅游局、教育部的科学领导下，旅游行指委将紧紧围绕国家发展现代职业教育的方针政策，结合我国旅游行业发展需要，从职能出发，服务行业，加强自身建设，进一步发挥专家指导作用，与全体委员携手，不遗余力地为推进旅游职业教育改革创新贡献力量。

专业发展

中国旅游高等职业教育酒店管理专业发展研究报告

2017年7月，原国家旅游局发布了《"十三五"旅游人才发展规划纲要》。纲要含4项主要任务，11项重点计划，提出统筹推进包括旅游行政管理、旅游企业经营管理、旅游专业技术人才、旅游技能人才、乡村旅游实用人才在内的五支旅游人才队伍。特别指出要建设适应旅游企业规模化、品牌化、国际化发展需要，以旅游企业领军人才和职业经理人为重点，以建立现代企业制度、提升经营管理水平为核心的职业化、市场化、国际化旅游企业经营管理人才。纲要的提出对我国高等旅游职业教育的人才培养提出了新的要求。作为人才供给方的旅游职业院校，无疑承担着向酒店业输送合格人才的重任，其人才培养数量和质量都与行业的发展、需求密切相关。据文化和旅游部2017年全国旅游教育培训统计数据显示，2017年全国开设酒店管理专业的院校669所，全国共招生4.5万人，与其他专业相比，规模相对较大。本报告将立足于我国高职酒店管理专业发展的历史与现状，力图多角度、全方位地展现我国高职酒店管理专业的情况。

一、我国高职酒店管理专业发展回顾

20世纪70年代末80年代初，伴随着酒店行业和职业教育的兴起，江苏省旅游学校、浙江省旅游学校、山东省旅游学校等一批酒店管理学校相继开设、开创了我国酒店管理职业教育的先河。1979年，我国第一所旅游类专科学校——上海旅行游览专科学校正式成立，并率先设立了酒店管理专业。

20世纪90年代后期，高职院校酒店管理专业相继涌现。在国家政策的大力支持下，经过多年发展，高职酒店管理专业与行业、产业、国际开展了较为深入的合作，教育质量逐步得到教育主管部门的认可，专业毕业生也受到行业的广泛好评，行业就业率较高。高职层次酒店管理专业为酒店业培养了大批专业人才，为提升酒店人才素质、提高酒店管理和服务水平做出了很大的贡献。

近年来，我国政府继续稳步支持和推进职业教育改革与发展。采取有力措施推进制度创新，深化教育教学改革，加强师资队伍建设，多渠道筹措职教经费，改革管理体制和办学体制，加快高职发展，以期更好地为现代化建设提供人才和技术支持。以此为契机，高职酒店管理专业教育审时度势，针对专业教育过程中存在的问题，以市场需求为导向，不断优化专业建设与发展思路，突出实践教学，进一步改革高职酒店管理专业教学内容与要求，全面提升教育教学质量，人才培养质量不断提升。

二、酒店管理专业发展现状

（一）专业建设概况

旅游业的蓬勃发展，为酒店管理专业人才提供了良好的就业机会，高素质酒店管理人才供不应求。高职院校作为酒店管理专业人才培养的重要基地，必然要迎合市场需求，加快酒店管理专业的建设，加强酒店管理专业人才的培养。高职酒店管理专业以酒店行业为依托，近几年呈蓬勃发展态势。根据原国家旅游局“全国旅游教育培训统计”（2017）数据显示，截止到 2017 年年底，全国共有 669 家高职高专院校开设酒店管理专业。

1. 专业办学有一定积累

本课题组对全国开设酒店管理专业的部分高职高专院校进行抽样调查，通过发放网络问卷的形式共计 122 份。样本覆盖高职院校区域分布基本合理，其中华东区域占 30%，华北区域占 8%，华南区域占 16%，华中区域占 23%，西南区域占 15%，西北区域占 3%，东北区域占 4%。问卷对开设酒店管理专业的高职院校的师资情况、人才培养情况、实训基地建设情况、校企合作情况等进行了调研。样本中公办院校占 90.98% 和民办院校占 8.2%。59.83% 的院校具有 6~20 年的酒店管理专业办学经验，12.3% 的院校具有 20~30 年的办学经验，开设酒店管理专业 30 年以上的院校占 12.3%，5 年及以下办学经验的院校占 15.57%（见图 1）。

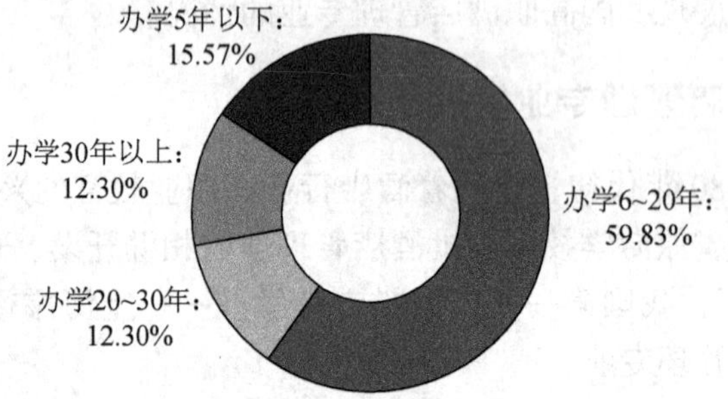

图 1　国内高职院校酒店管理专业办学情况

2. 专业建设水平相对较高

调研样本中，省级重点专业占 29.51%，省级示范专业占 23.77%，省级特色专业占 19.67%；国家级重点专业占 9.02%，国家级示范专业占 15.57%（见图 2）。表明酒店管理专业在相关学校专业建设中处于领先位置，近两届国家职业教育教学成果奖中酒店管理专业获奖数量明显高于旅游类其他专业，从另一个侧面说明全国高职酒店管理专业建设水平较高。

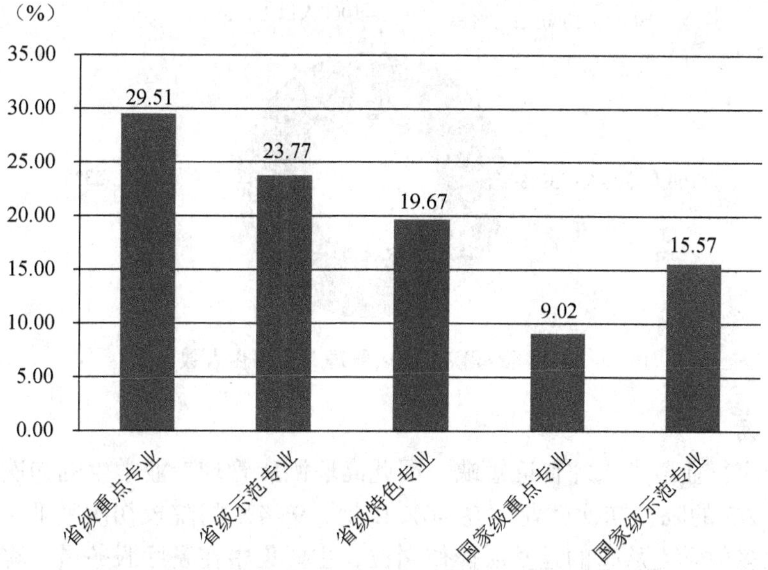

图 2　国内高职院校酒店管理专业建设情况

注：部分样本校酒店管理专业未获省级以上奖项，部分样本校获两个以上省级奖项。

（二）招生就业态势

1. 招生情况

从调研院校的情况来看，大部分高职酒店管理专业的办学规模不大。酒店管理专业在校生超过 3000 人的院校仅有 1 所，在校生规模在 1000~2000 人的院校占 4%，90% 以上的院校酒店管理专业在校生人数为 100~1000 人（见图 3）。

从招生来看，超过一半的高职院校的酒店管理专业年招生人数在 100 人以下，39% 的院校招生人数在 100~500 人，5% 的院校招生人数在 500~1000 人，仅 3% 的院校招生人数在 1000 人以上（见图 4）。与行业需求相比，酒店管理专业招生形势不容乐观，学校之间差异较大。

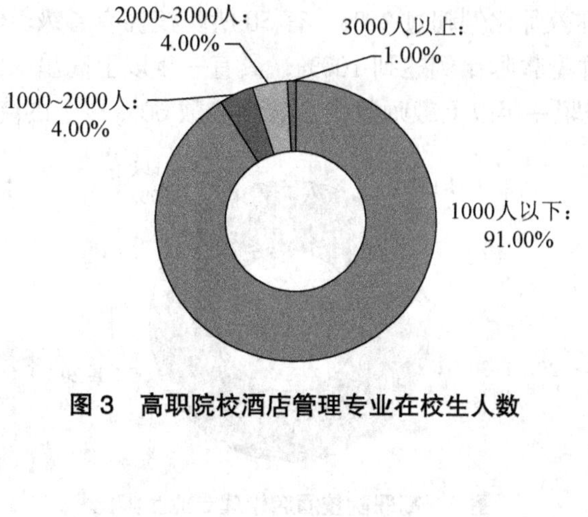

图 3　高职院校酒店管理专业在校生人数

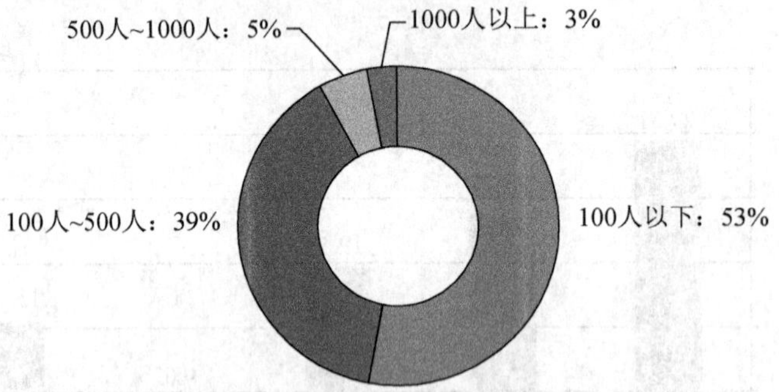

图 4　高职院校酒店管理专业招生人数

2. 就业情况

目前，酒店行业各类人才普遍短缺，因此高职酒店管理专业学生的初次就业率明显高于其他专业。2/3 的院校初次就业率在 96% 以上，94.4% 的院校初次就业率在 85% 以上。毕业初期，大多数学生从事的是基层操作岗位，主要集中在餐厅服务员、客房服务员，少部分学生从事前厅服务员、销售助理、人力资源专员等岗位。就业半年到一年之间，约 1/3 的毕业生可以由基层服务员岗位提升到餐厅领班、客房领班、客户主管、大堂副理、销售主管等岗位，晋升的时间取决于学生自身的能力和素质。也有约 1/5 的毕业生未能坚持工作一年时间便离开酒店，流向其他行业再就业。近年来，海外酒店市场发展迅速，很多院校开辟了赴海外酒店就业和实习的渠道，但从调查结果来看，酒店管理专业学生赴海外实习和就业的比例总体不高。其中，4 所院校的学生海外实习比例在 20% 以上，6 所院校的学生海外就业比例超过 10%，1 所院校毕业生海外就业比例达到 20%。

（三）师资队伍状况

各院校在师资总体数量、职称结构、双师结构有着较为明显的差异。有 23% 的院校生师比超过 30∶1，63% 的院校生师比超过 20∶1（见图 5），说明师资数量总体上并不充裕。从教师的年龄特征和职称结构来看，总体上符合正态分布的特征，甚至有年龄结构上还有一定的优势，54% 的院校以 36~50 岁的教师为主（见图 7）。各院校职称结构差异较大，仅有 30% 院校的高级职称教师比例超过 30%，有 50 所院校拥有省级教学名师。从双师结构来看，有 30% 的院校双师型教师比例达到 100%；具有一年以上高星级酒店工作经历的教师比例不高，在酒店累计挂职一年以上教师数量占教师总数 60% 以上的院校只占 31.43%。

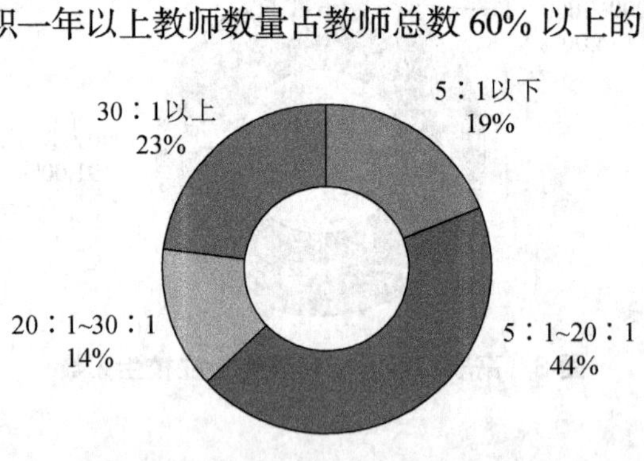

图 5　高职院校酒店管理专业生师比

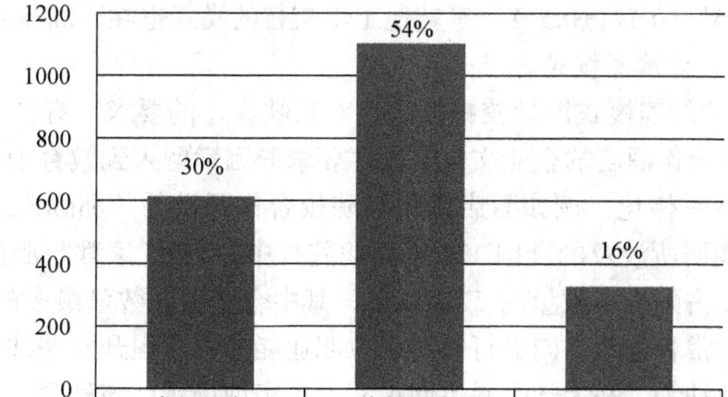

	高级职称	中级职称	初级职称
占比	30%	54%	16%
总计	612	1102	327

图 6　高职院校酒店管理专业教师职称比例

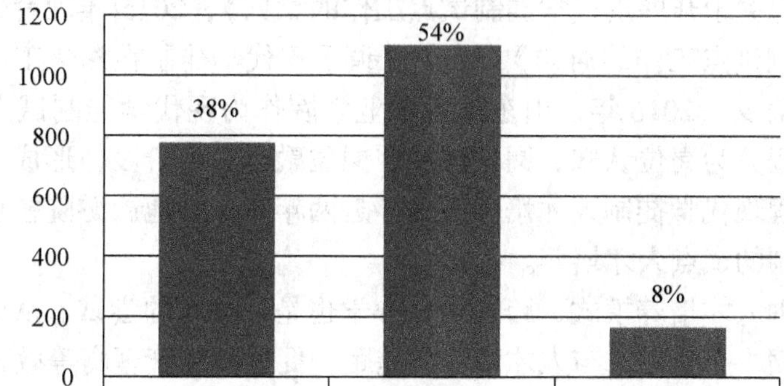

	35 岁以下	36~50 岁	50 岁以上
占比	38%	54%	8%
总计	776	1102	163

图 7　高职院校酒店管理专业教师年龄比例

企业或校外兼职教师也是酒店管理专业师资的重要组成部分。有 1/4 的学校聘用兼职教师的比例超过 30%，有 1/3 的院校的外聘兼职教师的比例不足 10%。

（四）人才培养模式

高职酒店管理专业注重人才培养模式的创新，目前在全国范围内逐步形成了以下三种人才培养模式。

1. 工学结合人才培养模式

校企合作、工学交替是我国高职酒店管理专业人才培养的主要模式，它强调理论研究和教育实践相结合，专业技能训练与专业知识和职业意识培养相结合，校内实训、校外顶岗实习与就业相结合。在我国以三年制为主体学历教育结构下，学生两年在校期间学习理论知识，一年在企业进行带薪顶岗实习，这样“2+1”的人才培养模式一度成为主流，本次调查样本中 80% 以上的院校都采用该模式。近年来，随着理论创新与专业建设与反思，诸如“1+0.5+1+0.5”“0.5+1+0.5+1”等其他工学交替的模式也在不断得到创新和运用。

2.“订单式”人才培养模式

“订单式”人才培养模式即学校根据酒店对紧缺人才的要求，有针对性地调整课程结构和实习实践，将合作酒店的企业文化与人才要求等因素融入到教育中，实现高校与酒店教学、实践和就业一体化，例如酒店集团与院校合作开设的“洲际班”“万豪班”“金陵班”等。在本次调研所涉及的全国 122 家高职院校中，有 95 家都与酒店企业进行了订单式人才培养合作，占到样本数量的 77% 以上，其中合作企业数量最多的高达 21 家。在该种模式下，学院常常和企业共同进行针对岗位职业能力的课程开发并共同授课，进行教室装饰、企业文化活动等，并为学生提供岗位实习和实训场所。该种模式可以实现学生、学校和酒店共赢，很多高职院校在对酒店人才进行培养时都选择了这种模式。

3. 现代学徒制人才培养模式

现代学徒制是以校企合作为基础，以学生（学徒）的培养为核心，以课程为纽带，以学校、企业的深度参与和教师、师傅的深入指导为支撑的人才培养模式。2014 年，教育部下发了《教育部关于开展现代学徒制试点工作的意见》，2015 年教育部再次下发了《关于开展现代学徒制试点工作的通知》，充分强调了现代学徒制在深化工学结合人才培养模式改革中的重要意义。2016 年，山东旅游职业学院作为现代学徒制试点单位将酒店管理整个人才培养过程分为岗位认知、岗位体验、岗位融合三个阶段，形成了具有山东旅游职业学院特色的全程现代学徒制人才培养模式。近两年来，多地旅游院校也开始了对酒店管理专业现代学徒制的试点人才培养。

除了以上三种人才培养模式，跨国合作办学也是一种新的尝试。从国外引进并整合不同优势的资源，缩小企业需求与人才培养的差距，促进酒店管理高等教育的改革与发展。

（五）课程体系

课程体系是实现培养目标的载体，是保障和提高教育质量的关键。在针对样本院校的调研显示目前的专业课程体系具有如下特点。

1. 传统课程体系仍是主流

在对院校的调研中，“公共基础课 + 专业核心课 + 专业选修课”仍是最为常见的课程设置形式，在课程设置比例方面，各院校公共基础课开设比例均在 40% 以下，选修课程在 10% 以下。在传统课程体系的基础上不少院校也积极和酒店企业合作开发课程，校企双方共同授课合编教材，有 85% 的院校都进行了校企合作课程开发，对提高专业课程与行业的贴合度有积极的促进。

2. 实践课时比例差异较大

（1）校内实践课程

各校酒店管理校内专业实践课课时占总课时的比重如图 11 所示，调研结果显示，26.02% 的院校校内实践课程占总课时 30% 以下，26.02% 的院校实践课程占总课时的 51% 及以上，实践课程占总课时数 40% 以上的院校达 49.6%，说明院校已经很重视实践教学是酒店管理专业人才培养中的作用，但是校际差异较为明显。

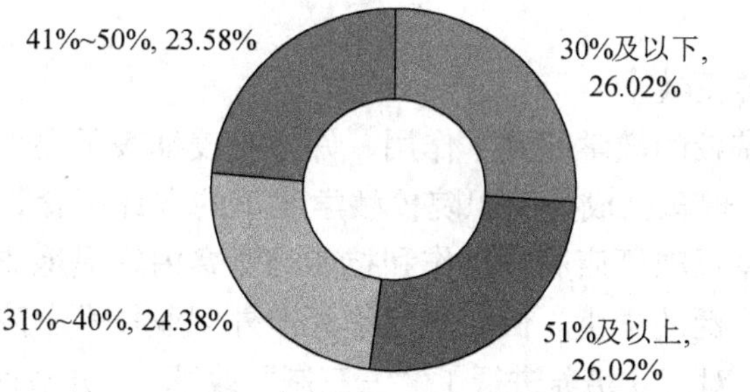

图 8　各院校校内实践课程比例

（2）实习实训

实习实训也是人才培养的重要环节。从调研结果看，院校之间对实习实训的时间安排、管理水平也存在显著差异。

通过问卷调研，97% 以上的酒店管理专业有校内实训场馆，平均校均拥有场馆数量达到了 6.93 个。拥有场馆数量在 1~5 个的院校占样本数量的 49.5%，场馆数量在 6~10 个的院校占 29.2%，17.7% 的院校拥有超过 11 个校内实训场馆，样本方差达到了 39，足见院校在实习实训方面硬件上的差异。47.7% 的院校开设了具有经营性的实训场馆，如南京旅游职业学院的御冠酒店、山东旅游职业学院的百川花园酒店等。

表 1　实习实训硬件条件调研结果

	校内实训场馆	校内经营性实训场馆	校外实习场所	海外实习基地数量
建设比例	97.3%	47.7%	96.3%	29.8%
样本平均值	6.93	0.95	17.78	2.38
样本方差	39.04	2.69	487.24	59.54

校外实习基地建设是酒店管理专业实践教学的重要举措，据调研，96% 以上的院校都建有校外实习场所，近 30% 的院校还开辟了海外实习基地（见表 1），为专业的国际化人才培养提供了优质平台。合作的企业越多，校外实习场所越多，实习管理难度越大，因此部分院校选择和较少的企业合作使学生便于集中管理，也有部分院校倾向于和数量众多的企业合作，甚至有的院校有多达 150 家校外实习场所，这给学生实习管理提出了挑战。

3. 融入创新创业与人文素质教育课程

酒店行业的发展、职教理念的更新不断被融入到课程的建设理念和授课内容。在传统课程体系外，各院校也普遍开设了创新创业类课程，平均每个院校开设了 2 门以上的相关课程。在博雅理念的指导下，也有越来越多的院校开设了博雅课程，将博雅教育倡导的广博知识、优雅气质、健全心智等培育目标融入到具体的课程教学中，拓宽学生视野，加深学生对本专业的深度认知、了解，引导学生关心社会进步及酒店行业最前沿的信息理念，培养他们理性的职业从业精神①。

① 袁丽 . 博雅理念下高职酒店管理专业通识教育实践路径研究［J］. 陕西教育，2017，12（68）.

（六）教学改革

1. 以赛促改、以赛促教

技能大赛对高职院校的教学起到了作用，许多院校都表示要落实“以赛促教、以赛促学、以赛促改”，这一理念已成为高职院校教学改革的方针理念。依托竞赛平台和教学团队，院校可以将大赛中反映酒店服务操作和技能的竞赛内容提炼成可复制和推广的流程和方法，辐射更多、更广泛的学生。例如厦门华天涉外职业技术学院酒店管理专业参照竞赛内容和职业资格标准，对人才培养进行了“三三制”改革①，并对课程进行项目化教学模式改革。为了让大赛成果进一步在全国范围内的推广，全国旅游职业教育教学指导委员会联合旅游教育出版社，委托南京旅游职业学院和华侨大学旅游学院出版了《固本培元 · 卓越引领：教育部全国职业院校技能大赛高职组西餐宴会服务赛项成果展示》《餐饮奇葩 · 未来之星：教育部全国职业院校技能大赛高职组中餐主题宴会设计赛项成果展示》教材，并配有电子教学资源，在教学中推广具有国际化意义的西餐宴会服务和中餐宴会服务标准，真正实现以赛促教的办赛目的。

2. 教学资源开发

课程资源建设日益丰富，但使用率有待加强。在问卷调研和访谈中，我们发现院校建设课程资源的积极性不断增强。43% 以上的院校出版了酒店管理专业相关的“十二五”职业教育国家规划教材，63% 以上的院校拍摄了相关的专业教学视频，还有 10% 的院校正在建设专业教学案例库。但从使用效率来看，教材和视频的使用率还有待提升，专业教学案例库可进一步推广。

3. 专业课程建设

从课程内容来看，前厅、客房和餐饮三门课程是最为普遍开设的核心课程，77% 以上院校开设了酒店英语课程，27% 院校开设了调酒、咖啡等课程。在此基础上，素质提升类、职业拓展类和专业知识类的选修课程也普遍开设。但是在多元化人才培养和贴合新业态发展的课程开设方面，各院校发展不平衡，17% 的院校在酒店管理专业内开设了管家服务、酒店信息工程方向性课程，37.14% 的院校开设了餐饮服务专业方向课程，仅 1/3 的院校开设了 OPERA 课程。

4.“课证融通”改革

“课证融通”考评模式是要求学生在毕业时同时取得毕业证书和酒店管理相关的职业资格证书，该举措旨在提高学生的职业能力和就业竞争力，对人才培养规格与就业接轨也起到了促进作用。在调研中，几乎所有院校都要求学生在校期间获得一种或一种以上的职业资格证书，院校选择最多的证书依次分别是餐饮服务中级、客房服务中级、前厅服务中级和饭店英语中级。职业资格证书在酒店管理专业教学过程中发挥了重要的导向作用，实训课程、技能竞赛和职业技能证书考试已成为提升学生专业技能的“三驾马车”。但 2017 年人力资源和社会保障部印发的《关于公布国家职业资格目录的通知》（人社部发〔2017〕68 号）中与酒店服务类相关专业技术人员资格证书只保留了“茶艺师”（水平评价类），

① 周莎莎 . 酒店管理专业教学改革与职业技能大赛体系对接的研究［J］. 太原城市职业技术学院学报，2017（12）：1-3.

各高职院校酒店管理专业失去了一个重要的人才培养抓手，甚至很多院校为了让学生拥有“双证书”而专门开设茶艺课程，建设茶艺实训室，缺乏对行业需求严谨的判断。

（七）人才培养质量

1. 技能大赛助推人才培养质量提升

职业技能比赛是检查人才培养成效的有效方法，目前针对酒店管理专业的国家级比赛有两项，一项是全国职业院校技能大赛，包括中餐主题宴会设计和西餐宴会服务两个赛项，参赛选手由各省市区通过省市区级选拔赛选拔。一是全国旅游院校饭店服务技能大赛，由中国旅游协会教育分会主办，比赛项目包括中餐宴会摆台、西餐宴会摆台、客房铺床、调酒，比赛由各院校自行组织参与。通过调研，各院校酒店管理专业学生的省级比赛平均获奖人数为 5.15 人，国家级大赛平均获奖人数为 1.96 人，85% 以上的院校学生获得过省级以上的技能大赛奖项。数据分布如表 2 所示：

表 2　酒店管理专业大赛获奖调研数据

	获奖人数 0人	获奖人数 1~5人	获奖人数 6~10人	获奖人数 10人以上
省级比赛获奖比例	14.6%	57.3%	22.3%	5.8%
国家级比赛获奖比例	52.6%	37.1%	9.3%	1%

此外，世界技能大赛餐厅服务（西餐）赛项也吸引了越来越多的院校学生参加，并取得了不俗的成绩。2018 年南京旅游职业学院一位学生入选国家世界技能大赛集训队。另外，万豪家族基金会“万礼豪程”项目组于 2017 年推出了第一届“未来职业挑战赛”，重点考查学生的项目调研、策划和语言表达等软技能，在国内也引起了不小的反响。南京旅游职业学院代表队成为唯一一支进入前八强、参加总决赛的高职院校代表队，最终获得亚军。可见，各类技能大赛已经日益成为高职院校酒店管理专业重要的人才培养抓手。

2. 专业人才培养成效备受行业肯定

服务地方产业发展，为酒店行业输出优秀人才，是酒店管理专业办学的根本出发点。酒店管理专业经历了 40 年的发展，为行业培养了大批优秀的服务和管理人才。据调研，各院校酒店管理专业的服务类对口就业率大约为 70% 以上，餐饮及住宿业对口就业率大约为 40% 以上。具有 40 年发展历史的南京旅游职业学院酒店管理专业培养了一大批的酒店管理人才，南京地区 1/3 以上的酒店总经理都毕业于该专业。

3. 创新创业教育拓宽成才途径

创新创业教育已经融入各院校酒店管理专业的人才培养全过程。据调研，90% 以上的院校都开设了创新创业课程，不少院校还开设了专门的就业创业机构，甚至有院校成立了孵化器公司。在此次调研中，已有 18.4% 的院校成立了相关机构，32% 的院校组织成了学生创业社团。“互联网 +”大学生创新创业大赛已经走进各个院校，项目调研中 90% 以上的院校都参加了该比赛，精彩的创新创业项目层出不穷。

在各类课程和政策的支持下，各院校酒店管理专业成功涌现出了一批创新创业的典型案例。如 2006 年毕业于青岛酒店职业技术学院酒店管理专业的王业明创建南京榴莲小星酒店管理有限公司并任 COO（首席运营官）；2013 年全国职业院校技能大赛西餐宴会服务赛项金牌得主、南京旅游职业学院 2014 届毕业生方慧婷成功创办了西餐品牌 Foxy。

三、专业建设的贡献与不足

（一）主要贡献

1. 服务行业，校企协同育人成为共识

立足于职业，服务于产业，酒店管理高等职业教育为我国酒店行业输送了大量专业人才。近年来，通过校企之间不断加强协同合作，协同创新，打破校企组织壁垒，充分释放学校、企业之间的活力，探索建立新的课程模式，形成校企一体化的协同创新平台，构建人才共育共享机制。例如，在酒店管理人才培养的过程中，部分院校与企业共同进行课程开发，共同为学生授课，根据酒店的实际生产经营开发项目课程，并实行课程的多元考核制，将行业专家的考核引入课程标准，结合酒店的行业实际做好课程定位。并在育人过程中实行“双导师”制，贯穿到学生的校内实训和校外实习，将职业精神和理念融入到教学中。

2. 中高职衔接，为构建现代职教体系做出贡献

中高职酒店管理专业“3+2”“3+3”衔接教育适应了酒店行业发展和产业升级的需要，也进一步畅通了中职教育的升学渠道。在育人的全过程中，中职院校和高职院校跨层次建立了课程标准和课程大纲，基于相互衔接和层层递进的原则进行课程标准的拟定，明确教学顺序，确保课程内容衔接的有效性，提升了教育的整体价值，构建了现代职教体系在酒店管理专业中的创新与发展。例如在中职层次主要培养的是酒店服务技能和基层管理意识，而在高职层次则加深了酒店管理专业理论知识和技能的学习，最终达到培养中层和高层酒店管理人才的目的。

（二）主要问题

1. 人才培养不能充分满足社会、行业需求

高职院校对酒店管理专业发展的整体规划深度不够，没有认真分析区域产业背景、行业格局、企业需求和自身办学条件，专业人才培养方案设置在一定程度上带有随意性和盲目性。同时，教材及案例内容、实训操作培训等没有创新，难以满足现代住宿业和餐饮业发展的需求。

2. 课程体系和教学内容创新不足

20 世纪 80 年代，高职院校酒店管理专业通过岗位工作任务梳理，建立了一套较为标准的专业课程设置，为专业发展奠定了良好的基础。经过近 40 年的发展，行业发展日新月异，但目前各院校的酒店管理专业课程设置变化却不大。调研显示，90% 以上酒店管理专业核心课程仍然是餐饮、前厅、客房“老三门”，新技术的应用和新业态的发展在课程设置中鲜有体现。

课程内容方面，2005 年由南京旅游职业学院牵头对前厅、客房、餐饮等课程进行了项目化改革，使教学过程和教学内容与岗位实际工作需求相对接，但十余年来，课程内容

并无太多变化，与岗位工作内容在一定程度上存在脱节。通过对酒店管理专业毕业生的采访和调研，90% 的高职院校酒店管理专业毕业生对母校表示整体满意，在教学方面，63% 的毕业生认为实习和实践环节不够，72% 的同学认为在校期间的社会实践对自身的职业发展帮助最大，59% 的毕业生认为酒店管理专业的课程内容不实用或者陈旧，52% 的毕业生认为学校学习的课程无法调动学生的学习兴趣。在职业素养提升方面，60% 以上的毕业生认为应具有人生的乐观态度和追求上进的精神。

3. 高水平教师队伍建设相对滞后

调研显示，高级职称教师占比超过 40% 以上的院校仅占 21.6%，仅有 16% 的院校拥有博士学历的教师。绝大多数中青年教师具备研究生学历，接受了较为严格的学术训练，但是普遍缺乏酒店企业从业经验，专业教学能力不强，行业影响力低，严重制约了酒店管理专业高质量发展。

4. 专业实训装备低端、技术含量低

从目前国内高职院校酒店管理专业的实训实践配套设施来看，大多数实训设施仅仅停留在餐饮摆台、客房铺床等简单的技能操作硬件设备上，学生进入行业所必备的酒店信息化教学、酒店综合实践操作设备设施建设比较薄弱，并不能真正发挥实践教学对学生职业技能提升的作用。

四、酒店管理专业建设展望

（一）适应新业态、新技术应用

民宿、Airbnb 等新业态正在兴起，信息技术在酒店业已经得到普遍应用，因此院校应引进、开发更加适用于行业发展的课程，同时加强对酒店管理专业学生社会适应能力和学习能力的培养。高职生在校时间短，计算机知识肤浅，实际上机操作少，从而影响了对信息技术的掌握，在科技含量越来越高的现代化酒店中，逐渐会缺乏优势。近年来国际酒店管理集团纷纷登陆中国，在国际品牌酒店工作的学生将面临英语是工作语言的环境，这对在校时间短，英语学时少的高职生来说，是一个巨大的挑战。在深圳、上海、北京等一些高星级酒店中出现了招聘外语系学生从事饭店服务管理的状况。高职生要想在国内外的高星级酒店获取较好的职位，尚需酒店予以艰苦的“再教育”，这种再学习的无奈之举迫使高职院校必须对酒店管理专业的人才培养方案进行调整，立足当前，兼顾长远，兼顾知识的广度与深度，兼顾理论学习和技能训练，增加与专业相关度高的实践课程，如“酒店英语”应用技能，增加酒店管理的沟通交流实训课和计算机实训课时，保障学生岗位核心技能和基本工作能力的培养。

（二）聚焦培养国际化、多元化酒店人才

随着酒店行业竞争的加剧，集团化、智能化、国际化成为酒店行业发展的必然趋势，结合我国“十三五”期间的总体经济走势和旅游行业发展规划，酒店业依然具有很大的发展空间，同样，这对酒店管理人才的需求也将持续，对人才质量提出了更高要求，具有国际视野的、多元化、复合型人才必将成为企业的核心竞争优势。酒店管理专业未来人才培养应该顺应这些发展趋势，合理调整课程设置和培养模式，适当增加外语类课程、计算机

应用等方面的课程，将侍酒服务、咖啡制作、茶艺等新课程纳入专业课或专业选修课，扩大学生视野，增强学生适应行业、满足就业需求的技能。尤其是在传统人才模式培养基础上锐意创新，大胆尝试开设一些方向性课程，既可以提高学生学习的积极性，也可以为多元化人才培养做出有益尝试。此外，结合创新创业的职教理念，通过第二课堂、学生兴趣社团等多种形式，邀请外资酒店管理人员担任兼职教师，到学校开设品牌文化讲座等形式，拓展学生的知识面，拓展学生的国际化视野，提升学生学习、工作、创新创业的兴趣，以满足行业发展的需要。

（三）校企共建高水平双师队伍

为进一步加强职业学校“双师型”教师队伍建设，提升教师实践教学水平，教育部等7部门2016年印发了《职业学校教师企业实践规定》。该规定明确要求：包括实习指导教师在内的职业学校专业课教师要根据专业特点，每5年必须要有累计不少于6个月的到企业或生产服务一线实践的时间。酒店管理专业教师到酒店实践，有助于教师深入了解酒店行业动态、企业文化及其人才需求；有助于教师熟悉酒店相关岗位职责、操作规范、技能要求等，提高教师的专业实践技能，缩短课堂教学和生产实际的距离；有助于构建高素质的双师型教师队伍，搭建起“产学研”合作平台。通过院校教师在学校和企业中有序流动，深入行业企业一线，参与技术研发和实践服务，也积极吸引经验丰富的一线专家、管理精英的加盟，逐步建立起一支专兼结合、校企融合的高水平师资团队。

（四）实施创新创业教育

创新创业既是职教理念，也是一种能力。酒店管理专业在贯彻创新创业职教理念过程中，应该注重学生创新创业能力的培养和提高。一方面要深入分析和研究高职学生的学情，构建有效的专业课程体系，将创新创业的理念融入专业课程教学中，培养学生的自主学习能力和创新创业能力，鼓励学生独立思考、大胆设想，激发学生创新学习的动力，逐步形成学习型思维和创造性思维，在理论学习和实践学习中提高自己的创新能力。另一方面着力打造双师、多能型教师队伍，提高教师的实践教学能力，创新课程教学方式，提高学生学习的主动性和积极性，通过信息化、开放式的教学方式，鼓励学生积极参与课程教学，将课堂主体由教师转向学生，让学生的想象力、创新性在课堂上得到充分发挥和运用，在课程教学过程中，提高学生的学习能力和创新能力。

在人才培养方案制订过程中，切实贯彻创新创业理念，将创新创业的理念真正融入课程设置，不仅开设专门的创新创业课程，更重要的是在专业课教学中也要融入创新创业的理念。项目化、模块化、任务引领等教学方式都是贯彻创新创业理念的很好手段和方式，专业课程的教学设计既要注重专业基础理论的灌输，也要将职业道德、职业习惯、职业能力、创新创业意识培养等融入其中，要注重学生行业认知能力和行业实践能力的提升，提高学生的行业留用率和职业发展能力。

（五）深化校企合作、产教融合

真正的校企合作应该是多层次、全方位的合作方式。所谓多层次，主要是指应根据合作企业的各方面情况而定，比如企业的性质、规模、地理位置、企业文化及管理模式等方面因素，也要结合学校自身的发展情况，还要根据合作所处的阶段等诸多因素，建立多层次、多层面的校企合作模式。比如，在进行校企合作时应遵循先介入式、后深度式合作的原则。在进行校企合作初期，建议采用介入式的合作模式，在经过一两次的介入式合作之后，对企业有了更深层次的了解，再选择适合的模式与企业进行深度的校企合作，避免因操之过急而没有选择适当的企业进行校企合作或是没有找到最适合的校企合作模式。当与集团进行合作时，应当遵循先单体、后集团的合作原则。在分析了前面与企业合作所走过的路程，在与单体酒店进行介入式合作、深度合作之后转为与其酒店集团进行合作。校企合作不应仅限于学生层面的培养，也应充分发挥校企合作的社会服务功能，即校企也应共同承担社会的各类培训。温家宝总理在大力发展中国特色的职业教育讲话中强调：职业教育具有鲜明的职业性、社会性、人民性。职业教育应该是面向人人的教育，使更多的人能够找到适合于自己学习和发展的空间，从而使教育事业关注人人成为可能。因此，深度的、全方位的校企合作也应包括各种形式的社会培训。企业和专业都应该承担更多的社会责任，校企共同为社会、为行业培训各类酒店人才。

（六）全面提升学生综合素养

酒店行业从业人员的职业素养内涵包含职业认同感、服务意识、协作意识、职业承诺、职业技能五项核心要素。酒店行业是一个特殊的行业，要求从业人员具备良好的职业素养和服务意识、具备从基层做起的吃苦耐劳精神、丰富的行业经历、娴熟的业务技能和敬业乐业的职业精神。因此，旅游职业教育不仅仅要教会学生“硬技能”，关键还在于培育职业综合素养，激发职业认同感。这需要全体教师、学生个人、高职院校、酒店企业和社会大众的共同努力，尤其要充分发挥学校和酒店在人才培养过程中的引导作用，从专业认知、专业情感、就业信心、职业生涯规划以及实习与就业的衔接等方面全力配合，增强学生对专业认知和企业认可，激励学生为建设“中国服务”品牌做出贡献。

（本报告由高职酒店管理专业指导委员会课题组完成，课题组负责人：匡家庆；执笔人：匡家庆、苏炜、夏雯婷、郑晓旭）

中国旅游职业教育旅行社经营管理专业年度报告

近年来，全域旅游、旅游消费转型升级、旅游供给侧改革、信息技术的发展、旅游监管部门的简政放权等多种新形势从不同的角度塑造着旅行社行业，整个行业呈现出两个新变化：由散客化带来的消费模式的变化和以移动互联、云计算和大数据为代表的信息技术发展所带来的商业模式的变化。"穷"则思变，利润日益摊薄的传统旅行社"被迫"走上"传统优势 + 现代技术 + 品质建设"的创新发展之路。作为为旅行社企业输送经营管理人才的"大本营"——旅行社经营管理专业到 2017 年已经走过了 15 个年头。本专业紧跟旅行社行业变化，不断调整培养目标和培养模式，在过去 15 年的发展过程中积累了大量的经验教训。2017 年，通过制定《旅行社经营管理教学指导标准》，在国家旅游行指委的指导下，旅行社经营管理专业委员会总结了本专业 15 年的发展经验，展望专业未来的发展趋势，在本专业人才培养的九大重要问题上制定了教学标准，为本专业未来的发展提供了指导性建议。本报告将客观、具体地展现我国高职旅行社经营管理专业的发现现状、成绩与不足。

一、研究背景

（一）专业发展回顾

高职旅行社经营管理专业的历史并不悠久，70% 的院校设立时间至今仍不足 10 年。我国最早设置本专业的院校是上海旅游高等专科学校和桂林高等专科学校，均在 2003 年开始首届招生。

旅行社行业的发展和旅游高等教育体制改革共同催生本专业的出现。2003 年左右的旅行社行业发展从急速扩张向增长放缓转变，为深化改革开放，以及履行我国加入 WTO 的承诺，适应我国旅行社业务发展的新需求，国务院对《旅行社管理条例》进行了适应性修订，加强了对行业的监管。由于行业以前阶段的快速增长，以及行业监管缩紧，对具备高素质和专业技能的旅行社各个岗位人才需求旺盛，原有的专业人才培养已不能满足行业对高素质专业人才需求，部分院校开始考虑增设旅行社经营管理专业，培养针对计调、营销、门市接待、导游等相关岗位的专门人才。与此同时，旅游高等教育改革成为本专业诞生的直接推力。以上海旅游高等专业学校为例，2003 年前后，随着旅游业的蓬勃发展以及我国高等教育体制改革，旅游高等教育受到空前关注。原国家旅游局数据显示，2001 年，旅游专业的院校及在校生数量分别是 1990 年 5.3 倍、7 倍，含有研究生、本科、专科

（含高职）和中等职业教育四个层次。这个阶段也是上海旅游高等专科学校快速扩张的阶段，2000—2008 年新增本专科专业 10 个，招生规模相应扩张。2003 年 4 月，上海高等旅游学校划归上海师范大学管理并组建上海师范大学旅游学院，同年，申报增开旅行社经营管理专业。作为我国旅游教育最早的院校之一，上海高等旅游学校领头羊的示范作用很快显现，随后，多家旅游院校追随相继设立了旅行社经营管理专业，表 1 是我国早期设立该专业的主要院校及设立时间。

表 1　主要院校开设时间

序号	院校名称	设立时间（年）
1	上海高等旅游专科学校	2003
2	桂林高等专科学校	2003
3	山东旅游职业学院	2004
4	浙江旅游职业学院	2005
5	南京旅游职业学院	2005
6	郑州旅游职业学院	2007
7	河北旅游职业学院	2007

资料来源：课题组调查整理。

旅行社经营管理专业经过初期的发展逐渐壮大丰富，开设该专业的院校从东部沿海逐渐向全国辐射，针对该专业的教育教学研究数量也逐渐增多。但由于成立时间较短，加之近年来传统旅行社行业受到旅游电商的挑战，旅行社行业处在多变之秋，业界和学术界对旅行社未来的发展莫衷一是。在这样的背景下，旅行社经营管理专业的发展前景不容乐观。

根据课题组调查数据显示，自 2010 年以来，开设旅行社经营管理专业的院校在 20~40 家区间波动（图 1 显示了本专业最近五年开设本专业院校的数量变化），开设院校最多的一年为 2014 年，全国有 39 家院校开设了本专业。据原国家旅游局 2017 全国旅游教育培训统计数据显示，2017 年开设该专业的院校仅 27 家，全国共招生 616 人。究其原因一是某些院校专业开设前期调研不够深入，存在匆匆上马的情况。二是在于招生情况不太理想，由于成立时间不长，该专业的社会认可度不高，据本报告组针对部分院校和旅行社深入访谈了解到，本专业就业情况良好，毕业生也深受旅行社企业欢迎，但招生情况差强人意，家长和学生对该专业不了解，影响了总体招生效果。

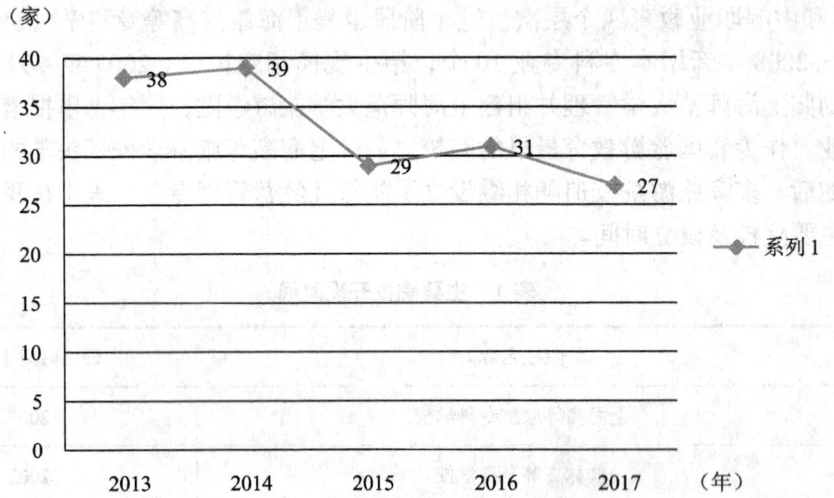

图 1　近五年旅行社经营管理专业招生院校变化

经过近 15 年的发展，在我国教育体制改革和促进高职教育政策的指引下，2017 年成为旅行社经营管理专业标志性发展的一年。本年在专业前期建设的基础上，在全国旅游职业教育教学指导委员的指导下，成立了旅行社经营管理专业委员会（以下简称专委会）。专委会的成立为专业之间的交流合作开发提供了平台，同时为本专业重大课题研究进行院校合作牵线搭桥。当年在专委会的领导下，旅行社经营管理专业教学标准开始制定，教学标准涉及九个方面，涵盖了人才培养的关键问题。其他省份逐步在制订完善教学指导方案，如山东省自 2017 年开始制订山东省旅行社经营管理专业教学指导方案，该方案预计在 2018 年年底完成。教学标准和教学指导方案的制定，标志着旅行社经营管理专业进入成熟的发展阶段，教育教学更加规范和体系化。

（二）专业发展背景

旅行社经营管理专业的建设和发展进入了新阶段，随着行业、科技日新月异的变化，它又重新站在新的起点上。

1. 行业发展背景

随着中国经济的高速发展，中国已成为世界第二大经济实体，人民收入水平持续增长，对旅游的需求也随之不断扩大，中国旅游产业的发展也进入了一个快速增长期。2017 年，国内旅游市场高速增长，出入境市场平稳发展，供给侧结构性改革成效明显。国内旅游人数达到 50.01 亿人次，比上年同期增长 12.8%；出入境旅游总人数 2.7 亿人次，同比增长 3.7%；全年实现旅游总收入 5.40 万亿元，增长 15.1%。初步测算，全年全国旅游业对 GDP 的综合贡献为 9.13 万亿元，占 GDP 总量的 11.04%。旅游直接就业 2825 万人，旅游直接和间接就业 7990 万人，占全国就业总人口的 10.28%，旅游业已成为战略性支柱产业[①]。由此可以预测，旅游市场规模未来仍将不断扩大，旅游消费需求还会持续增加，作为

① 国家旅游数据中心 . 2017 年全年旅游市场及综合贡献数据报告（EB/OL）. http：//zwgk.mct.gov.cn/auto255/201802/t20180206_832375.html?keywords=，2017.

旅游市场的核心支撑行业——旅行社也会因此得以大发展。截止到2017年第三季度，全国旅行社总数为27409家[①]，对旅行社经营管理专业人才的需求持续增加。

2. 人才需求背景

随着我国旅游业呈现的集团化、国际化发展趋势，旅游市场迅速扩大，专业的旅游人才十分紧缺。2017年6月27日，国家旅游局办公室印发《十三五旅游人才发展规划纲要的通知关于深化旅游人才体制机制改革》，推动旅游人才体制机制改革和政策创新，各地也积极从政策层面吸引各类人才落户。[②]目前，旅行社行业的蓬勃发展，各旅行社企业对人力资源的需求急剧膨胀，致使该行业专业人才相对短缺，急需一批旅行社职业经理人、旅游策划、人力资源开发和管理、旅游外联营销、旅游电子商务、会展旅游、运动休闲、医药保健、旅行社计调人员等初中级层次的经营管理人才、高素质的导游人才，经过专业训练的、整体素质较高的旅行社行业操作营销人员。

3. 教育教学背景

为加强职业教育人才培养质量，国家相继出台了大量的政策文件指导高职高专教育人才培养工作，比如，2000年出台的《教育部关于加强高职高专教育人才培养工作的意见》[③]、2015年的《教育部关于深化职业教育教学改革全面提高人才培养质量的若干意见》[④]、2017年《教育部关于职业院校专业人才培养方案制订工作的指导意见》[⑤]等。为促进校企合作，促成高等职业教育工学结合人才模式的建立，国家也相继出台了一些政策性文件，早在2010年，《国家中长期教育改革和发展规划纲要（2010—2020年）》[⑥]提出，制定促进校企合作办法规定，推进校企合作制度化建设；2014年，国务院《关于加快发展现代职业教育的决定》提出，研究制定促进校企合作办学有关法规和激励政策；[⑦]2017年年底国办印发《关于深化产教融合的若干意见》，提出了深化产教融合的具体措施；[⑧]2018年初教育部等六部门出台《职业学校校企合作促进办法》，指明了新时代校企合作的发展方向，提出了一系列政策措施。[⑨]为推进政策的进一步落实，原国家旅游局（现更名为文化和旅游部）自2015年起启动了旨在培养旅游相关专业的“双师型”教师等的“万名旅游

① 中华人民共和国文化与旅游部官网，国家旅游局关于2017年第三季度全国旅行社统计调查情况的公报。

② 国家旅游局办公室 . 十三五旅游人才发展规划纲要的通知关于深化旅游人才体制机制改革（EB/OL）. http：//www.ce.cn/culture/gd/201707/04/t20170704_24003795.shtml，2017.

③ 教育部 . 教育部关于加强高职高专教育人才培养工作的意见［EB/OL］. http：//www.moe.gov.cn/s78/A08/A08_gggs/A08_sjhj/201007/t20100729_124842.html，2000.

④ 教育部 . 教育部关于职业院校专业人才培养方案制订工作的指导意见［EB/OL］. http：//www.moe.gov.cn/srcsite/A07/moe_953/201508/t20150817_200583.html，2015.

⑤ 教育部 . 教育部关于职业院校专业人才培养方案制订工作的指导意见［EB/OL］. https：//www.sohu.com/a/209283330_497872，2017.

⑥ 国务院 . 国家中长期教育改革和发展规划纲要［2010—2020年］［EB/OL］. http：//www.gov.cn/jrzg/2010-07/29/content_1667143.htm，2010.

⑦ 国务院 . 关于加快发展现代职业教育的决定［EB/OL］. http：//www.gov.cn/zhengce/content/2014-06/22/content_8901.htm，2014.

⑧ 国务院 . 国务院办公厅关于深化产教融合的若干意见 . 2017年12月19日。

⑨ 教育部，国家发展改革委，工业和信息化部，财政部，人力资源社会保障部，国家税务总局 . 职业学校校企合作促进办法［EB/OL］. http：//www.moe.gov.cn/jyb_xwfb/s5147/201802/t20180223_327611.html，2018.

英才计划”。2016 年教育部等七部门也出台了关于印发《职业学校教师企业实践规定》的通知的文件。

行业企业的发展变化、高等职业教育内涵式发展的推进，推动旅行社经营管理专业在人才培养定位、培养模式、课程体系设置、教学模式、师资队伍建设等方面继续探索创新。

二、专业发展情况

（一）招生情况

上海旅游高等院校开设本专业时间较早，其他各院校设置旅行社经营管理专业的时间普遍较短，大多设立时长在十年左右，个别院校则刚刚设立本专业。

旅行社经营管理专业的在校生人数和招生人数也相对较少，除个别院校外，大多数院校招生规模仅有一个班而已。由此可见，目前本专业的招生状况不是很好，这也是因为当前传统旅行社遇到种种困难，学生对本专业前景不是很看好。①

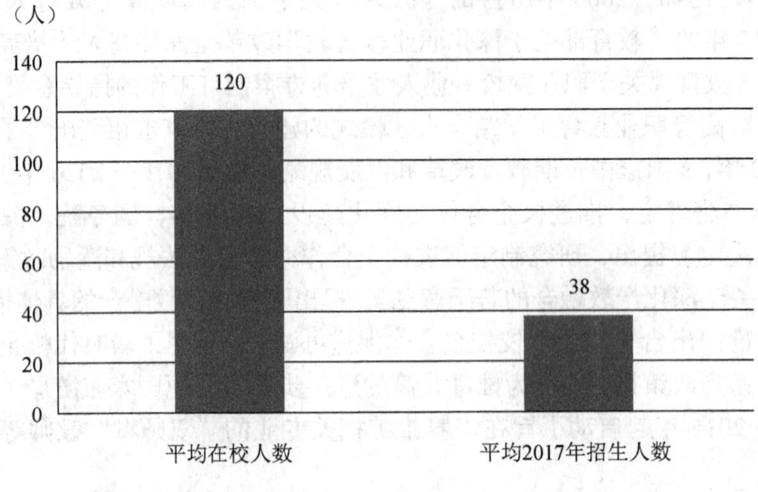

图 2　所调研院校平均在校人数与 2017 年平均招生人数

除旅行社经营管理专业外，各院校均开设了许多其他旅游类专业，专业数平均 7 个左右，这也反映了目前旅游类专业的设置为适应旅游新趋势而日新月异，同时也冲击了诸如旅游管理、旅行社经营管理等传统旅游专业。②

（二）专业建设成效

本专业在重点专业、示范专业、特色专业建设方面成就非常少，仅有 2 所院校的旅行社经营管理专业为省级示范专业，1 所院校为省级特色专业。③

① 课题组根据调研数据整理。
② 课题组根据调研数据整理。
③ 课题组根据调研数据整理。

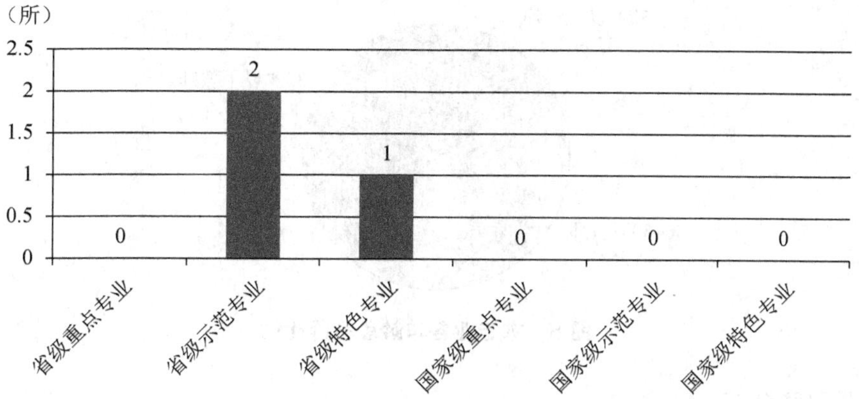

图 3　专业建设情况

（三）师资队伍建设情况

1. 教师基本情况

本专业整体规模较小，教师人数也相对较少，平均每所院校有 13 名左右，除专职教师外，也有相当数量的兼职老师，兼职教师比例占到 46.15%。旅行社经营管理专业是实践性非常强的专业，这也需要行业专家或一线工作人员来担任兼职老师。①

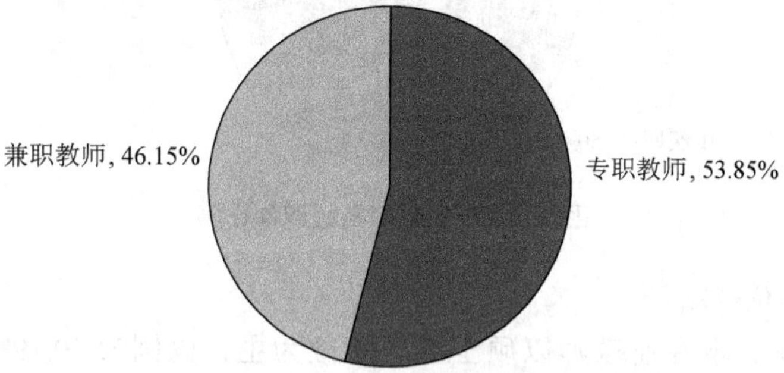

图 4　本专业专职、兼职教师比例

双师是现在对高职院校教师的基本要求，所以从调研统计结果来看，本专业教师双师型比例基本达到 100%。由于本专业招生规模小，所以大多数院校的生师比非常低，平均比值为 11∶1。比较有利于对学生的培养。②

2. 教师年龄分布

根据课题组调查数据显示，大多数院校教师的年龄层次结构比较合理，老中青三代有所延续，而其中又以 36~50 岁年龄段教师为骨干，比例占到 45.26%，35 岁以下教师占 38.94%。③

① 课题组根据调研数据整理。
② 课题组根据调研数据整理。
③ 课题组根据调研数据整理。

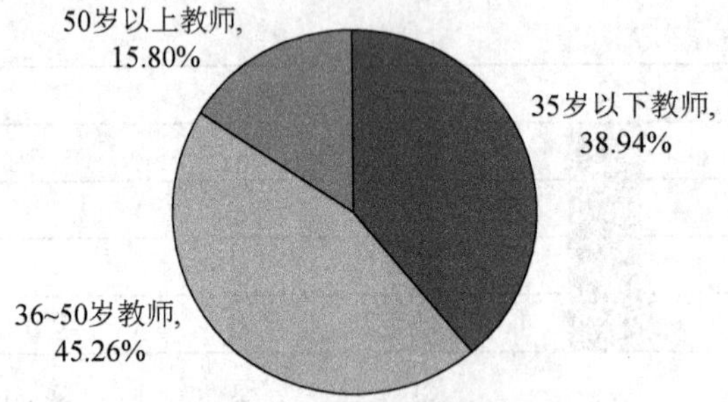

图 5　本专业各年龄段教师比例

3. 教师职称分布

根据课题组调查数据显示，从教师职称上来看，本专业教师以中级职称为主，比例占到 50.57%，可见讲师仍是本专业教育的中坚力量，高级职称的比例稍低，只有 27.45%。①

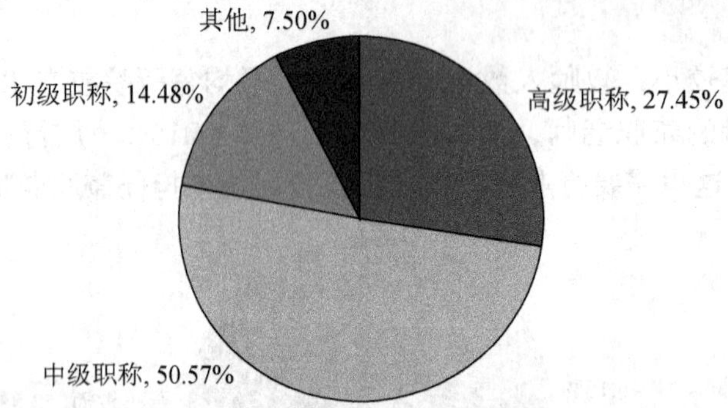

图 6　本专业教师各级职称比例

4. 教师学历学位情况

调查数据显示，本专业教师以硕士学历学位为主，比例为 60.19%，学士次之，占 32.01%。博士较少，仅有 7.8%，总体学历学位层次仍然偏低。②

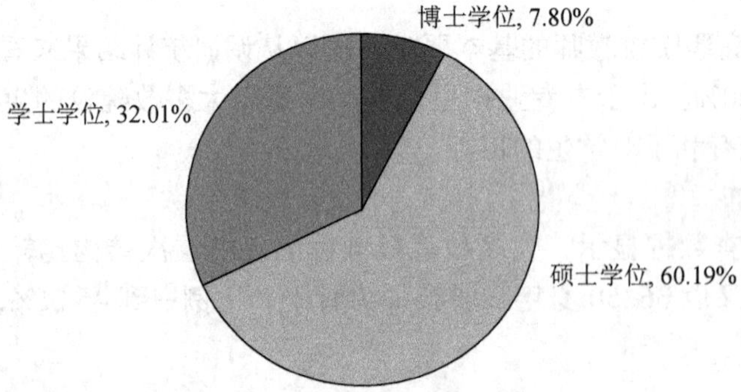

图 7　本专业教师各级学位比例

① 课题组根据调研数据整理。

② 课题组根据调研数据整理。

5. 教师挂职与培训情况

目前，各院校均已认识到挂职与培训的重要性。经调查，2017 年本专业教师挂职深入企业的时间平均在 20 天左右，培训时间平均在 10 天左右。①

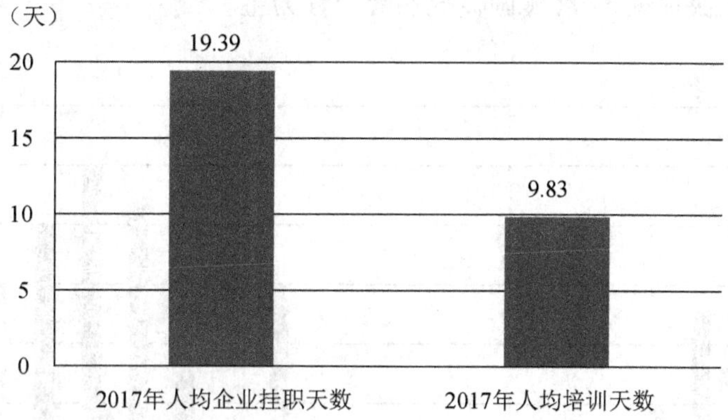

图 8　本专业教师 2017 年人均挂职天数和人均培训天数

（四）本专业人才培养方案情况分析

本专业各院校人才培养模式各有特色，例如“规范引领，三级推进，校企共培”“现代学徒制”“岗位主导，四层深入”“一专多能，工学一体”“校企合作，双元融合”等。

1. 更新周期和内容

人才培养方案的更新周期大多为 1 年，因为旅游业行业变化较快，需要更快进行人才培养方案的更新。而更新的内容主要是课程设置，根据新的就业岗位，新的岗位需要来重新设置课程，淘汰一些已经不适应旅游趋势的课程，加入一些反映旅游新业态的课程。②

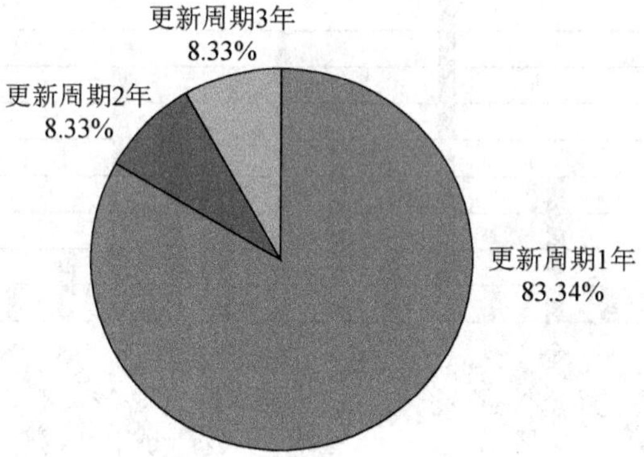

图 9　本专业人才培养方案更新周期

2. 专业核心课与专业基础课

对于专业核心课，各院校普遍开设 5 门左右，其中《导游业务》《旅游市场营销》《旅

① 课题组根据调研数据整理。

② 课题组根据调研数据整理。

行社经营管理》《旅行社计调业务》《旅行社产品设计与操作》《旅行社门店管理》等课程开设最多。[①]

专业基础课则以《导游业务》《旅游政策与法规》《导游基础知识》《旅游电子商务》《旅游心理学》《旅游地理》《客源国概况》等课程为主。[②]

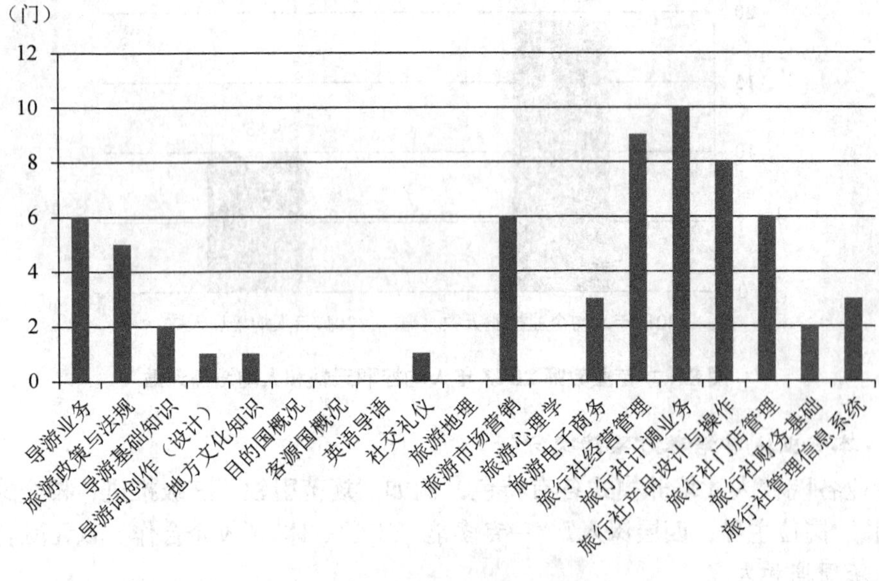

图10　本专业专业核心课调研统计

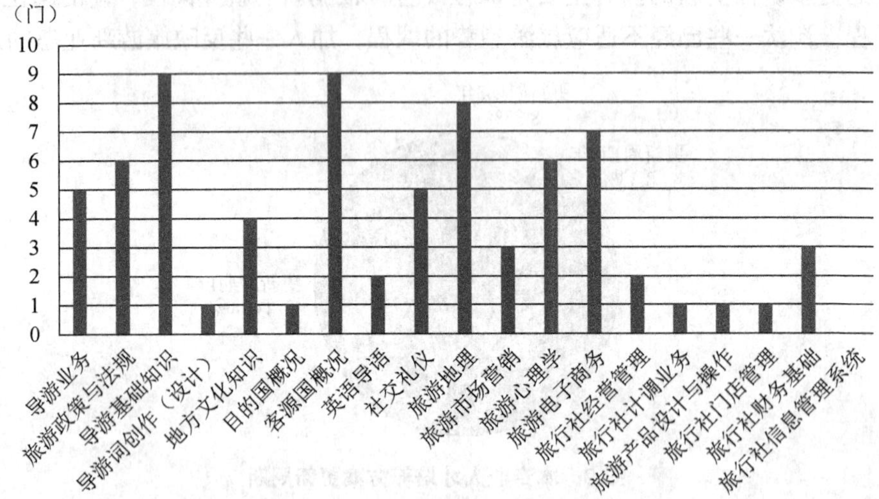

图11　本专业专业基础课调研统计

① 课题组根据调研数据整理。
② 课题组根据调研数据整理。

（五）本专业实训实习情况分析

1. 实训场馆建设

各院校普遍重视实训场馆的建设，多数有经营性场馆，大多为实体旅行社，但有校企共建实训场馆的院校只有一半，本专业实训场馆建设仍缺少企业的参与。2017 年新建实训场馆不多，更多为近三年及更早所建，说明本专业学生实训场馆更新频率较低。①

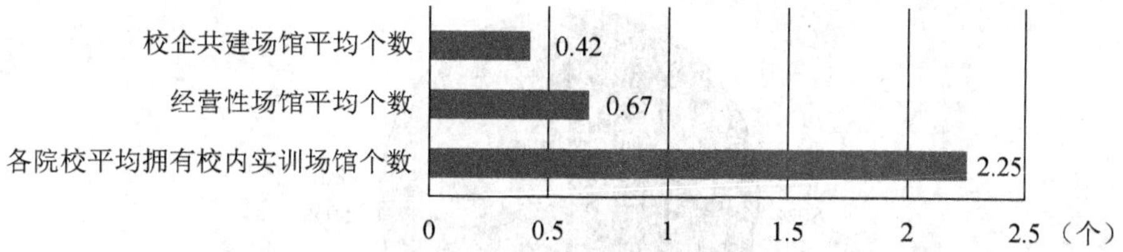

图 12　所调研院校拥有校内实训室、经营性场馆、校企共建场馆平均个数

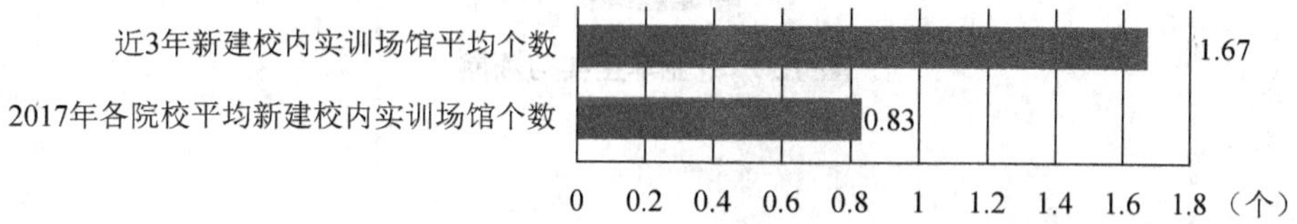

图 13　2017 年及近 3 年各院校新建实训场馆平均个数

2. 实践课程设置

本专业校内实践课课时占总课时的比重平均在 50% 左右，最低不低于 30%，这反映各院校均重视旅行社的实训操作练习。②

3. 实习基地建设

各院校均有一定数量的校外实习实训基地，但海外实习实训基地较少，仅有两所院校建有海外实习基地，因此海外实训学生比例也比较低，平均仅为 1.08%，这说明本专业实习基地建设目前仍局限于国内，缺乏国际视角，缺少走出去的勇气和机遇。③

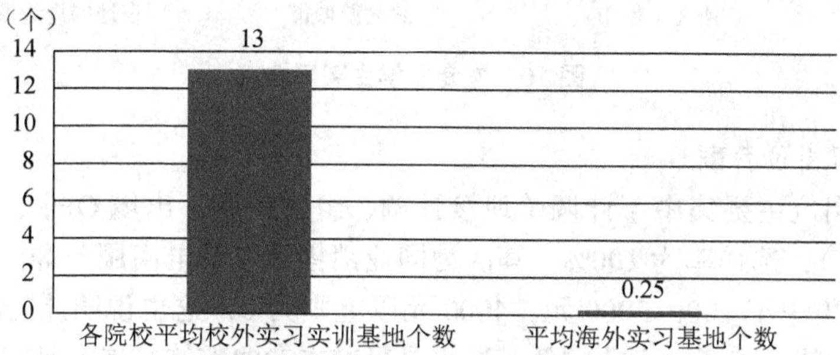

图 14　各院校校外实习实训基地及海外实习基地平均个数

① 课题组根据调研数据整理。

② 课题组根据调研数据整理。

③ 课题组根据调研数据整理。

4. 学生实习时间地点

学生实习周期，一半院校为半年时间，另一半则选择一年时间，由于本专业的实习需要较长的稳定时间，所以短时间的一个月和三个月的实习周期不被接受。①

实习地点方面，大多数院校首选所在地城市，这也是方便对学生实习的指导和管理，其次是选择一线旅游城市，学生获得的机会会更多。②

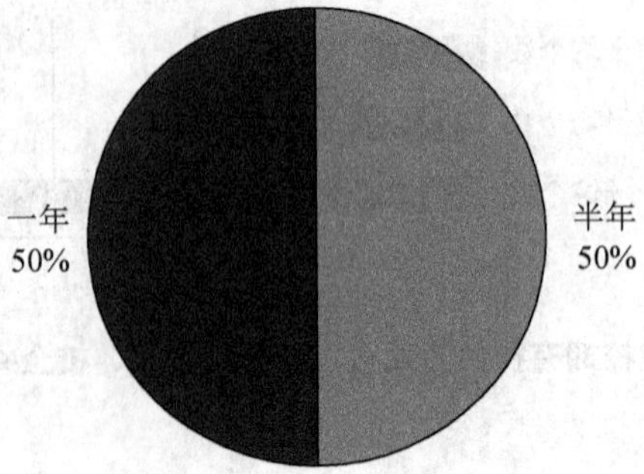

图 15 本专业学生实习周期

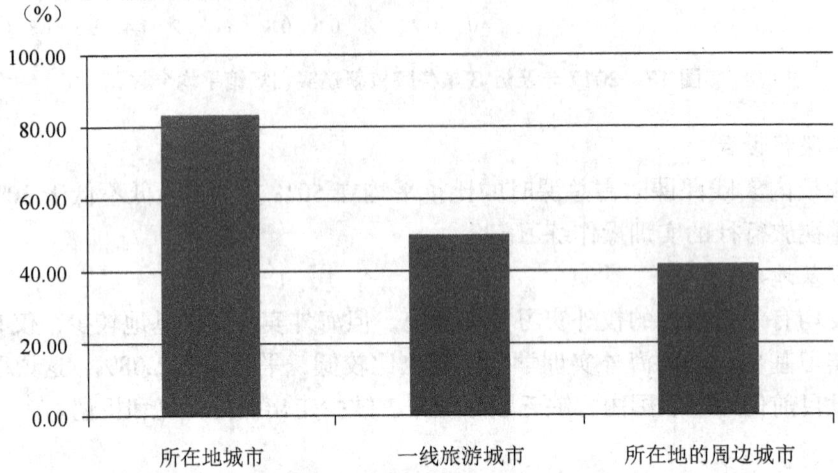

图 16 本专业学生实习地点

5. 学生实习岗位薪酬

学生实习岗位主要集中于计调（地接计调、组团计调、出境 OP）、门市接待、导游（包含出境领队），选择率为 100%，其次为同业销售和旅游电商服务等岗位。在实习工资方面，则 59% 集中于 1000~2000 元，4000 元以上则为 0，这也说明旅行社经营管理专业学生实习及以后就业工资收入非常低，这也是目前本专业整体发展不是很好的主要原因。③

① 课题组根据调研数据整理。

② 课题组根据调研数据整理。

③ 课题组根据调研数据整理。

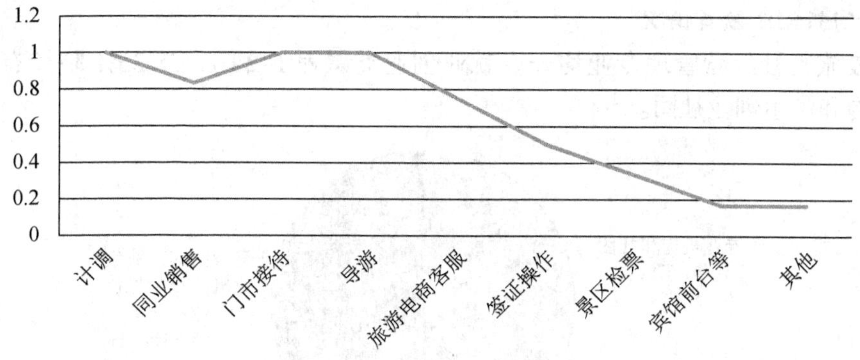

图 17　本专业学生实习岗位

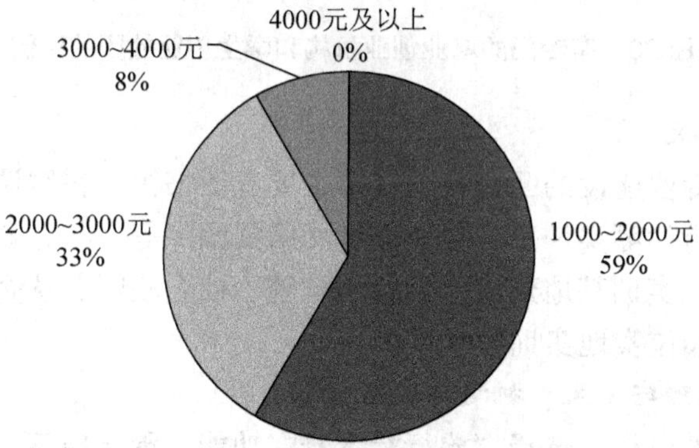

图 18　本专业学生实习工资

6. 学生就业率

2017 年本专业学生总体就业率比较高，达 90.25%，专业对口率也比较高，为 77.5%。但海外就业率非常低，仅为 3.33%。①

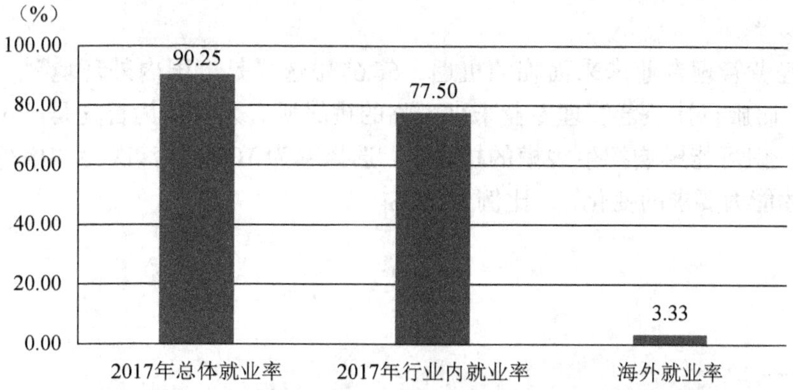

图 19　2017 年本专业总体就业率、行业内就业率、海外就业率

① 课题组根据调研数据整理。

（六）创新创业教育情况

各院校旅行社经营管理专业均开设就业创业类课程 1~2 门，58.33% 院校有专门的就业创业机构和学生创业社团。①

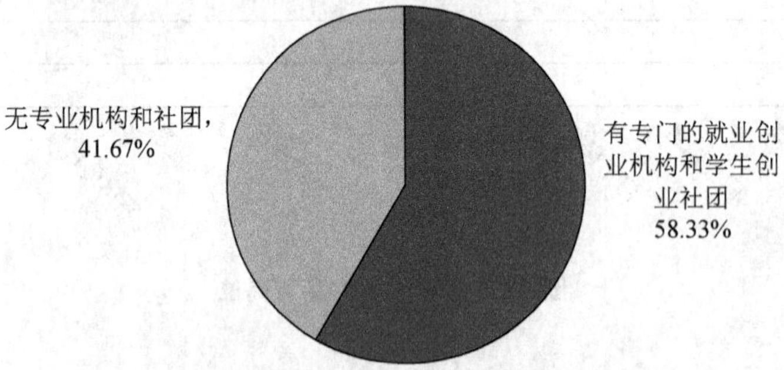

图 20　有专门的就业创业机构和学生创业社团的比例

（七）教学资源情况

旅行社经营管理专业建设的配套教学资源主要有图书馆、在线课程、优质课程、旅行社模拟沙盘及实体旅行社等实训室、专业教学网络资源库等。与企业的合作方式主要有合作订单班、工学结合、实训基地建设、企业制学院、校企联盟、从企业引进兼职教师等方式，也为学生提供了岗位实地实训教学资源。②

（八）本专业的优势与不足、机遇与挑战分析

对于本专业优势的分析，选择“旅行社本身在功能上承上启下，在旅游业中处于核心地位，对此类人才的需求量大”一项最多，达 66.67%；其次为“比其他旅游类专业更符合旅行社市场人才需求，更对口”和“目前开设本专业的院校屈指可数，使得本专业学生在旅行社市场就业中具有绝对的竞争优势”，选择比例均为 41.67%。③

对于本专业不足的分析，选择“对外宣传不够，影响力较弱”的比例最高，达 83.33%，其次是“没有很好地将自身与旅游管理专业进行区分，突出自身特点”，选择比例为 66.67%。④

旅行社经营管理专业未来面临的机遇，66.67% 选择是“国内外环境”，41.67% 选择是“科技”。而旅行社经营管理专业未来面临的挑战所有人都认为首先是“由于人们缺乏对此专业的认识可能影响招生规模的扩大”，选择率为 100%，其次为“旅行社行业的大变革，对人才能力要求的变化”，比例为 75%。⑤

① 课题组根据调研数据整理。
② 课题组根据调研数据整理。
③ 课题组根据调研数据整理。
④ 课题组根据调研数据整理。
⑤ 课题组根据调研数据整理。

三、成果与不足

（一）专业建设取得的成绩

1. 专业委员会工作成果

为更好地促进全国各职业院校旅行社经营管理专业的交流、建设与发展，更好地贯彻落实教育部关于职业教育的各项政策和全国旅游职业教育教学指导委员会关于旅游职业教育专业建设的指导意见，经过一年多的筹备，于2017年7月成立了旅行社经营管理专业委员会。委员会成立后即积极开展工作，充分发挥专业建设的引领与促进作用。2017年7~8月，组织各职业院校旅行社经营管理专业进行全国范围的专业人才需求调研，基本摸清了全国旅游职业院校旅行社经管管理专业办学规模、发展水平及我国旅行社行业对技术技能人才的需求状况。2017年9—10月，委员会根据全国旅游职业教育教学指导委员会统一部署，组织专家在专业调研基础上编制了《旅行社经营管理专业教学标准》，该标准规范了专业办学的职业面向、培养目标和培养规格，确定了专业课程体系及专业基础课程、专业核心课程和专业拓展课程，对师资配置、教学设施、教学资源等方面给出相应的要求，为提升专业发展水平指明了方向。

2. 教材建设成果

2017年本专业教师在教材出版上成绩尚可，本次调查的20所学院总计达到16本，其中，出版4本的有云南旅游职业学院和黑龙江旅游职业技术学院，出版3本的有南京旅游职业学院和武汉城市职业学院。

近3年来，本次调查的学院中旅行社经营管理专业共出版教材39本，黑龙江旅游职业技术学院累计出版10本，云南旅游职业学院累计出版8本，武汉城市职业学院累计出版5本，南京旅游职业学院累计出版4本，山东旅游职业学院和重庆旅游职业学院各累计出版3本，郑州旅游职业学院和浙江旅游职业学院各累计出版2本，河北旅游职业学院和杭州科技职业技术学院各出版1本。

在教材建设上，成绩突出的是黑龙江旅游职业技术学院、云南旅游职业学院和武汉城市职业学院。

3. 教学改革成果

根据抽样调查的20所院校，2017年旅行社经营管理专业共取得教学改革项目14个，其中，省部级教改项目4个，厅局级教改项目10个。教改项目立项最多的是南京旅游职业学院，共立项4个，其中，省部级项目1个，厅局级项目3个；其次是重庆旅游职业学院，共立项3项，其中，省部级项目2个，厅局级项目1个；浙江旅游职业学院立项3项，均为厅局级课题；黑龙江旅游职业技术学院共立项2项，其中，省部级项目1个，厅局级项目1个；杭州科技职业技术学院立项2项，均为厅局级课题。但也有部分院校该专业2017年没有取得教改课题立项。

近3年来，本次调查的院校中旅行社经营管理专业共取得教学改革项目43个，其中，省部级教改项目15个，厅局级教改项目28个。立项最多的是浙江旅游职业学院，共立项13个，其中，省部级项目3个，厅局级项目10个；南京旅游职业学院共立项9项，其中，省部级项目 3 个，厅局级项目 6 个；重庆旅游职业学院共立项 8 项，其中，省部级项目 5 个，厅局级项目 3 个；郑州旅游职业学院共立项 5 项，其中，省部级项目 2 个，厅局级项目 3 个；杭州科技职业技术学院立项 5 项，均为厅局级课题；黑龙江旅游职业技术学院共立项 3 项，其中，省部级项目 2 个，厅局级项目 1 个。但也有部分院校在近 3 年中都没有取得教改课题立项。

4. 专业创新成果

2017 年 20 所抽样调查的院校旅行社经营管理专业共取得知识产权 6 项，其中，著作权 4 项，专利 2 项。南京旅游职业学院获得著作权 2 项；郑州旅游职业学院获得著作权 1 项；黑龙江旅游职业技术学院获得著作权 2 项，专利 1 项。

近 3 年来，20 所抽样调查的院校旅行社经营管理专业共取得知识产权 21 项，其中，著作权 18 项，专利 3 项。黑龙江旅游职业技术学院旅行社经营管理专业创新力度最大，共获得知识产权 15 项，其中，著作权 12 项，专利 3 项；南京旅游职业学院共获得著作权 4 项；郑州旅游职业学院获得著作权 1 项；浙江旅游职业学院获得著作权 1 项。

5. 人才培养标志性成果

（1）技能竞赛

2017年抽样调查的20所职业院校旅行社经营管理专业共获得省级以上竞赛奖项16项，其中，省级竞赛奖项 8 项，国家级竞赛奖项 8 项。获得国家级竞赛奖项最多的是重庆旅游职业学院，共获得 5 项；杭州科技职业技术学院获得省级竞赛奖项 4 项；山东旅游职业学院共获得 2 项，其中，国家级竞赛 1 项，省级竞赛 1 项；南京旅游职业学院共获得省级竞赛奖项 2 项。

近 3 年来抽样调查的职业院校旅行社经营管理专业共获得省级以上竞赛奖项 45 项，其中，省级竞赛奖项 30 项，国家级竞赛奖项 15 项。杭州科技职业技术学院共获得省级竞赛奖项 13 项；河北旅游职业学院共获得 6 项，其中，国家级竞赛 3 项，省级竞赛 3 项；重庆旅游职业学院共获得省级竞赛奖项 5 项；山东旅游职业学院和南京旅游职业学院均获得 4 项，其中，国家级竞赛 2 项，省级竞赛 2 项；郑州旅游职业学院共获得省级竞赛奖项 3 项；云南旅游职业学院、浙江旅游职业学院和黑龙江旅游职业技术学院均获得 2 项，其中，国家级竞赛 1 项，省级竞赛 1 项；三峡旅游职业技术学院和武汉城市职业学院均获得省级竞赛奖项 1 项。

（2）人才培养模式

在人才培养模式上，各个院校经过长期摸索，结合本学院的优势和特长，立足于本区域旅行社行业的发展，积极探索人才培养模式创新。比较典型的有：南京旅游职业学院——校企合作、订单培养，通过深化校企合作，成立国旅订单班，由国旅老总及各部门主管亲自授课；河北旅游职业学院——立足市场、工学交叉，采用旺工淡学办学模式，迎合了北方旅游市场的人才需求特点；云南旅游职业学院和浙江旅游职业学院——自办企业、工学一体，以自办旅行社为基础，开展工学一体化专业教学，实现学做相辅、做学相成。

（二）专业建设存在的问题

1. 社会对专业认识不足，教育主体对人才培养重视不够

从凤凰旅游网所公布的旅游调查报告获悉，2017 年中国国内游已经超过 50 亿人次，预计 2020 年将达到 64 亿人次，2022 年有望达到 80 亿人次。2017 年入境旅游达到 1.39 亿人次，预计 2020 年将达到 1.50 亿人次，稳居世界前列。从产业发展来看，中国国内已经形成包括 2.79 万个旅行社、4.5 万个住宿和餐饮法人企业、3 万多个景区景点和数百万家旅游企业在内的庞大旅游产业体系，且部分旅游企业已经开始在全球进行布局，中国旅游业发展前景光明，旅行社作为旅游主体的关键环节，势必需要快速形成规模并获得长足的发展。

但是从该专业招生来看，社会和教育主管部门一方面对旅行社经营管理专业的认识不足，同时对该专业的重视明显不够。2017 年全国高职院校导游专业招生 4000 人，而旅行社经营管理专业仅招生 616 人，显而易见，作为旅游活动的组织和接待单位，旅行社行业人员需求缺口巨大。而作为培养旅游专业人才的旅游类高职院校，全国仅仅有 27 所大学开设了旅行社经营管理专业。很多学校在课程设置方面也显得捉襟见肘，有不占少数的旅游类院校只是开设了一门《旅行社经营管理》课程来覆盖旅行社的各个岗位需求。作为旅行社经营管理专业的学生毕业后在这个领域并不专业，造成大部分学生毕业即为失业的尴尬局面。

2. 教师实践经验匮乏，执教能力不够

专业人才的培养离不开专业的教师，目前在我国旅游类高职院校的师资大部分采用“学校进学校”“先引入后培养”的方法，因而承担旅行社经营管理专业课程的教师绝大部分都是理论基础不够扎实，实践经验极为匮乏。教师的后期的培养碎片化，缺乏系统性。

同时，旅游业发展迅猛，大众旅游时代已然来临，定制旅游、体验旅游、房车旅游、共享旅游等多种旅游形式的出现，旅行社内部工作内容的精细化和专业化，无一不在挑战教师的执教能力。没有一线工作经验的教师根本无法满足现在旅行社行业快速发展的需求，教师的专业知识和技能的更新需要速度快，教学理念的拓展领域广，对教师的教学和操作能力要求极高，从而也加大了对教师的培养难度。

3. 学生实习岗位单一，校企融合深度不够

在理论够用的基础上培养学生的实践技能是高职教育人才培养的出发点和落脚点。对旅行社经营管理专业 2017 年度专业建设情况进行调研问卷，抽样问卷中 20 所开设本专业的旅游类高职院校中，6 所院校对该专业的实习设置为 6 个月，另外 6 所院校的实习设置为 12 个月。

本调研组调查发现，大部分旅行社经营管理专业学生的实训在校内实训场所和校外实习基地完成。大部分高职类的旅游院校积极投建了校内实训设施和专业实训室，部分旅游院校还建设有自己的校内自营旅游企业，如河北旅游职业学院的旅苑旅行社。尽管校内实训设施逐渐增加，实训方式不断创新，在一定程度上解决了学生的单项技能培养和综合技能的提升，加强了学院及专业与不同类型的旅游企业包括旅行社集团、旅游电商公司等的联系与合作，但校内实训场所接触游客少，旅游服务环节有限，学生得不到成系统的有效

的锻炼。校外实训基地作为学生真正实践专业技能的最佳平台，成为学校人才培养的有力支撑。但是校企融合涉及人才共育、人才共管等诸多问题，我国在这方面的经验并不丰富，还有太多的地方需要学习，所以实习过程中校企都缺乏有效机制落实对学生的有效管理，给学生安排的实习岗位过于单一，大部分为销售岗位，很少涉及产品设计，旅游资源采购、计调操作等岗位。学生在旅行社没有机会参与社内岗位的交互性体验。虽然部分学校也会安排专业任课老师负责固定的实习基地，但是教师并不能和学生一起深入企业，无法有针对性地进行实习指导，对学生在实习中出现的心理、专业及就业等问题均无法及时有效管理，这些都使得学生的实践实习效果不尽如人意。另外，由于旅行社经营管理岗位属于智力型技术岗位，劳动力密集度低，同一岗位招聘人数有限，导致学生实习分散，给实习管理和指导造成一定的困难。

4. 课程设置思路狭窄，教材开发理念滞后

课程设置是专业建设的核心要素，旅行社经营管理专业2017年度专业建设情况调研问卷显示，大部分旅行社经营管理专业的课程设置都呈现出普适性强、专业特色不突出、课程覆盖面狭窄、课程杂而不精、缺乏时效性等特点。超过50%的院校选择《旅行社计调业务》《旅行社经营管理》《旅行社产品设计》《旅游市场营销》等课程作为专业核心课程，但是旅游市场瞬息万变，80后、90后已成为旅游消费新主体，他们的消费特征更多地体现出“生活式激发、多元式决策、智能式前行、分享式评价”等特点。针对这样的用户需求，高校并没有设置相应的课程与之对应。除此之外，《“十三五”全国旅游信息化规划》发布实施，《旅游电子商务标准》等行业规范正加快制定发布，一大批在线旅行社（OTA）借助互联网技术，为游客实时提供旅游资讯、快捷预订等服务，互联网旅游日新月异，旅行社行业急需既懂旅游又懂互联网的技术人才，而大部分院校的课程设置却无法满足行业网络化时代的需求。

此外，市场上适应现代旅游特点与旅行社经营管理专业相关教材极为匮乏。大部分的院校教师以自己编著为主，绝大多数理论性过强，从学科体系出发，无法体现出“职业化”，实践实训指导性不强，以具体岗位为指导内容的专业性教材几乎是零存在。显然在全域旅游时代下，教材的更新周期已经无法跟上旅行社行业的快速发展和变化，教材内容滞后，内容与岗位实际需求严重脱节。

5. 学院教学资源分配不均，招生就业存在窘境

由于旅行社经营管理专业是新兴专业，与老牌的专业相比取得的成绩还不突出，通常不是学院内的国家级、省级重点专业（含示范、骨干、优势专业），该专业在某些院校中处于弱势专业，属于聊胜于无的地位，在师资力量配备、科研开发、校内实训基地等资源竞争中往往处于劣势。在招生指标数，学院往往倾斜于老牌优势专业，招生指标大多为一个班的数量，加上在考生由填报学校到填报专业、取消校内专业调剂的高考改革后，旅行社经营管理专业面临第一志愿不足的压力。近几年，旅行社行业形象仍无好转的迹象，各种相关的负面新闻时时见诸于报端，学习本专业究竟能在什么岗位上就业，从事什么样的工作，对于家长和学生来讲都不熟悉，造成该专业的社会认可度不高，专业吸引力较弱，造成一定程度上的招生困难。某些院校一旦面临招生困难，就毫不犹豫地手起刀落砍掉该

专业。在就业上，旅行社经营管理专业职业面向广，对接岗位群大，首次就业比率通常较高。但是，新入职员工工作时间长、工资收入低，使人员流动率也居高不下。

四、面临的新形势

目前随着我国全域旅游深入实施，中国旅游业进入新的发展时代，文化和旅游的融合发展、优质旅游的加速推进，促使我国高等旅游职业教育不断改革，建设的重点已从量的增长变为质的提升。国家教育部也先后发布一系列重要学习文件，如《关于深化职业教育教学改革全面提高人才培养质量的若干意见》(教职成〔2015〕6号)、《高职职业教育创新发展行动计划(2015—2018)》(教职成〔2015〕9号)、《国务院关于深化高等学校创新创业教育改革的实施意见》(职教成国发办〔2015〕36号)等，对于旅行社经营管理专业来说，专业建设也面临着全新的建设、发展形势。

(一)旅游业服务质量提升，提高了人才培养规格

1. 全球旅游业迅速发展，中国将开启文化和旅游新时代

捷克《经济报》报道，据世界旅游组织(UNWTO)近日发布的报告显示，2017年全球旅游业蓬勃发展，国际旅游带来的收入为1.6万亿美元，游客增长幅度达到6.8%，是自2009年以来增长最快的一年①。近年来，全球旅游业发展迅速，已连续7年超过全球经济增速。旅游业也成为世界经济中发展势头最强劲、规模最大的产业之一。我们国家旅游业虽然起步较晚，但是随着我国经济持续快速的增长和居民收入水平的提升，中国旅游业也进入了爆发式的增长期，旅游逐渐成为一种刚性需求，大众旅游时代全面来临。如今，旅游业服务质量逐步提升，旅游更注重的是当地的文化底蕴，游客希望多了解些当地的特色文化。所以，旅游业要进一步满足人们情感需要，与文化融合发展，形成全域文化旅游发展新格局。旅游市场的变化与互联网旅游平台的进一步扩大，对旅游专业学生的培养目标、定位以及就业方向又提出了新的要求和挑战。

2. 旅行社行业巨变，带来了职业岗位和人才需求新变化

如今，在社会消费不断升级的趋势下，中国旅游正处于产业剧烈变革时期，随着大众旅游的兴起以及全域旅游的大力推进，人们对旅游品质的需求不断提高，传统的以展示自然资源为主的观光旅游已经远不能满足人们日益增长的旅游需求，文化旅游日受青睐，网红经济火爆，旅游形式逐渐转向以休闲度假旅游为主。对旅游业而言，颠覆这个行业的就是共享经济模式，公共服务外包服务模式，旅游行业中所包括的食住行游娱购，全部都将被颠覆。旅游实时共享已成为大众旅游消费的一种重要及时表达途径，快旅慢游成为旅游出行和游玩的重要特征；智慧互联互通已经成为普遍现象，未来还将进一步强化发展。这些对旅行社来说既是一种挑战也是一种机遇。

旅行社行业根据旅游市场的变化同时也正在进行着巨大变化，行业规模不断扩大，就业岗位愈加丰富，从业人员不断增加，经营体制不断创新，行业并购行为屡见不鲜，线上

① 中华人民共和国商务部.世界旅游业快速发展[EB/OL]. http://cz.mofcom.gov.cn/article/jmxw/201809/20180902783997.shtml，2018-09-06.

线下的纵向融合持续加速。随着人们对旅游品质要求的提升，对于旅行社业，以标准化、批量化旅游产品为特征的传统旅行社商业模式越来越难以满足自主、自助、自由的旅行方式下游客对个性化、便利化、多样化、高品质产品的需求。按需消费个性为引导的定制旅游的兴起，为游客提供签证、机票、酒店、景区门票等单项旅游产品订购和旅游线路订购的 OTA、为游客提供目的地综合服务评价的旅游社区、为旅客提供异国他乡当地导游、租车服务的在线旅游企业等，丰富并扩大了旅游服务的范畴，推动旅游服务提供商从旅行社向旅行服务企业的转变，产业融合的旅游新业态产品受游客青睐。这种转变将对旅行社的岗位需求及人才技能的要求提出了新的方向。

3. 旅游经济新常态，高职旅游教育面临着机遇与挑战

旅游经济持续增长，"互联网+"在发展中逐渐转变为今天的"旅游+"，"旅游+文化""旅游+科技""旅游+地产""旅游+娱乐"等各种与旅游产业融合的新的经济业态持续增加，经济发展的新形势给我国高职旅游教育带来很多机遇，高职旅游类的专业将会迎来大的发展机遇，同时也会带来各种挑战。旅游经济发展将更多依靠人力资本质量和技术进步，需要更多的各种旅游专业人才。因此，旅游业的岗位要求将会更加复杂，涉及面会更广，深浅难以衡量，工作流程难以标准化，对于旅行社经营管理专业来说，还面临着办学硬件资源、学校师资结构、社会资源及技能培养的创新等挑战。十九大报告将建设教育强国作为中华民族伟大复兴的基础工程。新时代，更要注重教育的质量问题，以"学生中心"的理念开始成为共识。专业建设改革创新的根本目标必定是提高教学质量和人才培养效率及社会适应性。尤其是在"大众创业、万众创新"的发展新形势下，自身的办学条件和优势如何凸显，创新意识和高端服务技能如何培养，都是专业建设需要思考的重中之重。而在新的形势下，为经济社会发展培养适应性强的高素质技能型人才将是这一目标的核心体现。因此，旅行社经营管理专业应紧密关注当地的经济发展水平、产业背景，针对目前环境趋势调整自身的建设目标及专业方向。

（二）旅行社行业发生重大变革，致使专业人才需求发生新变化

1. 办学机制体制面临改革，多元培养模式逐渐形成

目前，旅行社经营管理专业正面临着专业校企合作办学机制体制的新突破，行业的巨变要求旅行社经营管理专业的人才培养必须跟上时代的要求。调研结果显示，旅行社经营管理专业大都主要以工学结合的培养方式存在。学生在一定时间内到学校自营或合作的旅行社进行顶岗实训，接触岗位工作内容，学习相关实践知识。随着旅游产业的发展，这种合作模式已经不能满足行业对人才质量和数量的需求，急需产生多种校企合作模式。而要想让企业真正自愿深入职业教育、指导教育教学改革，必须寻求专业办学机制的改革，从而真正意义上实现专业与企业融合的事实。近年来，"全程产学交叉"的人才培养模式，订单培养模式、"2+1"培养模式和以企业为主的办学模式逐渐涌现，充分体现出高职院校教育思想上的先进意识。因此，旅行社经营管理专业应产业对接，针对旅游产业发展的现状和未来需要，加强行业合作，深化企业合作。通过市场需求调整人才培养导向，通过行业企业深度合作提供学生实训平台，可探索"校企互育，学训结合"的人才培养模式，优化校企合作机制，让企业和院校在人才培养过程中共同发挥作用。在人才培养方面唯有创

新、求变，寻求特色化，才能在激烈的教育竞争中获得差异化的竞争优势。

2. 校企融合要求提升，师资双向聘用机制要求更加完善

高质量人才要求对旅行社经营管理专业的师资队伍建设也提出更高要求，“双师素质”不仅仅是证书的显现，更需要大力培养具有良好职业道德、扎实专业根底、很强实操能力的“双师型”师资队伍。在调研中发现，2017 年，旅行社经营管理专业教师人均企业挂职时长大部分都在 7 天 / 年，只有个别院校每年会有半个月到一个月，这说明旅行社经营管理专业教师深入企业学习远远不够。而如今的专业建设对校企融合程度要求提升，不仅要求教师要有丰富的地方文化知识和行业工作体验，同时还需要进行教学资源整合和共享，安排骨干教师到企业进行专题讲座，积极参与企业实践，定期和不定期到旅游企业挂职、担任顾问、共同开发旅游项目，直接给予企业人力资源支持。校企融合要求的提升，促使双向聘用机制的进一步完善，目前，多地区的高校教师职称评定制度也对教师的实践学习做出了明确的规定，要求其企业实践时间不得少于六个月。只有将师资双向聘用机制建设完善，将专业教师实践学习成为常态化，才能应对旅游业对旅游人才的高需求。

3. 专业建设力度将逐渐加强，文化内涵建设成重点

针对全国 12 个重点旅游院校的旅行社经营管理专业的调研中发现，所调研院校的旅行社经营管理专业均不是省级重点专业。其中，省级示范的院校占 16.67%，省级特色专业的院校比例仅为 8.33%，而没有一所院校的旅行社经营管理专业能成为国家级重点、示范或特色专业。这说明全国的旅行社经营管理专业建设程度普遍较低，这对旅行社经营管理专业内涵建设提出更多要求。持续加强专业建设力度，重视文化内涵的建设，首先是“量的增加”，只有量增加上来了，才会吸引更多热爱旅游的人才报考旅行社经营管理专业。当前，国家“一带一路”工程、各省旅游业的持续推进，对旅游人才培养提出了新的挑战。经济社会转型发展的深入迫切需要高校优化人才培养供给侧结构性改革。要培养适应市场甚至引领市场的人才，旅行社经营管理专业也需要更多高素质的人才加入。然后是“质的飞跃”，想要建设有特色发展并且呈现竞争优势的旅行社经营管理专业，必须加快推进其特色、国际化专业的内涵建设，是旅行社经营管理专业当前和未来一段时间的重点发展方向，也是旅行社经营管理专业全面提升发展质量和水平的必然选择。

4. 课程内容将突破岗位局限性，课程体系将更为科学合理

旅行社经营管理的课程体系大都以岗位职业能力要求为基准进行构建，使得专业教学有一定局限性。而面对旅行社行业巨变，研究各院校的建设任务书，可以看到部分院校已经意识到这个问题并开始尝试进行突破。一些院校也开始着手重新构建课程体系，并重新编写校本教材，重新审视行业特点，使人才培养方案更为合理。同时，顺应高职教育教学改革的发展趋势，注重立体教学资源的累积与网络教学平台的建设。校企合作建设并共享优质资源，破解校企合作的时间和空间障碍，如利用网络远程双向传输功能，搭建校企数字课程，将企业实时数据、视频等信息传送到课堂，使企业兼职教师能在生产、工作现场直接开展专业教学，并可以和学生进行网络实时互动，答疑解惑，实现校企联合教学。同时，注重与企业联合开发专业课程，提升课程标准与职业标准对接度。在课程中引入旅行社行业标准，达到课程建设与职业岗位能力需求和行业企业技术发展同步。积极探索课程

体系的构建，打破传统岗位，面向多元化的旅行社行业，研究线上线下旅行服务商的新变化，更加注重培养旅游产品的策划及设计人员。并且，各个院校都在积极推进网络在线开放课程，借力“互联网＋”的发展趋势，用现代化技术手段，利用学校网络学习中心和APP手机客户端，打造移动课堂理念，为教师及行业企业教学提供共享资源，这些将成为旅行社经营管理专业课程体系建设的主要方向。

5. 旅行社行业产业创新升级，实习实训基地形式多样化成为趋势

目前，大多院校旅行社经营管理专业的实训室都有一个可以经营的旅行社，但是很难满足大多数学生使用，还应该建设仿真实训中心，承载更多专业新技术演示与交流，借助虚拟现实和人工智能技术，构建一个“共享、感知、应用、互联”的虚拟仿真实训中心，紧跟旅行社转型升级过程中对人才需求的变化，提高人才培养质量。而旅行社行业向网络化、智能化方向的发展趋势，现有实训基地的提升改造必然成为常态化，以满足旅游产品的研发与教学，促进网络化、智能化旅行社实训基地建设。另外，实训基地将会在接下来发展中兼具教学实训中心、生产实训中心、专业师资进修中心、企业区域技术服务中心、社会技能培训鉴定中心、新技术展示交流中心等功能，行业的创新升级带来实训基地的创新升级，智能化、网络化新技术的应用也是实训室建设的必然要求。因此，为了适应旅行社行业创新升级，实训基地形式的多样化成为新趋势。

（三）旅游产业带动旅行社业市场范围扩大，驱动人才培养模式创新

1. 旅游市场环境国际化，人才培养提出高要求

现代旅游业的发展模式、运营方向及业态表现形式等都正发生着翻天覆地的变化，首先是旅游产品供给日渐多元化，除传统的观光产品，休闲产品之外，体验旅游、研学旅行、康养概念、文化娱乐产品以及田园综合体等日渐增多；其次是服务体系国际化。我们的客源市场来自世界各地，需要建立国际化服务体系，为游客提供方便、快捷的服务，要求我们的旅游人才也具有国际视野及国际接待能力；最后是目的地管理现代化，目前各地都在发展智慧旅游，现代科技手段应用在旅游业上，尤其是发展全域旅游以来，将旅游目的地作为一个大景区来打造，进行全产业链的打造，有效汇聚旅游产业发展合力，形成了全域旅游发展大格局。旅行社行业也在不断提升适应国际化的市场环境条件，对于人才培养需把跨国际的、跨文化的、全球的观念融合到专业的教学、科研和服务等诸项功能中。需要具备多种能力，特别是信息获取和运用能力、广博的文化素养、较强的以外国语为基础的跨文化语言沟通能力，以及创新能力等。也就是要求高校所培养的人才应具备国际视野，熟悉国际惯例与规则，具有跨文化交流能力，能直接参与国际竞争与合作，拥有现代信息技术、知识和能力都过硬的新型人才。

2. 学分制逐渐盛行，人文素养的培育更受重视

目前，国外旅游类的专业很多都是宽基础、多方向，以“大旅游”专业群概念来进行招生，国内现在很多院校也提出，将旅行社经营管理专业和旅游管理、导游、景区开发与管理，甚至与酒店、烹饪等专业进行捆绑，形成统一的人才培养方案，低年级打破专业界限开展专业基础教学，高年级分方向进行培养，使学生就业能够根据自己的兴趣爱好选择专业。而随着高新科学技术、信息网络技术的发达，随着旅游企业用人机制和毕业就业体

制的变革，社会各界对毕业生的文化素质要求越来越高，全面提高当代大学生的文化素质成为专业必须重视的问题，各高校在课程设置方面将更加注重培养学生的创新能力和人文素质，各高校在专业教学管理方面将更加的灵活和富有弹性，人才培养质量将大大提高。学分制或将真正实行开来，成为主流。

在旅游经济的快速发展背景下，旅游业对旅游人才培养提出了更高的要求，除了理论和技能外，对学生的综合文化素养有了进一步的要求。既需要精要、实用的理论教学体系来指导，更需要实践教学体系来辅助，此外，随着我国旅游业的蓬勃发展和广大旅游者对大众旅游活动意识的逐渐增强，社会对旅游专业的高等教育发展提出了更高的要求。全方位、渗透式的综合素质教学体系则被逐渐提出，并且放在很重要的高度，成为旅行社经营管理专业需要认真思考的重要方面。面临飞速发展的旅游产业对高素质专业人才的巨大需求，高等学校需要将旅行社经营管理专业人才培养的理论和技能朝着更为宽泛和更为深入的基础知识面和专业技能方向改革，培养学生具备更完善的知识结构和具有更强的就业能力，以及对更多综合岗位工作的适应和应变能力，才能适应新时代旅行社行业的巨大变化，具备终身学习的能力和应对变化能力。

3. 旅行社业务范围扩大，综合技能培养范围变宽

随着旅游业的发展，旅游消费者日益成熟，个性化追求日益显现，市场不断细分，新的旅游形式不断出现，旅行社业务范围不断扩大，线上线下不断融合。专业的传统界限也不断受到挑战，行业和地方不断渗透融合，兼容并蓄，如何科学整合行业优势和地方需求，如何紧跟行业发展的前沿，洞悉社会对人才的需求变化，培养出适合区域经济发展需要的人才，是该专业需要思考的问题之一。在未来的发展趋势中，旅行社经营管理专业服务于地方经济是必然的趋势，而要想使该专业可以更好地服务于地方经济，首先要找准区域经济的定位，分析地域发展的特点，加强宣导，纠正之前的理念，找准专业设置的定位，树立起服务地方经济的意识。然后根据地域发展的特点，落实本专业人才“本土化”的培养。而且，随着人们对旅游产品的要求越来越高，行业还需要提供高水平的旅游产品策划、旅游咨询服务的人才，这些都需要旅行社经营管理专业能及时调整培养目标，适应更加宽泛的人才要求。

（四）专业建设标准出台，促进专业将与行业、国际接轨

随着旅行社行业向网络化、智能化转型升级的需求，以及现代学徒制的培养理念，对专业建设标准也提出新要求。专业建设标准提升才能促进专业建设质量的提升。近年来，旅行社行业变更较大，行业标准进一步细化，行业法规进一步完善。随着旅行社经营管理专业和行业结合的愈加紧密，以及对外开放的程度日益加强，专业建设标准要求也越来越高，专业协同育人模式也盛行开来，再加上校企合作、中外合作办学项目的迅速发展。旅行社经营管理专业建设目前的最低标准已不能满足时代的需求。随着校企合作办学、中外合作办学的深入，人才培养规格将与行业标准以及国外先进的行业技术规范紧密挂钩，具有国际水准也应该成为旅行社经营管理专业发展所追求的目标。

为适应新形势下的旅游业发展，培养高素质的旅行社经营管理专业技术人才，传统的办学模式、人才培养方案、课程体系及教学内容，都要随着时代的进步而进步。只有根据

新形势及时转变教育观念，深化教育改革，修订专业人才培养方案，才能培养出宽基础、高素质、综合性强、富有创新力的复合型人才，同时确保这些人才适应社会主义市场经济体制的需要，适应旅游业新环境对人才的需求变化。

五、对策建议

（一）扩大专业影响力，提高人才培养与企业岗位需求的契合度

旅游业的快速发展已经凸显出旅行社相关岗位方面的专业人才缺口，高校及时进行人才培养和人才补位输出责无旁贷。

学院作为招生主体，应该充分利用现代化互联网手段，创新招生模式，让更多人认识到旅行社经营管理方面的就业前景和发展潜能。除了进行专业宣传外，学院可以扩大招生主体，拓宽生源来源。一方面可以和企业进行联合招生，或者和有影响力的旅行社合作，让旅行社自己解决生源问题，学校解决阶段性人才培养问题。另外，我们可以考虑让已经就业但是需要提升理论层次或专业技能的旅游类和非旅游类的社会人员回校进行回炉再造，最终实现旅游企业、学校和学员的三方共赢。

解决生源问题的关键问题之一在于如何培养人才，培养什么样的人才。学生是展现专业水平的“活广告”，做好专业人才培养是关键。在明确人才培养目标和人才培养模式前，专业负责人必须进行充分的社会调研，了解企业人才需求标准，定位岗位技能需求，确定人才培养目标和模式，有针对性设置学习内容。根据社会人才需求和区域特点，制订动态、开放的人才培养方案，避免专业建设理论化、同质化（尤其要区别于旅游管理专业的建设目标）；同时课程设置要紧跟时代发展，并最大限度发挥企业作用，从而使人才培养和社会人才需求进行无缝链接，使人才培养具有针对性，最终实现学生的零距离就业。

（二）着力培养，打造结构合理、实践教学能力强的教师团队

高等职业院校的本质在“职业”，区别于普通高等院校的最大特点就是要求教师具有很强的专业实践能力。旅行社行业的快速发展，需要教师有足够的能力及时进行理论和实践的转化和衔接，有的放矢实施教学。

1. 增加兼职教师比例，引入旅行社行业精英

在教师引入标准上，应打破高职院校的“学校进学校”“先引入后培养”的引入机制，学校可以采取“引进来和送出去相结合”的方式，除了录用旅游相关专业的毕业生外，还可以考虑引进企业精英或者派教师到企业进行最少半年至一年的锻炼。对于在岗教师要定期进入旅行社学习，补充旅游业快速发展所需的新知识新技能，及时进行教学内容更新。同时，学校要提高教师双师素质证书取得门槛，增加旅行社工作经历这一条件，甚至可以请旅行社和学校共同考核教师的双师素质。学院还应积极联合当地旅行社的行业协会和旅行社企业选拔优秀的旅行社专业技术人员，建立兼职教师师资团队，以就近满足教学需求。

2. 教师评价管理应凸显职业教育特色

目前，在高职院校职称评定方面明显过于重视科研而忽略教师的职业能力和执教能力。高职院校职称评定要突出高职教育特点，评价因素要涉及教师的实践能力，以此督促

教师积极主动进入企业进行自我提升，这样一举双得解决了教学和职称的双向需求。因而笔者建议在教师评价管理中，应加大业务能力的考核比重，在职称、晋升、绩效等方面增加实践能力的考核标准要求，各院校还应出台相应完善的挂职锻炼奖励政策，以此来鼓励教师提升自身的实践教学能力。

（三）加强管理，构建全方位实践教学及管理体系

旅行社业务实操性特点突出，实现旅行社经营管理专业的校内外实训课程统一化、构建校内外全方位的实践教学及管理体系已经势在必行。

1. 加大实训实践课程在教学计划中的比例

在专业人才培养方案制订过程中，除了合理安排理论课程外，还要科学合理地加大实训实践课程的比例，形成“校内仿真模拟实训 + 校外岗位实践”相结合的实训课程体系。其中校内模拟实训可以利用现有模拟实训室或校内自营旅行社实施，有条件的学院可以引入旅行社企业的旅游项目到校园进行实训或实战演练。除此之外，校内实训可以借助于旅游线路设计大赛、导游讲解大赛、旅游网络营销大赛等技能大赛平台，实现学生岗位技能提升，促进产教结合；校外岗位实践可以通过旅游电商运营、旅行社顶岗实习等社会实践等方式得以实现。

2. 组建“学工办”等实习实训组织机构

旅行社行业具有明显的淡旺季特点，为了更好地安排本专业的实习，应该成立专门的实习实训管理组织。浙江旅游职业学院就针对旅行社专业组建了“学工办”机构，专门安排人员对学生实习进行统一安排，取得了较好的效果。实习实训机构还应设置具体的负责部门并明确成员职能，制定完善的实习实训规章制度、标准和流程，用制度来约束学生的实习实训行为，用标准来衡量实习效果，用流程来规范实习过程。

3. 明确校企双方责任，构建校企合作利益共同体

2016 年 4 月，国家教育部等五部门联合出台了《职业学校学生实习管理规定》，明确了校企双方的责任，提出了对企业减免税收的政策，但从目前来看，现实支持力度依旧不够。目前旅游职业院校的校企合作方式大多为“订单班”和“顶岗实习”，大部分旅游企业疏于对学生的管理，管理主体依旧在学校。我们应明确校企双方职责，组建学生实习实训教师指导团队，将实习企业经验丰富员工纳入指导团队，具体负责监控并指导，对学生在实习中出现的专业问题提供咨询和帮助，确保学生实习工作的顺利有效进行。

除此之外，我们可以借鉴浙江旅游职业学院校企合作的新模式——企业制学院。构建校企利益共同体，搭建双方可以沟通协商的组织机构，办学主体是校企双方，这样企业就不会游离于学校之外，依托企业全真的实训条件和专业技能人才，既能激发学生学习的激情，又缓解旅行社企业在旅游旺季的用工荒，为其提供人才储备。

（四）拓宽思路，开发校企合作精品系列教材

旅游业作为中国国民经济战略性支柱产业，无论从国家宏观发展要求，还是从自身发展需要，都到了从高速旅游增长阶段转向优质旅游发展阶段的关键时期。传统的旅游方式已经无法满足现代游客的多样化需求，由旅游新产品、新业态促生出来的新职业层出不穷，在这种背景下，高职旅游学校原有的课程就不能局限于仅仅教会学生从事工作的基本

知识与技能，而是应该发掘学生可持续发展的潜力，让学生毕业后能够自如应对不断变化的旅游行业和职业，提高学生的竞争力。

1. 拓宽课程设置思路，优化课程体系，引入企业课程评价标准

首先，课程的设置思路应紧紧跟进旅游市场的变化，增加专业拓展课程和职业素养课程，来提升学生的可持续发展能力，例如很多公司在奖励员工出游时，希望增加一些团队拓展活动以增加公司的凝聚力，这样就可以在课程体系中的拓展课程中加入一门户外拓展课程，以满足学生未来就业的能力需求；自助游、自驾游客户在出游之前经常会参考一些网络上的旅游游记，这样就可以在职业素养课程加入游记写作课程，从而拓宽学生的就业领域。其次，结合学校自身的专业结构和所拥有的各类型专业资源来设置有针对性的课程，并优化课程体系，课程的设置符合旅游市场需求以实用为主，避免内容空洞、涉及面广、理论性过强、重复性、与专业脱离不实用的课程。最后，改变传统的课程考核标准，专业课引入企业评价标准。尽管现在大部分院校摒除了传统应试考核方式，采用了“过程性考核＋终结性考核”的方式，但是考核主体依旧是教师，其实旅行社专业核心课程考核可以采用开放式的校企考核。例如《旅行社计调业务》课程结束后，通过教师与旅行社一线的计调人员依照计调的岗位要求和标准，共同设置考试内容，这种考试的内容应该以真实的计调工作内容为要求来设置，答案不具唯一性，是开放性的，目的在于发挥学生的创新能力和独立工作能力，旅行社计调工作人员可以通过现场或网络直接参与考核。

2. 鼓励校企共同开发教材，支持实用校本教材的使用

教材是实施教学的基本依托，而目前高职院校的旅游类教材大多数教学内容空洞，过时，与时代发展和旅行社行业需求相脱节，以致很多教师上课根本不使用所订教材。教材的作者大部分为院校的专业教师，并无企业一线工作经历，教材内容脱离实际，实用性差，无法满足教学需求。

要想确保教学内容的针对性和实用性，首先，学校应鼓励专业教师与旅行社行业专家共同合作，进行教材建设。以岗位需求，工学结合的思想构建教材的编写体例，以项目化任务式体例拓展教材内容。通过最新的企业案例、项目等情境引入，结合图片和内容，设计能够启发学生探究思考的问题，重在启示和塑造学生的职业能力，突出教材的时代性和实用性。其次，学院和企业形成嘉奖机制来鼓励教师和企业人员参与教材编写，同时学校应出台激励政策鼓励专业教师积极参与校本教材的开发。一本教材从编写到出版的周期较长，但校本教材的开发不一定需要出版社出版，可以以讲义、辅助材料等形式发给学生，这样就可以依据旅游市场变化弥补教材空缺、及时调整教学内容，符合时代发展需求。

（本报告由高职旅行社经营管理专业指导委员会课题组完成，课题组负责人：韩国华；执笔人：李海梅、贾玉芳、韩国华、詹兆宗、臧其猛、孙晓亚）

中国旅游高等职业教育景区开发与管理专业发展研究报告

21世纪是国内旅游景区行业大发展的时期，也是高职院校景区开发与管理专业起步发展的关键时期。为有效缓解国内旅游景区专业技能人才极度缺乏和高职院校景区开发与管理专业发展偏缓的结构性矛盾，受全国旅游职业教育教学指导委员会委托，由全国旅游职业教育教学指导委员会景区开发与管理专业委员会负责起草景区开发与管理专业发展的研究报告，报告将系统梳理、剖析景区开发与管理专业的发展背景，科学诊断专业发展的成果及其存在的不足，准确研判专业发展所面临的新形势与新机遇，以期提出促进景区开发与管理专业快速、健康发展的意见和建议。

一、研究背景

进入21世纪以来，我国旅游业也步入了全面、快速发展时期，国内旅游景区行业总体呈现出两大特征：一是旅游景区行业逐步跟上酒店行业与旅行社行业的发展步伐；二是在原国家旅游局1999年《旅游区（点）质量等级的划分与评定》以及相关政策的推动下，旅游景区的概念逐渐成为热点并呈现出与风景名胜区相媲美的特征。为此，2001年，浙江旅游职业学院与原桂林旅游高等专科学校率先开办旅游景区服务与管理专业（后改为景区开发与管理专业），开创了我国旅游景区职业教育的先河。

“十一五”和“十二五”期间，高职院校景区开发与管理专业相继涌现。根据教育部的相关统计数据显示，国内高职院校直接开办景区开发与管理专业的院校数量达50余家，而依托旅游管理或导游等相关专业开办景区开发与管理专业（方向）的院校数量更多。在国家政策及各级教育、旅游主管部门的大力支持下，高职景区开发与管理专业与行业、产业开展了较为深入的合作，教育质量逐步得到教育、旅游主管部门的认可，专业毕业生也受到行业的认可，就业对口率较高。

近年来，随着我国旅游业快速进入转型升级期，旅游景区的发展也全面进入了转型升级的关键期，使得各个高职院校景区开发与管理专业在尚未积累有效办学经验与规模的基础上，即面临了巨大的时代变迁与改革创新的困难。因此，如何紧抓我国政府持续稳步支持和推进职业教育改革与创新发展的有利契机，全面分析、研判国内景区开发与管理专业发展的成果与不足，紧抓国内景区行业发展需求，不断优化专业建设与发展思路，创新校企合作育人体制与机制，突出实践实训教学，进一步改革与创新高职景区开发与管理专业的教学内容与要求，已经成为全面完善并提升旅游高职教育的重要内容与方向，也是本研究报告的重要任务与目标。

二、景区开发与管理专业发展概况

（一）景区专业开设的基本情况

旅游业的快速发展，为景区开发与管理专业人才提供了良好的就业机会与发展平台，高素质景区开发与管理人才供不应求。高职院校作为景区开发与管理人才培养的重要基地，必然要迎合旅游景区发展的新趋势与新要求。但是，近几年来，却呈现出景区行业发展迅速和景区开发与管理专业发展平缓相矛盾的特征，导致景区行业人才缺口进一步扩大。根据国家文化和旅游部《2017 年全国旅游教育培训统计》数据显示，截止到 2017 年年底，全国共有 38 家高职高专院校开设景区开发与管理专业。

1. 景区专业开设的区域分布较为均衡，数量较小

根据调查显示，全国 38 家开办景区开发与管理专业院校的区域分布较为均衡，“东、西、南、北、中”的空间布局较为均衡，并未出现类似其他涉旅专业与地方旅游经济发展水平存在高度依存的特征。此外，与其他旅游大类的相关专业相比，景区开发与管理专业的开办院校数量也相对较小，远远低于旅游管理专业的 869 家和酒店管理专业的 669 家，而且也低于会展策划与管理专业的 160 家、导游专业的 90 家和休闲服务与管理专业的 49 家，如图 1。

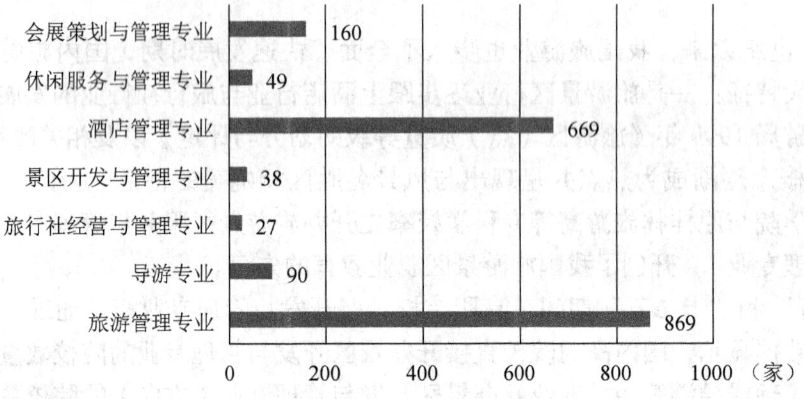

图 1　各专业开办院校数量对比图

2. 景区专业开设的年限较短，招生相对偏少

与其他旅游大类的专业相比，景区开发与管理专业的开设年限处于中间水平或相对偏短，大部分院校开设时间短于 10 年。同时，各个高职院校景区开发与管理专业招生不甚理想，多个院校因招生困难出现了暂停招生或专业学生分流的现象。就招生数量而言，2017 年全国也仅招生 983 人，平均每个院校招生约 26 人 / 专业，远远低于旅游管理专业和酒店管理专业的 63 人 / 专业、67 人 / 专业。

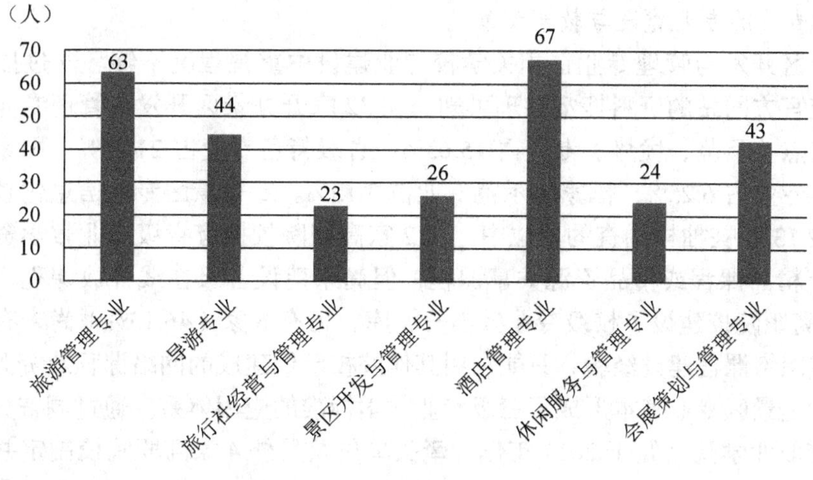

图 2　各专业校均招生人数

（二）景区专业建设与发展情况

课题组在 2018 年暑假期间，对全国开设景区开发与管理专业或旅游管理（景区方向）的部分高职高专院校进行抽样调查，通过发放网络问卷的形式共计 32 份，全部为公办院校，区域分布合理，其中直接开设景区开发与管理专业的为 13 家。

1. 景区专业的师资建设与发展

一是各高职院校在师资总体数量、专兼职结构、双师结构方面有着较为明显的差异。已开设景区开发与管理专业（方向）的高职院校中，平均拥有教师约 10 名，其中专职教师约 6.6 名、兼职教师约 3.7 名，38.46% 的高职院校专职教师比例超过 50%；双师型教师的平均比例为 92.69%，其中有 69.23% 的院校双师型教师比例达到 100%。二是各高职院校的生师比总体较为合理，平均生师比为 16∶1。其中，仅 1 家（7.69%）高职院校的生师比为 22∶1，8 家（61.54%）高职院校的生师比为 15∶1~20∶1。三是各高职院校教师的职称结构分布较为合理。其中，高级职称教师的平均占比为 38.15%、中级职称教师的平均占比为 44.77%、初级及其他职称教师的平均占比为 17.08%，且有 4 家（30.77%）高职院校的高级职称教师比例超过 50%。四是各高职院校教师的学历学位结构总体呈正态分布，以硕士研究生为主。仅 15.38% 高职院校教师中拥有博士学位的教师，69.23% 的高职院校教师中拥有学士学位的教师且以 50 周岁及以上年龄结构为主。五是景区开发与管理专业教师的年龄结构较为合理，总体呈金字塔结构。其中，35 周岁及以下的教师占 51.92%，36~50 周岁的教师占 39.43%，50 周岁以上的教师仅占 8.65%，这也与景区开发与管理专业开办年限较短较为吻合。六是景区开发与管理专业教师中拥有一定数量的教学名师。在 13 家开办景区开发与管理专业的高职院校中，有省级及以上教师名师 9 名，其中 2017 年获得省部级及以上奖项共计 11 个、厅局级奖项 7 个。七是景区开发与管理专业的专业带头人队伍基本成型。在被调查的 13 家开办景区开发与管理专业的高职院校中，已经有 9 个（占 69.23%）副高及以上职称的专业带头人，尚有 4 个（占 30.77%）中级及以下职称的教师承担专业带头人的职责。

2. 景区专业的专业建设与教学改革

一是景区开发与管理专业在相关学校专业建设中重视程度不够。通过抽样调研及相关高职院校官方网站的资料搜集整理可知，在 32 家开办景区开发与管理专业的高职院校中，省级重点（示范、优势）专业占 15.63%，省级特色专业占 21.88%；国家级重点（示范、优势）专业占 6.25%，国家级示范专业占 3.13%。二是景区专业信息化教学改革覆盖面偏窄。在 13 家被抽样调查的单位中，仅 2 家高职院校拥有省级专业教学资源库及自建省级及以上精品课程或精品资源共享课程，但尚未建设各级在线开放课程，但已有 5 家（38.46%）高职院校建设了校级专业教学资源库，另有 6 家（46.15%）尚未有各类专业教学资源库或网络课程建设经验，只能利用其他院校已经建成的网络课程或资源库开展信息化教学。三是景区专业基本形成了三级专业教学标准的应用体系。通过调查分析发现，目前浙江旅游职业学院已经于 2017 年作为牵头单位及另外 4 家高职院校制定并应用了国家级景区专业教学标准，占全部被调查院校的 38.46%；尚分别有 2 家和 6 家高职院校使用了省级或校级专业教学标准。说明专业教学标准的使用已经得到了各高职院校的承认，但在国家级景区专业教学标准的宣传推广方面仍有待加强。四是大部分高职院校非常重视教学内容的更新或创新。通过调查分析与交流访谈可知，近三年来开办景区开发与管理专业的相关高职院校中，对专业课程体系、课程教学标准、课堂教学大纲、课程教学标准、理论教学内容、实践教学内容等进行了更新或完善，尤其是专业课程体系方面，仍在持续推进更新完善，也彰显了景区行业正在不断转型升级的现实特征。

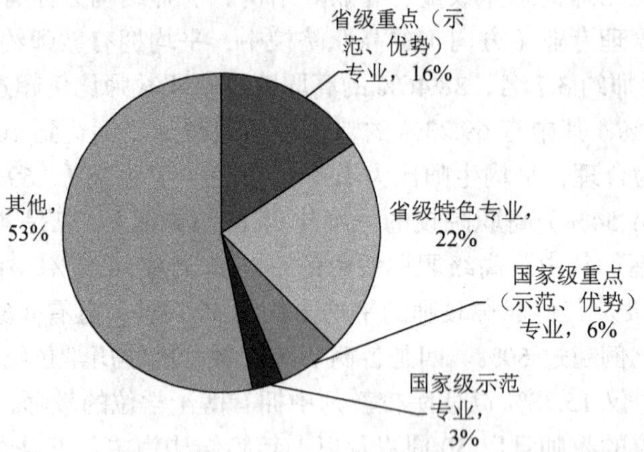

图 3　景区开发与管理专业建设情况

资料来源：课题组统计数据。

3. 景区专业的实验实训与实习

一是各高职院校均有一定的实验实训设施。根据 2017 年《高等职业学校景区开发与管理专业教学标准调研报告》可知，40.63% 的高职院校景区开发与管理专业（方向）拥有 2 个校内实验实训室，37.50% 的高职院校仅拥有 1 个校内实验实训室，18.75% 的高职院校拥有 3 个校内实验实训室，拥有 4 个以上实验实训室的高职院校仅为 3.12%。二是景区开发与管理专业的实践教学课时比例较高。通过对13家开办景区开发与管理专业的高职院校分析发现，其校内实践实训课时比例达到37%；其中，有4家（占总样本数的30.77%）高职院校的校内实践实训课时比例超过了50%，比较符合高职教育景区开发与管理专业的教学特征与规律。三是景区开发与管理专业的校外实习基地方面。根据2017年《高等职业学校景区开发与管理专业教学标准调研报告》可知，43.74%的高职院校景区开发与管理专业（方向）校外实习基地的数量为11~15个，25.00%的高职院校校外实习基地的数量为6~10个，12.50%的数量为16~20个，1~5个和20个以上的比例均为9.38%；主要是原因：各个学校景区专业学生数量规模相差较大，故其校外实习基地的数量差异较大；不同类型的实习基地（如主题公园的实习生数量明显高于规划设计类企业）导致其对实习生的需求数量及质量均有较大差异；不同院校对实习基地的要求亦有较大差异，即部分院校基本要求统一实习，而部分院校又允许学生完全自主实习。值得注意的是，大部分高职院校没有海外实习基地，仅南京旅游职业学院拥有2家景区的海外实习基地。四是近一半高职院校景区开发与管理专业重视校企合作育人，尝试了企业订单班。其中，苏州旅游与财经高等职业技术学校和浙江旅游职业学院各有5个和4个景区专业的订单班。

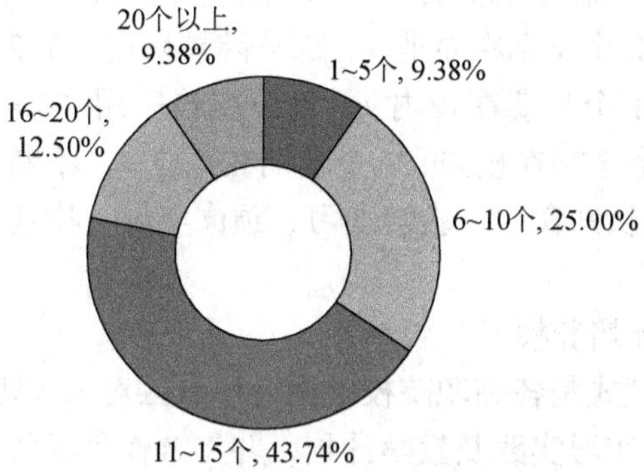

图4　景区专业校外实习基地数量

4. 景区专业的人才培养与质量

一是景区开发与管理专业的行业就业率较高。通过对其中有毕业生的11家高职院校2017届毕业生的调查分析可知，景区开发与管理专业2017届毕业生的一次就业率达到了96.91%，其中行业内平均就业率达到了68.64%。二是景区开发与管理专业的专业对口率有待提高。通过对2017届景区专业毕业生的抽样调查显示，专业对口率达61%及以上的高职院校占36.36%，专业对口率在41%~60%的高职院校占36.36%，且有3家高职院校的景区专业毕业生专业对口率在20%以下，值得警惕。三是景区开发与管理专业毕业生薪酬不够高。根据赵雪璎（2018）[①]《国内主题公园人力资源发展影响因素研究——以环杭州湾都市圈为例》可知，长三角地区知名主题公园的员工（含实习生）年收入亦明显偏低，其中：

① 赵雪璎，郎富平，顾雅青. 国内主题公园人力资源发展影响因素研究——以环杭州湾都市圈为例［J］. 浙江旅游职业学院学报，2018，14（2）：45.

年总收入在 10 万元及以上的仅占 6.6%，6 万元及以下人群比例达到 77.2%，收入水平明显低于上海市与浙江省。此次在 11 家高职院校景区开发与管理专业毕业生中，月薪 5000 元以上的仅 1 家（占 9.09%），月薪 4000~5000 元的有 2 家（18.18%），月薪 3000~4000 元的有 5 家（占 45.45%），月薪 2000~3000 元的有 3 家，就业以中西部地区为主。

三、景区开发与管理专业发展成果与不足

（一）取得的主要成果

1. 人才培养模式基本成形

经过 10 多年的传承与发展，高职院校景区开发与管理专业不断注重人才培养模式的创新，目前在全国范围内逐步形成了以下两种人才培养模式。

（1）工学结合的人才培养模式

校企合作、工学交替是我国高职景区开发与管理专业人才培养的主要模式。它强调理论研究和教育实践相结合，专业技能训练与专业知识和职业意识的培养相结合。通过对各个院校的调查与访谈发现，目前工学结合的人才培养模式以“2+1”模式为主①，只是各个院校在理论教学时间、实践教学的具体学期安排上有差异：部分院校直接采用“4+2”模式（即 4 个学期在校内、2 个学期在企业），部分院校采用“3+2+1”模式（即 3 个学期在校内、2 个学期在企业、1 个学期在校内），部分院校采用“3+1+1+1”（即 3 个学期在校内、1 个学期在企业、1 个学期在校内、1 个学期在企业），不断创新与完善工学交替的人才培养模式，基本形成了认知实习、教学实习、顶岗实习、毕业实习等多层次的实践教学体系。

（2）“订单式”的人才培养模式

“订单式”人才培养模式是各高职院校根据合作景区对人才需求的类型与积极性需求，针对性地调整课程结构、实习实践及教学计划，并将合作景区的企业文化、人才需求、经营管理等因素融入到人才培养的全过程当中，实现高职院校与景区教学、实践和就业一体化，例如主题公园、国家 5A 级景区与院校合作开设的“宋城班”“乌镇班”“迪士尼班”“Hellokitty 班”等。在“订单式”的人才培养模式下，高职院校与合作企业逐步构建了“五个共同”全过程校企合作育人框架，即共同研判专业人才需求、共同修订人才培养方案、共同推进专业教改课改、共同开展理论实践教学、共同诊断人才培养质量。同时，该模式在实际运作过程中，还增加了部分暑假、黄金周等特殊阶段的教学实习项目。

除了以上两种主要人才培养模式之外，以后部分高职院校尝试弹性式人才培养模式、现代学徒制人才培养模式。

2. 学生顶岗实习相对规范

（1）旅游景区实习的特征与趋势

与酒店管理专业相似，景区开发与管理专业的学生顶岗实习相对规范，主要呈现出三

① 王瑞花. 高职“景区开发与管理专业”工学结合人才培养模式的探讨［J］. 山西煤炭管理干部学院学报，2014，27（2）：87-89.

个特征、一个趋势：一是因单个高等级或知名旅游景区的景区专业学生需求量较大，使得各个高职院校的合作单位相对较为稳定且数量较少；二是因部分旅游景区具有较强的公益性导致其用人机制较为特殊，使得各个高职院校的合作企业基本以市场性较强的旅游景区为主；三是各个高职院校的合作企业提供的实习岗位基本以一线服务岗位为主，二线经营管理岗位为辅；四是随着国内旅游产业尤其是旅游景区的综合化、融合化趋势日益明显，使得旅游景区对专业学生技能要求的综合性也越来越强，也逐渐有了综合性实践实训基地，即同一个旅游景区同时与多个旅游类专业合作开展实习教学活动。

（2）旅游景区实习的规范与标准

国内各大高职院校景区开发与管理专业也全面根据教育部及所在地区旅游教育主管部门的要求，对专业学生景区实习的规范进行了研究，具体可体现在两个方面：一是基本形成了统一的实习实践的类型，即基本形成了认知实习、教学实习、顶岗实习及毕业实习等类型，且根据教育部的相关规定，全面明确了三方的责任与义务，尤其是均明确了顶岗实习的时间不超过 6 个月；二是先后制定了景区实习的规范或指南，主要是由中国旅游协会旅游教育分会提出，由浙江旅游职业学院分别于 2012 年和 2014 年制定并出版了《高职高专院校旅游类专业（景区）学生实习指引》[①] 和《旅游类专业学生实习标准汇编》（LB/T 033–2014）[②]，对高职院校、旅游景区企业、景区开发与管理专业的学生乃至其他涉旅类专业赴景区企业实习提供了标准与规范。

3. 专业社会服务能力强大

在开办景区开发与管理专业的高职院校中，其服务社会的能力普遍较强。各高职院校景区开发与管理专业的师资团队不断通过旅游规划策划、景区企业培训、乡村旅游扶贫等方法，促进专业与景区行业企业的深度合作与交流，实现专业“反哺”社会。广西、云南、贵州等地区的相关高职院校借助东盟合作机制，将景区专业的社会服务辐射至越南、泰国等东盟国家。浙江旅游职业学院等相关高职院校则依托其校企合作平台，已经连续三年获得“社会服务影响力 50 强”。

4. 专业教学改革成效显著

景区开发与管理专业办学时间相对较短，各高职院校在专业建设方面的成绩不够突出，但依然有多个院校成为省级乃至国家级的重点（示范）专业。但是相比较而言，其在省级与国家级课程资源、各级专业教学标准、校级及省级专业教学资源库建设等方面均取得了卓越的成绩。2017 年，由全国旅游职业教育教学指导委员会景区专业委员会负责完成了《高等职业学校景区开发与管理专业教学标准》的制定工作，并顺利通过了国家教育部的审查；浙江旅游职业学院顺利通过景区开发与管理专业省级专业教学资源库的建设，且其已有《旅游资源评价与开发》《景点导游》2 门国家级精品资源共享课程、2 门国家级精品课程，在国内旅游类专业中均属唯一。

① 中国旅游协会，中国旅游景区协会.高职高专院校旅游类专业（景区）学生实习指引［S］.北京：旅游教育出版社，2012.

② 中国旅游协会旅游教育分会.旅游类专业学生实习标准汇编［S］.北京：中国旅游出版社，2014.

5. 专业发展平台基本成形

一是顺利组建了全国旅游职业教育教学指导委员会景区专业委员会。分别由浙江旅游职业学院的党委书记王昆欣教授和太原旅游职业学院的陆霞副教授担任主任委员与副主任委员，由浙江旅游职业学院旅游规划系副主任郎富平副教授担任秘书长，由桂林旅游学院、河北旅游职业学院、山东旅游职业学院、南京旅游职业学院、江西旅游商贸职业学院和苏州旅游与财经高等职业技术学校等专业负责人为成员，为商讨景区开发与管理专业发展提供了发展平台。二是各高职院校依托景区开发与管理专业纷纷组建校企合作发展平台，如浙江旅游职业学院景区开发与管理专业组建了浙江省旅游发展研究中心旅游资源开发与管理研究所，桂林旅游学院、南京旅游职业学院、河北旅游职业学院等景区开发与管理专业亦成立了相应的校企合作平台。

（二）存在的主要问题与不足

1. 专业招生相对困难，办学规模普遍偏小

通过抽样调查与访谈发现，国内开设景区开发与管理专业的高职院校较多，但实际招生较多的学校偏少，绝大多数学校每年仅招 1 个班，且不满额。部分高职院校只能依托旅游管理专业编班教学，甚至因招生数量不多而编入或分流至旅游管理等专业。部分高职院校则通过隔年招生或暂停招生等方式艰难保留着景区开发与管理专业。而各高职院校招生相对困难的主要原因有：一是社会与家长对景区开发与管理专业的认知不足，甚至有家长必然认为景区开发与管理专业的毕业生就业选择只能在“乡下”或“山区”的风景区；二是各高职院校在招生宣传上的主动性或选择权不够，生源类型不够丰富，尚未形成像酒店管理、导游或旅行社等强大的中高职衔接梯队。

2. 专业建设资金有限，教学设施条件较弱

通过抽样调查与访谈发现，目前国内 32 家开办景区开发与管理专业的高职院校中，绝大部分未将景区开发与管理专业列入各级专业建设项目；虽然有部分院校被列为校级或省级优势、特色或示范专业建设项目，但多个地方政府均按学生数量进行专业建设资金的拨款，导致景区开发与管理专业整体建设资金有限。虽然在抽样调查的 13 家高职院校中，基本上都建成了 1 个及以上的校内实践实训基地，但生均设备值、实训工位数等均明显偏低，使得专业校内实践实训总体处于较低水平。

3. 专业师资队伍不平，现代教学创新乏力

在开办景区开发与管理专业的高职院校中，其专业师资队伍力量不甚平衡。一是较强的有浙江旅游职业学院、南宁职业技术学院、苏州旅游与财经高等职业技术学校等，且浙江旅游职业学院景区开发与管理专业教学团队于 2010 年被列为国家级专业教学团队。二是有部分高职院校景区开发与管理专业教学团队存在师资总量偏少（如山东某高职院校仅有 1 名专职教师）、高职称教师比例偏低（如广西某高职院校无高级职称教师）、兼职教师数量偏少且不稳定等问题。近年来各高职院校景区开发与管理专业教学改革成效不够突出。一是既有教学改革成果主要以“十二五”及以前获得，近三年来各项教学改革，尤其是在专业教学资源库的合作建设、信息化教学改革等方面的力度不大；二是多个高职院校景区开发与管理专业受师资力量偏弱、社会服务任务过重等因素影响，导致在教学改革与

创新等方面的精力投入有限。

4. 校企合作深度不够，产学研教尚未合力

各高职院校在景区开发与管理专业人才培养方面虽然基本达成了校企合作育人的共识，但依然存在校企合作深度不够、产学研教尚未合力等问题，且存在高职景区专业被中职景区专业或其他旅游类专业的合作替代现象。一是景区行业企业与高职院校的合作基本停留在传统的实习层次、就业偏少，尤其是各大类主题公园尤为明显，少有教学或订单班、课题研究、设施共建等方面的合作；二是景区行业企业主要以提供一线服务岗位为主，景区开发、景区管理类岗位严重偏少甚至没有，导致景区开发与管理专业师生对景区行业企业及其岗位的可替代性存在严重的忧虑，并进一步导致专业毕业生流失。

四、景区开发与管理专业发展面临的新形势

（一）旅游景区行业发展的新形势

高等职业教育的发展必须紧跟行业发展的形势与需求。因此，景区开发与管理专业必须紧跟景区行业的发展步伐，紧抓景区行业企业的发展新动向、用人新需求。值得注意的是，未来景区行业企业的发展将呈现出以下六个新形势。

1. 景区行业规模的产业化

2018 年 10 月 29 日，全国旅游资源规划开发质量评定委员会认定山西省临汾市洪洞大槐树寻根祭祖园景区等 9 家景区为国家 5A 级景区，使得国家 5A 级景区的总量达到 259 家。据不完全统计，全国已经建成各类 A 级景区约 9000 家，尚有 1 万余家非 A 级旅游景区，且景区数量基本仍以每年至少 10% 的增速在增加，尤其是在全域旅游发展的背景下尤为明显，各类特色小镇景区、产业园区景区、休闲农业景区、美丽乡村景区等层出不穷。与此同时，各个景区的游客接待量、旅游收入等也水涨船高。因此，各高职院校应明确两个方面的内容：一是旅游景区已经成为旅游行业的重要产业，其未来的专业技能型人才需求将持续扩大；二是在未来 2~3 年内，国内旅游景区将迎来经营与管理类人才需求的井喷期。

2. 景区行业功能的综合化

随着我国已经全面进入休闲旅游、体验旅游时代，旅游景区的功能已经不仅仅局限于传统的“观光游览为主，餐饮、住宿、交通、购物、娱乐、节庆、交通等功能为辅”的功能结构。目前，以国家 5A 级景区或知名旅游目的地的功能已经呈现出综合化的态势，并将全面带动其他等级或类型的景区实现转型升级，逐步形成以“观光游览为基础，以餐饮、住宿、交通、购物、娱乐等功能为核心，以商务、养生、研学、休闲、情感、探奇等功能为特色”的功能结构。因此，各高职院校应明确两个方面的内容：一是景区开发与管理专业在课程体系设置中应站在整个旅游行业的视角进行，适当增加行业通识类课程的设置；二是景区开发与管理专业在开发、经营、管理类高素质技能型人才的培养过程中，应注重景区功能综合化的现实需求，注重人才的成长性。

3. 景区行业管理的规范化

随着 2013 年国家各级政府简政放权及改革以来，国内 A 级景区的管理也进行了全面

的调整。目前，国家 5A 级、4A 级和 3A 级旅游景区分别由全国、省级和地市级旅游景区质量等级评定委员会评定并监督管理，《旅游景区质量等级的划分与评定》及其细则也全面普及。2015 年，原国家旅游局启动修订了沿用 10 余年的景区评定标准及其实施细则，也彰显了未来景区行业管理的更加规范化。因此，各高职院校应明确：景区开发与管理专业的课程标准建设应建立在全面理解并贯彻即将发布的新版《旅游景区质量等级的划分与评定》及其细则基础之上。

4. 景区行业产品的品质化

所谓旅游景区行业产品的品质化，重点体现在两个方面：一是要紧抓文旅大融合的契机，深入挖掘景区的文化内涵，突出旅游产品策划、设计的文化原真性与参与性或体验性；二是要紧抓旅游市场对景区服务质量、安全管理、产品类型及生态环境日益重视的契机，全面加强景区服务质量管理、安全应急管理、产品培育策划、生态景观建设等方面的建设。因此，各高职院校应明确两个方面的内容：一是要加强对专业学生人文素养、综合文化能力的培养，实现德智体美劳的全面发展；二是应进一步加强对景区管理制度设计及服务规范管理、安全应急管理、产品策划创新、环境景观设计等课程的建设。

5. 景区行业依托的多元化

根据《旅游资源分类、调查与评价》（GB/T 18971-2017）可知：一是旅游景区可依托开发的资源日益多元化，如旅游景区可依托“三农”资源开发休闲农业类旅游景区、生产并售卖农村地区的土特产品或手工艺品、传承并体验乡村传统民俗与生产文化；二是旅游景区可依托特色产业发展产业型景区，如浙江省于 2015 年开始启动的省级特色小镇项目，正是依托其省委省政府确定的“八大万亿产业”进行，并要求每个特色小镇至少要创建成国家 3A 级旅游景区，而此类旅游景区对景区专业技能人才的需求更加强烈。因此，各高职院校应明确：要拓展专业办学依托领域，突破对传统生态型景区或文化型景区的依赖，尤其是在促进校企合作、学生实习就业等方面更应如此。

6. 景区行业运营的智慧化

随着物联网技术的不断深入与推广应用，旅游景区的运营管理也必然要全面实现智慧化。一是旅游景区的服务管理将日益智慧化。景区多数一线服务岗位未来可能部分甚至全部被信息化技术设备所替代，如咨询、导览、讲解、售票等岗位。二是旅游景区的营销管理将日益智慧化。景区未来必须整合各个平台的数据，对到访景区或潜在游客进行精准化分析，策划并培育出最受游客欢迎或喜爱的旅游产品，及时有效地提供信息咨询、个性化服务。三是旅游景区的行政管理将日益智慧化。景区未来的安全应急管理、监督考核管理、人力资源管理等方面将全面智慧化。因此，各高职院校应明确两个方面的内容：一是要将现代信息网络技术的应用能力与智慧旅游的应用前景，尤其是自媒体平台建设与应用能力，全面融合到景区开发与管理专业的课程体系当中去；二是要将传统景区专业基础课程、专业核心课程等进行信息化或智慧化改造，如传统的《景点导游》等课程应增加语音导览系统的设计与制作等内容。

（二）旅游高职教育发展的新形势

在国内旅游景区快速发展并全面转型升级的同时，国内旅游高职教育的发展也呈现出高速发展并快速转型的新特征。因此，各开办景区开发与管理专业的高职院校也将同步面临旅游高职教育发展的新形势，即未来必须处理好以下四大关系，才能进一步促进景区开发与管理专业的发展壮大。

1. 线上教学与线下教学的关系

随着各级教育主管部门对信息化教学的不断重视并全力推进，国内高职教育已经全面进入“互联网 + 教学”的新时代，各级精品在线开放课程、慕课乃至专业教学资源库建设将全面推进。但是，全面信息化教学改革创新并不代表取消线下教学，恰恰相反，如何实现线上教学与线下教学的有机融合与设计，才是未来高等职业教育的关键。因此，各高职院校应明确两个方面的内容：一是要紧跟高职教育信息化改革的步伐，全面推进专业课程的信息化改革创新，逐步推进专业核心课程、专业基础课程以及部分专业选修课程的信息化建设，积极参与信息化技能大赛，加快编著新形态教材，更新景区专业课程标准体系；二是要加强校际合作与创新，联合推进景区专业基础课程、专业核心课程的信息化建设，协同促进景区专业教学资源库的建设，实现信息化建设的共建共享。

2. 地方传承与国际视野的关系

与酒店管理、导游或旅行社等旅游类专业相比，景区开发与管理专业的本土性受景区的自然生态环境与地方风土人情双重影响而更加突出。但是在快速全球化发展过程中，酒店管理、会展、烹饪、导游等相关专业的国际化发展程度要远远高于景区开发与管理专业，而随着我国综合影响力的不断提升，国际化发展也是旅游景区的必然之路。因此，各高职院校应明确两个方面的内容：一是景区开发与管理专业的学生必须掌握各高职院校所在区域乃至我国的地方民俗风情与自然地理特征，加强与地方社区的研究学习，以便于培养出来的景区专业毕业生在景区开发与管理过程中能更好地突出地格与人格；二是景区开发与管理专业的学生还应适当学习国外公益型景区或主题公园、国家公园的经营管理、活动策划等方面的能力，以及积极学习国外景区开发与管理过程中的先进理念与做法。

3. 标准体系与创新特色的关系

“十三五”期间，国内旅游高职教育将全面完成各个专业教学标准的制定，后续将逐步完成各个专业的课程标准体系、实习实践标准体系、实验实训设施标准体系等标准的建设，逐步推进各个专业的标准化建设。但是，标准体系的建设、应用与推广，并不意味着排斥各个高职院校在专业建设过程中不要创新、不要个性与特色。因此，各个高职院校应明确两个方面的内容：一是各个高职院校要积极参与景区开发与管理专业各个标准的研制，并做好相关标准的宣贯与使用，以夯实专业发展的基础；二是各个高职院校可结合自身优势与校企合作单位的特色，做深做透个性化、特色化的文章，如专门针对某类旅游景区进行人才培养。

4. 专业技能与综合素养的关系

各个专业学生专业技能的培养必然是高职教育发展的根本性要求。但是，随着国内旅游景区发展的日益多元化、综合化，各高职院校更应注重专业学生综合素养的培养，即真正实现德智体美劳的全面发展。因此，各高职院校应明确两个方面的内容：一是根据部分景区行业企业就业环境及岗位的特殊性，应加强学生综合素养的培养，尤其是针对其审美鉴赏、身体素质、职业态度、辛勤工作等方面能力的培养；二是根据部分景区行业企业的岗位群及其特色，充分发挥专业集聚优势，重点培养专业学生 1~2 个岗位群的专业技能。

五、景区开发与管理专业发展对策与建议

在国内旅游景区行业企业大发展、转型发展的特殊时期，各高职院校应全面加强并重视景区开发与管理专业的发展、壮大，具体建议从以下五个方面入手。

（一）加强招生宣传，破解发展瓶颈

一是应加强人才需求调研与预测，实现各高职院校专业人才培养方向或岗位群的精准化。各高职院校要充分依托所在地区教育、文旅等主管部门的资源与平台，加强对区域景区行业企业人才需求的调研与预测，重点应结合区域景区类型特征及其岗位缺口特征进行专业发展方向或学生岗位群设定。各高职院校应依托全国旅游职业教育教学指导委员会景区专业委员会的平台作用，加强沟通与协作，定期发布全国景区行业企业人才需求调研与预测报告，以指导各高职院校景区开发与管理专业互补、协调发展。

二是应不断丰富生源类型，加强景区开发与管理专业不同生源的储备。景区开发与管理专业应有效借鉴酒店管理、导游、烹饪等相关专业大力开展“3+2”“2+3”等中高职衔接的经验，积极拓展视野，主动对接与景区类紧密相关的中职院校，加强生源储备。如浙江旅游职业学院通过与农艺类中职专业的合作，实行“3+2”的中高职衔接教育。因此，各高职院校可根据本校景区开发与管理专业的办学方向或岗位群特征，与农艺类、旅游类、烹饪类、商贸类等中职专业的合作。

三是强化专业招生宣传途径与效果，提升专业社会知名度与认可度。各高职院校应在校级层面统筹招生的基础上，充分发挥二级院系或专业师生的力量，全面调动其招生宣传的主观能动性，加强招生宣传，创新招生宣传渠道，尤其是应充分利用景区开发与管理专业教师能充分服务行业企业与社会的有利契机，提升景区开发与管理专业的知名度与认可度。

（二）加强专业建设，提升培养质量

一是应完成基于专业教学标准的专业诊断。各开办或准备开办景区开发与管理专业的高职院校，应充分利用教育部《高等职业学校景区开发与管理专业教学标准》，对办学条件、人才培养规格、课程体系设计、实践实训教学、师资力量配备、校企合作、教学资源等方面进行系统诊断，提出未来专业实现标准化建设的路径与举措。

二是依托优质高职院校合力共建共享景区开发与管理专业教学资源库。专业教学资源库是教育部、财政部共同推进国内高等职业教育的重大举措。鉴于目前国内景区开发与管理专业办学规模或力量相对有限的现实，各高职院校可依托国家示范性骨干高职院校——浙江旅游职业学院景区开发与管理专业的办学力量与规模，协同或合力共建共享景区开发与管理专业教学资源库。

三是积极鼓励景区开发与管理专业学生开展创新创业。鉴于我国景区行业企业发展的特殊性，尤其是随着国家“大众创新，万众创业”以及乡村振兴战略的实施，各高职院校可结合本校实际，充分依托校企合作单位的资源优势，尤其是休闲农业类景区、产业小镇

类景区、乡村休闲类景区等，积极鼓励景区开发与管理专业毕业生开展“创新创业”，实现与其他旅游类专业学生不一样的卓越发展路径。

（三）加强校企合作，实现协同创新

一是景区专业师生与景区员工的身份协同。在既有景区专业学生与景区企业实习生的身份协同基础上，应逐步实现景区专业教师与景区企业管理人员、景区企业管理人员或岗位能手与景区专业兼职教师或行业导师（师傅）、景区企业工作人员与景区专业培训生等身份的协同，真正实现各高职院校的教学资源与景区行业企业的培训资源共建共享、协同创新。

二是景区专业教学与景区运营的标准协同。各高职院校景区开发与管理专业在教育部《高等职业学校景区开发与管理专业教学标准》的基础之上，应结合院校自身特点与实际，与区域内等级高、规模大、声誉好、责任感强的旅游景区企业开展深度合作，主动对接深度合作企业的运营管理特征与岗位群需求，设计相互匹配的专业选修课程乃至核心课程标准体系，实现专业教学课程标准与企业运营管理标准的协同创新。

三是景区专业科研与景区研发的创新协同。各高职院校景区开发与管理专业师生应充分利用自身的科研攻关能力，结合旅游景区行业企业实际，设计或申报各类科研课题项目或企业应用项目。如浙江旅游职业学院与其深度合作企业——宋城演艺，不仅针对景区行业人力资源流动性过高的原因联合开展课题研究，而且还定期互相委托应用性研究课题。

四是景区专业诊改与景区产品的质量协同。各高职院校应依托旅游景区行业企业的力量，建立一支行业兼职教师或办学质量诊断队伍，可介入景区开发与管理专业人才需求调研与预测、人才培养方案修订、课程标准修订、课程过程性考核、实践实训实习考核、毕业设计或论文考核等各个环节；旅游景区企业可邀请高职院校景区开发与管理专业师生成为其产品质量监督或暗访的专家组成员，对景区游客满意度等进行调查与评价。

（四）加强队伍建设，建设教学团队

一是依托优质高职院校持续举办师资培训班或专题研讨班。近年来，全国旅游职业教育教学指导委员会与中国旅游协会旅游教育分会主办了多期师资培训班或专题研讨班，但针对景区开发与管理专业（方向）的并不多。未来全国旅游职业教育教学指导委员会、中国旅游协会旅游教育分会等充分借助优质高职院校或全国旅游职业教育教学指导委员会景区专业委员会举办景区开发与管理专业（方向）的师资培训班或专题研讨班，内容可包括但不限于专业建设与教学改革创新、校企合作与产教融合、旅游景区建设与开发、旅游景区标准体系、旅游景区专业学生培养、旅游景区员工能力再提升等方面。

二是引导相关院校专业加强人才引进与培养力度。国家文化和旅游部及各省、市、自治区的文化和旅游主管部门、教育主管部门应积极鼓励各高职院校开办景区开发与管理专业并积极引进旅游类、地理类、管理类、经济类、设计类等专业人才，并加强对专业教师的培养力度，建立有效的“内培外引”制度。积极鼓励高职院校景区开发与管理专业引进知名旅游景区行业企业的高级管理人员成为全职或专职教师，并在职称评定过程中给予倾斜。

三是设置结对共进计划。鉴于各高职院校景区开发与管理专业师资团队力量发展不平衡现象，可依托全国旅游职业教育教学指导委员会通过课题联合申报等形式设置院校教师结对共进计划，如联合编写新形态教材、联合申报职业教育改革课题、联合开展万名旅游英才计划等。

（五）加强对口协作，促进共同发展

一是建立高职院校对口协作机制。应积极响应国家“一带一路”倡议或国家扶贫对口支援机制，全面加强东、中、西部开办景区开发与管理专业的校际对口协作，积极鼓励东部或优势高职院校全面支持中西部或办学力量相对较弱的高职院校，如旅游“五星联盟院校”或优质高职校与已开办景区开发与管理专业的非旅游类高职院校进行“一对一”对口协作。

二是建立课程与学分互认转换机制。目前，南京旅游职业学院、浙江旅游职业学院、郑州旅游职业学院、太原旅游职业学院等已经部分建立了课程与学分的互认转换机制。因此，各开办景区开发与管理专业的高职院校亦可优先实行专业课程及学分的互认转换机制，以促进优势课程的共享，加强专业学生的交流。

三是建立科研与社会服务共同推进机制。各开办景区开发与管理专业的高职院校应充分利用各类科研平台，联合推进旅游景区行业所面临的共同难题或重大社会服务项目，如景区行业企业的人才稳定性问题、景区行业企业的转型升级问题、跨行政区旅游景区或旅游目的地的开发建设与运营管理问题、“一带一路”沿线旅游景区的可持续发展问题或规划课题。

四是建立资源与信息共享机制。各开办景区开发与管理专业的高职院校可通过共建共享专业教学资源库实现课程资源的共享，可通过举办各类专题研讨班或培训班等形式实现优质校企合作基地的共享，可通过共建共享企业实践实训基地实现实践实训设施的共享。

（本报告由高职景区开发与管理专业委员会课题组完成，课题组负责人：王昆欣；执笔人：郎富平、顾雅青）

中国旅游中等职业教育旅游服务与管理专业发展研究报告

我国的旅游中等职业教育伴随着改革开放的浪潮起步，距今已有近40年的历史。旅游服务与管理专业自2000年开设至今，从无到有，从小到大，招生规模日益壮大，目前已成长为中职旅游教育界的第一大专业。本报告将以客观的数据，严谨的研究态度，从专业建设发展回顾、专业发展现状、问题与改进、面临的新形势与未来展望几个方面系统地梳理中等职业教育旅游服务与管理专业的发展状况。

一、旅游服务与管理专业建设回顾

（一）缘起与发展变迁

1978年，随着我国旅游业的初步形成，以南京旅游学校、四川省旅游学校为代表的旅游中等职业教育开始出现。

由于全国各地旅游业发展人才需求侧重不同，专业划分在全国各地并不统一。以四川省旅游学校为例，1979年建校起，专业主要是饭店服务与管理专业和烹饪专业，没有独立的旅游服务与管理专业。1985年开始招收导游专业，而在办学中首次出现“旅游专业”是在1993年——“成都市教委批复四川省旅游学校举办高中起点成人中专班，开设旅游专业，学制一年”。由此可见，当时旅游专业是属地管理，由市教育局审批确认。还没有“旅游服务与管理专业”，仅“旅游专业”。

1993年,《中华人民共和国普通中等专业学校专业目录》设有旅游专业。直到2000年，教育部发布中等职业学校专业目录，出现了旅游服务与管理专业（代码0916），包括外语导游、中文导游、森林生态旅游、旅游景区服务与管理四个方向。

全国的中等职业专业目录中，在2008年以前的“旅游服务与管理专业”，有的学校定位为“酒店（饭店）管理专业”，有的学校定位为“导游专业”。教育部2008年6月组织讨论旅游专业目录后，“旅游服务与管理专业”与“酒店服务与管理专业”开始分离了（这是对旅游专业类学校定的）。但非旅游专业类学校由于师资、招生等办学能力水平方面的原因，则还是统称为“旅游服务与管理专业”。

2010年，为了推动中等职业教育改革创新，更好地支撑产业建设，服务经济社会发展，促进中等职业教育专业的设置与职业岗位需求相吻合，指导中等职业学校科学合理地设置专业，教育部组织力量对《中等职业学校专业目录（2000版本）》进行了修订。新《中等职业学校专业目录（2010年修订）》中，旅游服务与管理专业代码由“0916”变更为“130200”。

据文化和旅游部发布的《2017 全国旅游教育培训统计数据》显示，2017 年全国旅游类中职专业共招生 10.2 万人。旅游服务与管理专业全国共招生 4.7 万人。占旅游类中职总人数的 46%，排名第一。超过高星级饭店运营与管理、导游、旅游外语、会展服务与其他专业。旅游服务与管理专业是名副其实第一专业。

（二）全国旅游职业教育教学指导委员会专业委员会成立推动专业新发展

2017 年 8 月 3 日，全国旅游职业教育教学指导委员会在苏州召开会议，发布《关于第一届全国旅游职业教育教学指导委员会专业委员会正式成立的通知》(〔2017〕14 号)。文件根据教育部、国家旅游局相关文件精神，为推动旅游职业教育改革创新，进一步提高旅游人才的培养质量，强化专家组织在旅游类专业建设中的作用，促进中国旅游职业教育发展，全国旅游职业教育教学指导委员会于 2015 年 5 月—2017 年 7 月启动了 5 个中职类专业委员会、7 个高职类专业委员会的筹建工作和完善工作。经国家旅游局人事司审核、教育部行指委办公室备案，第一届全国旅游职业教育教学指导委员会中职类旅游服务与管理专业委员会正式成立。

根据《全国旅游职业教育教学指导委员会专业委员会章程（试行）》的文件精神，为了更好地开展旅游服务与管理专业委员会的各项工作，尽快搭建起旅游服务与管理专委会成员交流平台与工作机制，发挥专委会作用，在全国旅游职业教育教学指导委员会指导下，旅游服务与管理专委会在初建第一年。按照教育部《关于做好〈中等职业学校专业目录〉修订有关工作的通知》（教职成司函〔2016〕142 号）文件精神，承担了旅游类专业设置进行优化调整的工作。并于 2017 年 12 月、2018 年 4 月分别在成都、宁波召开两次专委会会议。讨论旅游类专业调整目录修订的调研报告、新增专业的论证报告、保留专业和新增专业的培养方案。并且就旅游服务与管理专业从教学改革、中高职衔接、师资培养、产教融合等内容进行了专题研究和探讨。

二、旅游服务与管理专业发展状况

（一）招生、就业与在校生情况

根据原国家旅游局人事司统计资料，即 2011—2017 年发布的《全国旅游教育培训统计》显示，旅游服务与管理专业的相关数据统计见表 1。

表 1　2011—2017 年旅游服务与管理专业学生招生、毕业生、在校生及其占旅游类学生的总比

年份	招生数（占总数比）	毕业生数（占总数比）	在校生数（占总数比）
2011	—	4.12（26%）	11.65（24%）
2012	—	4.15（25%）	12.12（24%）
2013	5.13（44%）	4.59（44%）	11.85（43%）
2014	4.99（40%）	4.71（43%）	—
2015	4（43%）	3.6（41%）	9.7（43%）

续表

年份	招生数（占总数比）	毕业生数（占总数比）	在校生数（占总数比）
2016	4.6（44%）	3.4（43%）	10.6（47%）
2017	4.7（46%）	—	—

以上数据显示：近七年来，旅游服务与管理专业招生数、毕业生数、在校生总数逐年变化增长有减少，但是量不大；七年来三项指标的整体趋势是专业人数在减少；但是，旅游服务与管理专业在旅游类专业中，招生数、毕业生、在校生占比呈增长趋势，特别是2013年以后，每年几乎增长20%左右；旅游服务与管理专业在旅游类专业中，七年来一直最高，排位第一。

本专业招生规模较大的主要原因是旅游服务与管理专业包容度较高。《中等职业学校专业目录（2000版本）》中，旅游服务与管理专业包括外语导游、中文导游、森林生态旅游、旅游景区服务与管理四个方向。《中等职业学校专业目录（2010年修订）》中，旅游服务与管理专业才偏向旅行社，但是也包括旅行社导游、旅行社计调、旅行社外联三个方向。

（二）专业人才培养目标

目前，旅游服务与管理专业培养目标日益明确，旅游服务与管理专业人才培养目标突出职业性、行业性和区域性特点，校企合作、工学结合的人才培养模式呈现多样性和灵活性。

在目标定位上，大部分学校主动适应旅游服务与管理专业教学标准要求，以“立德树人，面向旅行社、旅游景区、展览场馆、文博院馆、旅游信息咨询中心等行业企业，培养从事旅行社及其他旅游企业服务工作，德智体美全面发展的高素质劳动者和技能型人才”作为专业培养目标。

（三）工学结合和校企合作

工学结合日益丰富多样。旅游服务与管理专业工学结合的人才培养模式成为改革活跃区，四川省旅游学校以“产教深度融合，校企纵横合作，以大师引领、文化浸润、服务社会”的人才培养模式，广东省旅游职业技术学校推行的“岗学对接，四级递进”旅游人才培养模式，陕西省旅游学校探索的“冠名班”订单培养新模式，此外，山东、浙江、江苏等旅游职业教育发达的省份职业学校组建了旅游职业教育集团，为探索“集团化办学”人才培养模式，积累了可供复制移植的办学经验。

校企合作逐渐深入。一是校企双赢成效显著，学校根据企业需求培养实用型人才，按企业对人才标准的需求，调整人才培养方案，企业获得满足岗位要求、忠于企业的高技能人才并进行有效的人才储备。二是校企合作形式多样，成立教学指导委员会、企业建立实习基地、校内实训场所建设、校企联合开展项目研究、校企联合办赛、校企联姻办学堂（企业课堂）、为旅游企业开展各种层次的职业培训、为旅游企业进行“订单式”人才培养等。三是机制化运作趋势明显，部分学校成立专门机构并指定专人来负责校企合作，致力于建立校企合作长效机制。

（四）课程设置、教学实训以及教学资源建设

在调研中，各中职学校相关专业课程的设置和教学计划的安排，并没有太大的区别，特别是 2014 年教育部新颁布《中等职业学校专业教学标准（试行）》后，大部分学校基本按照《旅游服务与管理专业教学标准》执行。只是各校专业教学设施设备配置差异较大，"产教学用" 一体化实训基地建设地域差异较大。

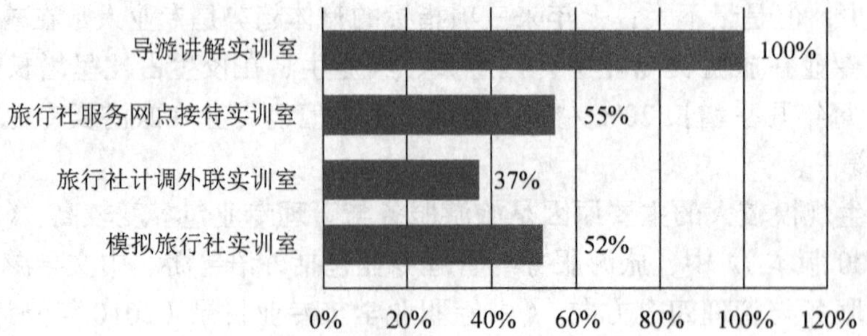

图 1　2017 年中职学校旅游服务与管理专业实训室开设情况

在对旅游类学校的调查中，数据还比较乐观。但是综合类中等职业学校差异较大。全国调研的综合数据显示：旅游服务与管理专业实训室分为四大块，包括导游讲解实训室、旅行社服务网点接待实训室、模拟旅行社实训室、旅行社计调外联实训室。从调研结果看，目前中职学校旅游服务与管理专业开设导游讲解实训室的达到了 100%，旅行社服务网点接待实训室占 55%，旅行社计调外联实训室占 37%，模拟旅行社实训室占 52%。需要说明的是：中职学校虽然都有不同规格的专业实训室，但大部分设施配套不齐，功能较为单一，"产教学用" 还未完全实现融合，专业化程度并不高。

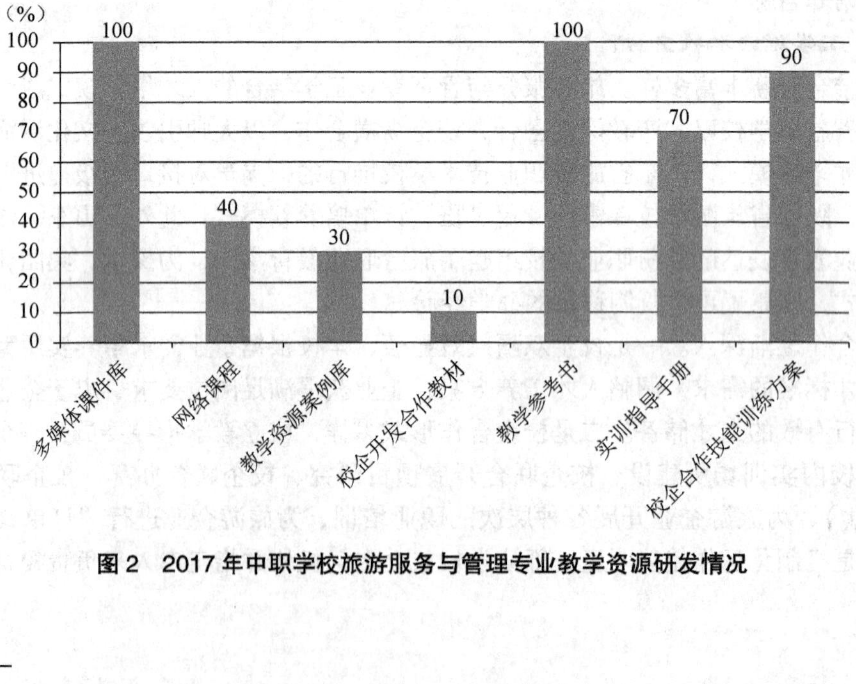

图 2　2017 年中职学校旅游服务与管理专业教学资源研发情况

课堂教学和专业实训的有效实施必须依赖教学资源的研发和配套。目前大多数职业学校都进行了相应的教学资源研发。特别是旅游类学校，在教学资源库开发中参与教育部各种课题项目出了不少成果。还有不少学校开发了省级、校级资源库。调研结果显示，目前教学资源项目研发较多的是多媒体课件库、教学参考书、校企合作技能训练方案和实训指导手册，而网络课程、教学资源案例库和真正意义上的校企合作开发教材分别只占 40%、30% 和 10%。

（五）学生考取各类资格证书情况

2016 年以前，学生多证书考证情况：普通话等级证书、计算机等级证书、英语等级证书的考取率较高。导游资格证书、展览讲解员证书、旅游计调师职业资格证书比例偏低。如图 3 所示。

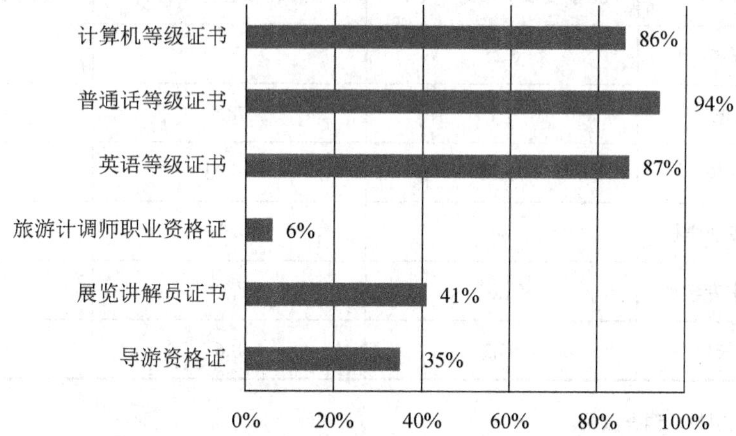

图 3　2016 中职学校旅游服务与管理专业学生考证情况

2017年9月15日，人力资源和社会保障部印发《关于公布国家职业资格目录的通知》，公布国家职业资格目录。取消了讲解员等旅游类职业资格证书。

导游资格证是唯一保留的资格证书。但是报名学历设定为中职或高中毕业，并需要复核毕业证原件，并有年龄限制即年满 18 周岁才能颁证。这造成大量在校中职生参加导游资格考试受阻。导游资格证考试在 2016 年开始由地方旅发委出题变为国家旅游局统考，考取难度增加。

旅游计调师证书还未完全纳入国家职业技能鉴定工种，需要行业的认可且收费亟待规范。

所以，本专业建设急需开发与就业岗位相对对应的职业技能认证体系，让中职生在毕业时至少拥有一种对应岗位的基础职业证书。

（六）企业和毕业生对专业培养的评价情况

多数用人企业在对本专业毕业生的优点归纳主要是专业知识比较扎实、形象较好、服从意识较强、注重礼节礼貌。缺点则集中在缺乏吃苦耐劳精神及抗挫折能力、职业规划模糊、缺乏实践经验和责任心。毕业生对自身在学习期间各项能力和素质提高程度的自我评价，满意度排序依次是职业道德、职业技能、专业知识和身体素质。不太理想的是就业创业能力和创新精神。

毕业生在旅游行业就业停留时间在 3 个月内的占 93%，半年的占 85%，1 年以内占 67%。主要原因是旅游产业飞速发展，旅游产业从业人员流动性较大，加上旅游行业强调实践和操作能力的特点，还没有形成较为成熟的从业人员职业升迁途径。

（七）师资队伍情况

课题组抽样选取了几所中等职业学校的旅游服务与管理专业，通过调查师资队伍年龄、职称结构、学历达标三项指标（见表 2、表 3、表 4），统计分析如下。

表 2　2017 年部分中职师资队伍年龄构成

学校名称	35岁及以下占比（%）	36~45岁占比（%）	46岁以上占比（%）
石家庄旅游学校	6.25	75	12.5
湖北省旅游学校	7.1	78.5	14.2
广东省旅游学校	19.23	76.92	3.84
江苏省沛县中等专业学校	80	20	0
四川省宣汉职业中专学校	91.67	8.33	
宁夏旅游学校	91.3	8.6	0

资料来源：课题组抽样调查数据。

表 3　2017 年部分中职专任教师职称构成

学校名称	高级职称占比（%）	中级职称占比（%）	初级职称占比（%）
石家庄旅游学校	26.6	66.7	6.7
湖北省旅游学校	15	55	25
广东省旅游学校	19	69	12
江苏省沛县中等专业学校	80	10	10
四川省宣汉职业中专学校	8.3	75.1	8.3
宁夏旅游学校	1	1	52

资料来源：课题组抽样调查数据。

表 4 2017 年部分中职师资队伍学历构成

学校名称	硕士及以上占比（%）	学士占比（%）	其他（%）
石家庄旅游学校	6.25	81.25	12.5
湖北省旅游学校	19.04	59.52	28.57
广东省旅游学校	48.27	48.27	3.44
江苏省沛县中等专业学校	50	40	10
四川省宣汉职业中专学校	8.33	83.33	8.33
宁夏旅游学校	34.78	65.21	

资料来源：课题组抽样调查数据。

调研结果显示，近年来旅游服务与管理专业师资队伍构建趋于年轻化，专任教师职称结构逐步优化，师资队伍学历结构明显改善。存在问题：（1）专业课和实习指导教师数量不足，中职学校教师人员不稳定，流失现象严重。特别是职业高中，专业课教师仅占其专任教师总数的 45.5%，实习指导教师 2.6%；（2）现有教师的学历达标率较低，“双师型”教师所占比例低，特别是职业高中和职工学校，据统计，职业高中专任教师中具有大学本科以上学历者仅占 31%，职工学校占 37.4%。（3）大部分青年教师缺乏专业时间经验和必需的专业技能以及职业教育教学理论；（4）教师队伍的结构不合理，除专业结构和年龄结构外，兼职教师占比例较小，只占 6%；（5）缺少骨干教师和专业带头人。

三、旅游服务与管理专业建设存在的问题及对策

（一）专业建设水平存在地区差异

主要表现在中、东部经济发达地区比西部地区专业建设水平高。主要表现在对 2014 年教育部颁布的《旅游服务与管理专业教学标准》的贯彻落实中、东部经济发达地区比西部实施得较好；在全国旅游类大赛中，中东部经济发达地区获得奖项和获奖名次远远胜于西部地区。专门类旅游中职学校旅游服务与管理专业比综合类中职学校的旅游服务与管理专业建设水平高；省级、地级中职学校的旅游服务与管理专业比县级中职的旅游服务与管理专业建设水平高。专业建设水平包括教学质量、校企合作、师资水平、实训设施设备、招生就业等要素评比。

教育主管部门要在中等职业教育均衡上给予政策和经费支持。加大对基层职业教育中心的投入和扶持，改进实训设置设备，培养“双师型”师资队伍建设，也可以经济发达地区的职业学校对西部地区的职业学校采取“对口帮扶”，在这方面，全国旅游职业教育教学指导委员会、旅游服务与管理专委会可以在其中做不少工作。

（二）课程体系设置存在偏颇

近年来，各学校加强了对专业技能及专业基础知识的相关课程改革，但对学生提升德智体美劳等综合素质的课程关注不够。在新的发展形势下，对跨界融合特色人才的需求更

高，未来中职旅游职业教育面对的不仅是岗位，更是岗位群，是不断变化的任务链，这就对学生的综合素质提出更高要求。

在今后的课程内容中，应加强社会主义核心价值观教育，加强理想信念教育，加强劳动教育，推进企业文化与学校文化深度融合，着力培养学生敬业守信、精益求精、勤勉尽责的“工匠精神”，培养学生的创新精神和实践能力，培养学生不断学习的能力，全面提高学生综合素质，努力培养德智体美劳全面发展的社会主义建设者和接班人。

（三）教育教学与企业需求对接存在疏漏

旅游服务与管理专业课程教学内容与工作内容的结合、课程标准与旅游企业标准的结合、旅游实训环境与生产环境的结合等仍然不足，需进一步完善体现区域特色、旅游行业特色的教学模式；进一步优化课程体系，重构课程内容，提高课程资源开发，加强校本教材开发，进一步推进网络课程的建设，教学资源案例库的建设；需进一步深化教学模式改革，在转变教学主体，改变教学环境，多样化教学方法上下功夫；逐步建立和完善以旅游行业、旅游企业为主导的人才培养质量多元评价机制。

（四）旅游产业合作的广度和深度存在不足

彻底改变企业仅仅将校企合作作为缓解企业劳动力的主要目的这一根本现象，需进一步拓宽与旅游产业融合的深度，增大整合资源的力度。校企长效合作机制特别是旅游企业投入机制还需要进一步探索实践，在调动企业参与的主动性、积极性，在职业教育与旅游产业统筹融合，校企协同、实践育人的人才培养模式，课程内容对接职业标准，教学过程融入生产过程，激励保障制度的系统性等方面仍需做进一步研究。在校企共建校内外实训实习基地方面，合作需进一步加强。

（五）专业信息化建设存在困难

目前，全国的旅游服务与管理专业在信息化建设方面成果较少。今后需加强本专业数字化管理平台的开发与运用，促进信息技术与旅游教育教学深度融合，加强网络课程及教学资源案例库的建设，推广虚拟仿真与增强现实等技术与实践教学融合，加强信息化培训，提升老师及学生运用信息化的能力。

（六）专业服务社会的能力存在差距

经课题组调研，全国只有四川省旅游学校、广东省旅游职业技术学校、沈阳市旅游学校、海南省旅游学校等极少数学校的旅游服务与管理专业积极参与服务社会、服务产业，如参加到产业规划、培训。不少学校的专业含金量不高，系统性不强，与旅游区域经济和社会发展的要求还有一定差距，服务的广度和深度均有待进一步加强。

四、旅游服务与管理专业建设面临的新形势

（一）旅游业创新发展引发发展新挑战

从全球范围来看，2017 年全球旅游业增长速度已连续第七年超过经济增长速度，是近年旅游业发展最好的一年。其中，中国旅游业综合贡献 8.77 万亿元，对国民经济贡献

达11.04%，对社会综合贡献达10.28%[①]。全球头部企业财务表现乐观，盈利能力增强。旅游管理部门从顶层设计发力，引导行业整体向规范化、品质化、标准化发展，逐步建立了“良驱劣”的正向淘汰机制。在国家持续开放的基调下，旅游业的政策供给与监管体系不断完善。2017年，国家再次修订《旅行社条例》，施行《导游管理办法》，上线全国旅游监管服务平台，持续整顿市场秩序，推动旅游违法入刑，倡导游客文明出游，以市场导向与法治精神，推动新时代旅游业创新发展。

（二）旅游市场结构调整催生发展新方向

市场结构方面正在升级调整，休闲度假比重提升，假日市场增长较快。细分市场的吸引力凸显，如避暑旅游、冰雪旅游、体育旅游、家庭旅游、极地旅游等正成为新的增长点。大众旅游时代的到来伴随着小众市场的崛起，并有可能在细分市场上实现大众市场上难以培育起的顾客黏性与忠诚。市场需求正呈现出日益复杂的分层状态，且未来消费诉求将更倾向于优质的内容与精神满足。

（三）旅游经济发展新常态诱发发展新机遇

新常态下，社会供需矛盾的主要方面从需求侧转向供给侧，经济发展速度从高速转向中高速，经济发展动力从要素驱动、投资驱动转向创新驱动。作为社会生产力与人力资源的重要结合点，在新常态下面临着如何充分发挥人才培养、科学研究、社会服务和文化传承与创新等基本社会职能的新挑战，同时也给专业在创新才培养模式、管理运营方式等方面带来了新机遇。

（四）国家良好政策环境带来发展新契机

《国务院关于加快发展现代职业教育的决定》《现代职业教育体系建设规划（2014—2020年）》等国家加快发展现代职业教育的重大改革与战略部署，对专业建设的体制机制创新、教育教学改革、专业与课程建设、系统化人才培养、“双师”队伍建设、优化内部治理结构和提升社会服务能力等方面提出了高要求和新挑战，同时也为专业建设创新驱动发展等提供了政策支持和良好机遇。

五、未来展望

（一）实现产教深度融合，创新人才培养模式

以产教融合统领专业建设，全面实行校企协同育人。落实《国务院办公厅关于深化产教融合的若干意见》和《职业学校校企合作促进办法》要求，建立专业随产业发展的动态调整机制，推动专业建设与产业转型升级相适应；实施产教融合集团（联盟）建设，紧密对接产业链、创新链，推动专业集群式发展。

充分发挥企业重要主体作用，完善学校企业行业社会组织共同参与的专业建设指导机构，在专业设置、专业建设、质量评价等方面发挥重要指导作用。按照国家发布的专业教学标准，对接国际、国内先进行业企业技术标准、职业资格标准的相关内容，科学定位专业人才培养目标，校企共同制订人才培养方案，共同开发课程和教材、设计实施教学、开

① 资料来源：文化和旅游部官网。

展教学研究；共同开展技能竞赛、工匠精神培育、优秀企业文化传承等活动，把企业需求融入人才培养各个环节。

开展校企联合招生、联合培养的现代学徒制和企业新型学徒制，发挥学校和企业双主体作用。在积极推行产教融合、校企合作、工学结合、知行合一共同育人机制和创新人才培养模式方面取得新突破。

（二）深化课程教学改革，推进专业特色发展

根据目标职业岗位群能力需求，依照专业教学标准，对接最新职业标准、行业标准和岗位规范，创新人才培养模式，优化课程结构和内容，深化课程改革。按照真实环境和真学真做的要求开展教学活动，推行项目教学、情景教学、案例教学、工作过程导向教学等教学模式。

强化行业企业的指导和评价作用，吸收行业企业专家进入专业建设指导机构，参与专业建设、教师队伍建设和质量评价等。落实立德树人根本任务，全面提高学生社会责任感、创新精神和实践能力。推进企业文化、产业文化进校园、进课堂，实现职业技能和职业精神的高度融合，着力培养崇尚劳动、敬业守信、精益求精、敢于创新的工匠精神。

（三）打造特色师资队伍，构建“双师型”专业教学团队

以创新用人机制、优化队伍结构、提升整体素质为重点，加强教师队伍建设。创新人事分配制度，形成吸引人才、稳定队伍、激励上进的激励机制。充分利用灵活编制，引进有实践经验的行业专家、企业工程技术人员和社会能工巧匠等，改善队伍结构。

落实教师在职进修和企业实践制度，加强专业带头人、骨干教师和中青年校长培养，提高队伍整体水平。实现校企人员互聘共用、双向挂职锻炼，强化教师职业实践，提高“双师”素质的专业教师比例。

创新“双师型”教师队伍培养培训机制，建设一支师德高尚、结构合理、教学和科研能力强、整体素质高的一流教学团队。积极探索“双师型”教师培养模式，落实教师企业实践制度，校企共建“双师型”教师培养培训基地，校企人员互聘共用、双向挂职锻炼。积极探索在教职工总额中安排一定比例或者通过流动岗位等形式，用于面向社会和企业聘用经营管理人员、专业技术人员、高技能人才和能工巧匠等担任专兼职教师模式，聘用人员并享受相关待遇。足额配备专业课教师，提高具备“双师”素质的专业课教师比例。专业带头人理念新、创新意识强，精通本专业教学业务和专业核心技能，具有跟踪产业发展趋势、把握专业改革发展方向的能力。

加强“教练型”教学名师、专业带头人、中青年骨干教师培养。主动适应信息化、人工智能等新技术变革，广泛深入开展教师信息化教学能力提升培训，实现信息化教学普遍化和常态化。教师参与课程资源开发、教学改革实践、科研项目和竞赛活动等成绩显著。

（四）改善专业教学条件，大力提高信息化建设水平

提高实习实训基地装备水平，打造优质高效实训环境。建立与行业企业技术要求、工艺流程、管理规范、设备水平同步的实习实训装备标准体系。

完善实训基地功能，具备承担省级以上技能大赛和高水平职业技能鉴定任务的能力。深化“引企入教”改革，通过场地、设备租赁等方式，引企驻校、引校进企、校企一体，合作共建共享生产性实训基地。

加强虚拟仿真实训教学环境建设，推广数字化、虚拟仿真与增强现实等技术在实训设施设备中的应用，利用各种信息化手段缩小专业教学环境与企业工作环境之间的距离。积极发挥骨干示范带动作用，推动优质信息资源跨区域远程共享。

（五）完善质量评价体系，提升专业建设水平

创新教学质量评价制度，建立适应行业发展要求和学生持续发展需求的技术技能人才培养质量评价标准，把学生的职业道德、职业素养、技术技能水平、就业质量、创业能力和企业满意度等作为衡量专业教育教学质量的重要指标，建立毕业生质量跟踪调查机制。

开展专业教学诊断与改进工作，完善内部质量保证制度体系。建立社会第三方机构开展产教融合、校企协同育人绩效评价制度。专业人才培养质量不断提高，弘扬劳模精神和工匠精神教育活动取得明显成效，学生综合素质好，专业技能、职业素养、学习能力、创新能力得到充分发展，在各级各类比赛中成绩优异，毕业生就业质量高。积极拓展社会服务功能，服务能力明显增强，拥有优质社会声誉。

（六）加快推进国际化进程，加快高素质人才培养步伐

坚持扎根中国与融通中外相结合，配合国家“一带一路”倡议，主动服务“走出去”企业需求，培养具有国际视野、知晓国际规则的高素质技术技能人才。在专业标准、课程标准、教材建设、教师培训等领域开展国际交流合作，加快职业教育国际化进程。

（本报告由中职旅游服务与管理专业委员会课题组完成，课题组负责人：赵晓鸿；执笔人：马友惠、刘玲）

中国旅游中等职业教育高星级饭店运营与管理专业发展研究报告

高星级饭店运营与管理专业一直以来都是旅游中职教育领域的老牌专业，也是发展时间最久、成绩最突出的专业之一。多年来，本专业为我国酒店业输送了大量优秀的人才，为行业的发展进步做出了不可磨灭的重要贡献。本报告将着眼当下，通过回顾专业发展历史、剖析专业发展现状、分析成果与不足、展望专业发展未来，客观、翔实地展现旅游中职教育高星级饭店运营与管理专业的发展状况。

一、研究背景

20 世纪 70 年代末，随着改革开放和国内旅游行业的逐渐兴起，国内旅游人才短缺问题越来越突出，相关专业和学校的建设迫在眉睫。1978 年，全国第一所旅游学校——江苏省旅游学校在江苏宜兴建立，最早设有服务、驾驶、烹饪三个专业。1984 年，在江苏省旅游学校的基础上南京旅游学校成立，着力培养旅游宾馆的初、中级管理人员。另外，1986 年，金陵旅馆管理干部学院被立为国家重点建设项目，成为全国第一所培养旅游饭店业中高层管理人才的高校。2001 年，金陵旅馆管理干部学院与南京旅游学校合署办学。与此同时，在国家旅游局的大力扶持下，湖北省旅游学校（1979 年）、陕西省旅游学校（1987 年创建）、四川省旅游学校（1979 年创建）等一大批旅游学校如雨后春笋般涌现。

2000 年，饭店服务与管理专业首次出现在教育部发布的中等职业学校专业目录中，隶属商贸与旅游类。2010 年，教育部对目录进行了较大的修订，饭店服务与管理专业更名为酒店服务与管理，强调了专业服务就业、对接职业的本质以及终生学习与发展的特点，并对专业技能方向、对应职业及岗位、相关职业资格证书、对接高职及本科专业等问题进行了描述。2013 年 1 月，为推进中等职业学校专业建设和教学改革，提高学生职业技能水平和就业质量，教育部职业教育与成人教育司发布了《关于中等职业学校酒店服务与管理、中餐烹饪专业更名调整的通知》[①]，决定将中等职业学校“酒店服务与管理”专业更改为“高星级饭店运营与管理”专业。专业名称的几次变化反映了上层对专

① 《关于中等职业学校酒店服务与管理、中餐烹饪专业更名调整的通知》（教职成司函〔2013〕3 号）。

业定位、专业与行业就业等问题的思考走向纵深，自此，国家层面逐层推进，展开了对于专业教学标准、师资队伍建设、专业顶岗实习、校企合作等一系列具体问题的探索和规范。

专业教学标准是开展专业教学的基本文件，是明确培养目标和规格、组织实施教学、规范教学管理、加强专业建设、开发教材和学习资源的基本依据，是评估教育教学质量的主要标尺。2014 年，教育部办公厅发布首批《中等职业学校专业教学标准（试行）》目录的通知[①]，高星级饭店运营与管理专业教学标准公布施行，促进了专业教学科学化、标准化和规范化，有关专业教学标准的培训班在全国各地掀起了学习热潮。

师资队伍建设方面，为加快建设以就业为导向、强化技能型和实践性教学要求的教师队伍，促进职业教育改革与发展，《国务院关于大力发展职业教育的决定》[②]提出，“要建立职业教育教师到企业实践制度”。2006 年教育部出台《关于建立中等职业学校教师到企业实践制度的意见》[③]，要求中等职业学校专业课教师、实习指导教师每两年必须有两个月以上时间到企业或生产服务一线实践。2013 年 9 月，教育部制定了《中等职业学校教师专业标准（试行）》[④]，其中指出中等职业学校教师要“掌握系统的专业知识和专业技能，专业课教师和实习指导教师要具有企事业单位工作经历或实践经验并达到一定的职业技能水平”。2015 年 10 月，教育部发布的《职业学校教师企业实践规定（试行）》[⑤]提出“组织教师定期到企业实践”，国家对教师到企业实践的重视程度不断提高。另外，为保证职业院校教师素质提高计划顺利实施，根据《教育部 财政部关于实施职业院校教师素质提高计划的意见》[⑥]，制定了《职业院校教师素质提高计划中等职业学校专业骨干教师培训项目》《职业院校教师素质提高计划中等职业学校青年教师企业实践项目》《职业院校教师素质提高计划高等职业学校骨干教师培训项目》等三个项目的管理办法[⑦]，对教师培训的对象、内容、形式、培训和管理、经费管理、考核结业等问题给出明确的规定，注重教师培训的实效。

专业顶岗实习方面，2016 年 7 月，教育部办公厅公布首批《职业学校专业（类）顶岗实习标准》目录[⑧]，其中职业院校酒店管理专业顶岗实习标准作为本专业顶岗教学与管理的纲领性文件，解决了长期以来本专业顶岗目标与任务不清、内容与要求不明、考核与评价混乱等问题，是专业教学的重要组成部分和提高综合职业能力的重要环节。

---

① 《教育部办公厅关于公布首批关于〈中等职业学校专业教学标准（试行）〉目录的通知》（教职成厅函〔2014〕11 号）。

② 《关于大力发展职业教育的决定》（国发〔2005〕35 号）。

③ 《关于建立中等职业学校教师到企业实践制度的意见》（教职成〔2006〕11 号）。

④ 《教育部关于印发〈中等职业学校教师专业标准（试行）〉的通知》（教师〔2013〕12 号）。

⑤ 《教育部等七部门关于印发〈职业学校教师企业实践规定〉的通知》（教师〔2016〕3 号）。

⑥ 《教育部 财政部关于实施职业院校教师素质提高计划的意见》（教职成〔2011〕14 号）。

⑦ 《职业院校教师素质提高计划中等职业学校专业骨干教师培训项目管理办法》《职业院校教师素质提高计划中等职业学校青年教师企业实践项目管理办法》《职业院校教师素质提高计划高等职业学校骨干教师培训项目管理办法》（教师厅〔2013〕3 号）。

⑧ 教育部办公厅关于公布首批《职业学校专业（类）顶岗实习标准》目录的通知（教职成厅函〔2016〕29 号）。

校企合作方面，2014 年国务院颁发的《关于加快发展现代职业教育的决定》[①] 中指出，研究制定促进校企合作办学有关法规和激励政策。2016 年，中央深改组要求尽快印发有关校企合作促进的政策文件。2017 年年底，国办印发了《关于深化产教融合的若干意见》[②]，国家发改委、教育部等部门共同为深化产教融合提出具体举措。在以上文件共同推进下，研究制订并启动实施“十百千”产教融合行动计划，深化产教融合、校企合作，继续推进现代学徒制人才培养，进一步提升技术技能人才培养质量。

响应国家的政策和号召，2015 年，原国家旅游局与教育部联合出台了《关于加快发展现代旅游职业教育的指导意见》[③]，明确提出要“深化校企合作”，引导旅游企业充分发挥重要办学主体作用，积极推动校企联合招生、联合培养、一体化育人。《“十三五”旅游人才发展规划纲要》[④] 也明确提出要依托重点院校、龙头企业建设一批示范性旅游职业教育实习实训基地，培育一批示范性校企合作项目。全国旅游职业教育教学指导委员会 2018 年选择在广州围绕“旅游职业教育校企合作示范基地建设”举办产教对话活动，并积极参与教育部现代学徒制试点工作，指导广东省旅游职业技术学校和南沙大酒店联合开展现代学徒制试点，探索形成校企合作“六共模式”，即校企共需、契约共受、基地共建、机构共管、人才共育、利益共享。

以国家职业教育发展规划为指导，结合行业特征和专业教学实际，高星级饭店运营与管理专业步步紧随、合理论证、大胆尝试，积极探索专业发展与壮大的路径。

二、发展概况

（一）专业设置情况

除高星级饭店运营与管理专业外，各中职学校平均设置 2 个旅游类专业，如旅游服务与管理、高铁乘务礼仪、导游服务、旅游外语、高铁服务与管理、中餐烹饪、西餐烹饪、现代饮品等。

（二）招生就业态势

1. 招生情况

2014 年中职旅游管理类专业全国共招生 12.30 万人，毕业 10.88 万人，在校 31.87 万人。其中高星级饭店运营与管理专业全国共招生 3.16 万人，毕业 2.56 万人，在校 7.96 万人。2016 年高星级饭店运营与管理专业全国共招生 2.0 万人，毕业 1.7 万人，在校 5.4 万人。2017 年高星级饭店运营与管理专业全国共招生 2.2 万人。

调研结果与其基本一致，2017 年招生人数和在校生人数情况较 2016 年略有下降。2016 年，调研的 167 所中职学校高星级饭店运营与管理专业共招生 14 254 人，在校 34 885 人，实习 8123 人，升读高职 3138 人，毕业 12 154 人。2017 年，调研的 167 所中职学校高星级饭店运营与管理专业共招生 13 619 人，在校 36 584 人，实习 9032 人，升读高职

① 《关于加快发展现代职业教育的决定》（国发〔2014〕19 号）。
② 《关于深化产教融合的若干意见》（国办发〔2017〕95 号）。
③ 《关于加快发展现代旅游职业教育的指导意见》（旅发〔2015〕241 号）。
④ 《国家旅游局办公室关于印发“十三五”旅游人才发展规划纲要的通知》（旅办发〔2017〕177 号）。

3456人，毕业12 027人。

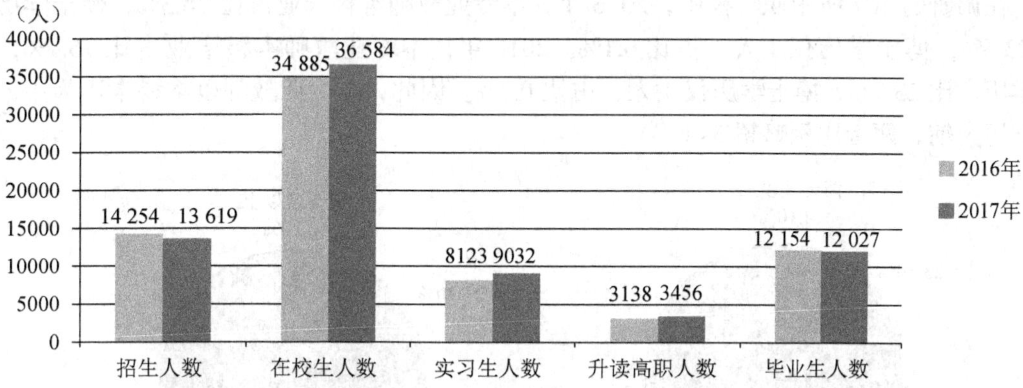

图1　2016—2017年全国中职高星级饭店运营与管理专业学生情况

2. 就业情况

2017年，在调研的167所中职学校中，高星级饭店运营与管理专业总体平均就业率为97%，行业内就业率为77%，海外就业率为0.5%。

（三）师资队伍建设

1. 专业教师构成情况

2016年，在调研的167所中职学校中，本专业共有教师2057人，其中专任专业教师1528人，占比74%；校外兼职教师529人，占比26%。2017年，在调研的167所中职学校中，本专业共有教师2050人，其中专任专业教师1483人，占比72%；校外兼职教师567人，占比28%。

2. 专业教师职称情况

在调研的167所中职学校中，2016年和2017年，本专业教师职称助理讲师、讲师和高级讲师的比率均为28%、47%、25%。呈现一个两头尖、中间大的纺锤形。

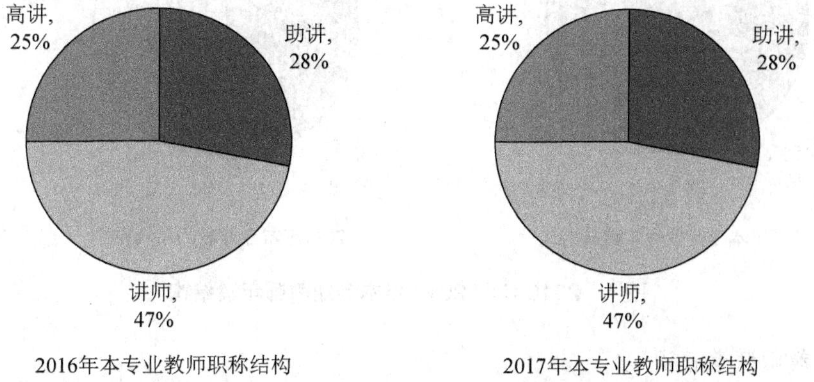

图2　2016年和2017年本专业教师职称结构

3. 专业教师学历情况

在调研的 167 所中职学校中，2016 年，本专业教师本科毕业占比 76.3%，硕士学历占比 23.6%，博士学历仅 1 人，占比 0.1%。2016 年，本专业教师本科毕业占比 76.1%，硕士学历占比 23.7%，博士学历仅 1 人，占比 0.2%。因此，本专业教师以本科学历为主，硕士学历为辅，两者比例略超 3∶1。

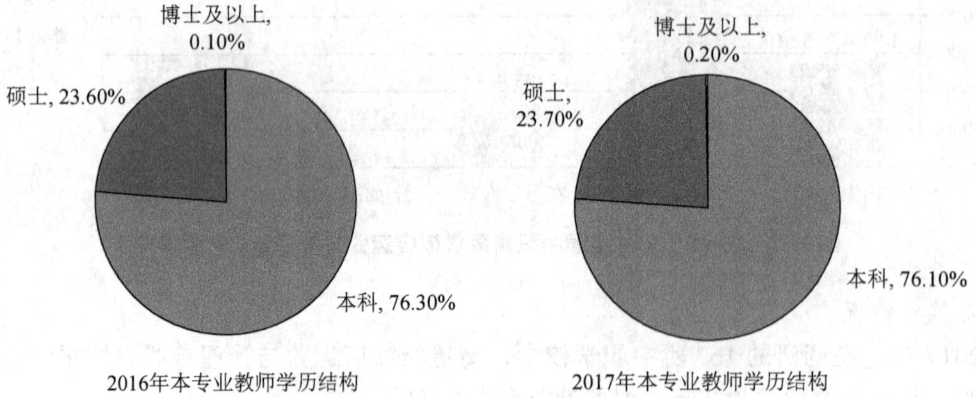

图 3　2016 年和 2017 年本专业教师学历结构

4. 专业教师年龄情况

在调研的 167 所中职学校中，2016 年，本专业教师中，35 岁及以下教师占比 40%，36~45 岁教师占比 40%，46~60 岁教师占比 20%。2017 年，本专业教师中，35 岁及以下教师占比 39%，36~45 岁教师占比 44%，46~60 岁教师占比 17%。

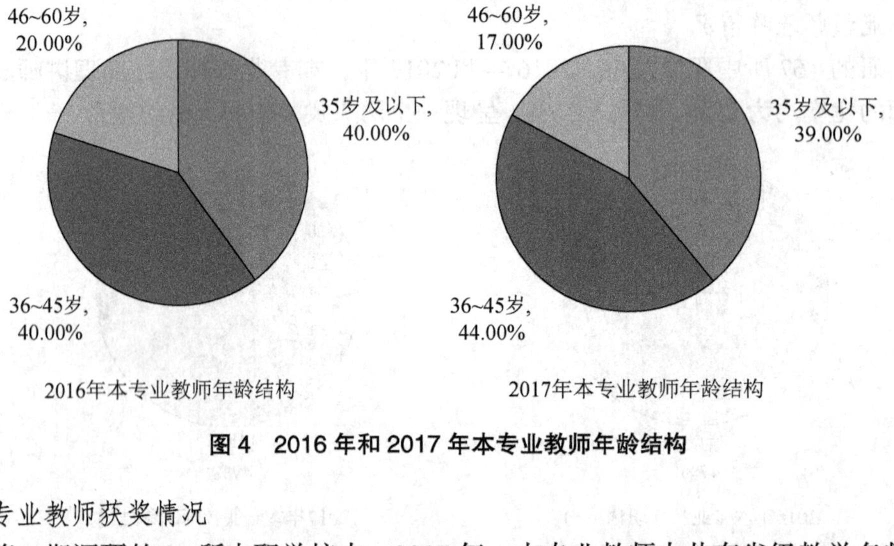

图 4　2016 年和 2017 年本专业教师年龄结构

5. 专业教师获奖情况

在第二期调研的 39 所中职学校中，2017 年，本专业教师中共有省级教学名师 24 名，分布在 14 所中职学校，每所学校有省级教学名师 1~3 名不等；获得省部级以上奖项 94 项，分布在 26 所中职学校，每所学校获得省部级以上奖项 1~10 项不等；共获得厅局级以上奖项62个，分布在15所学校，每所学校获得省部级以上奖项1~12项不等。由此可见，各个学校在培养教学名师、获得奖项方面存在较大差异。

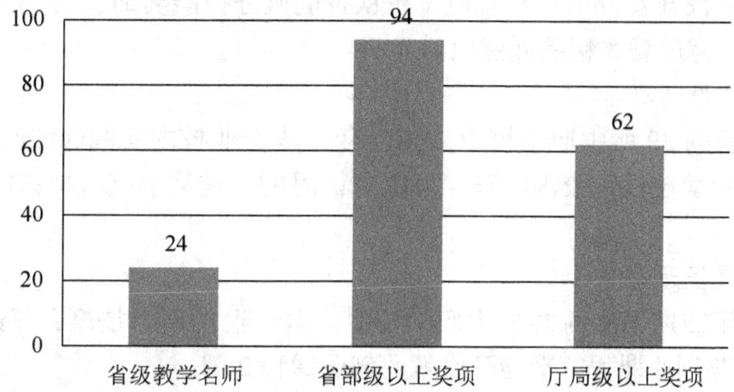

图5 2017年本专业教师获奖情况

6. 专业教师企业实践情况

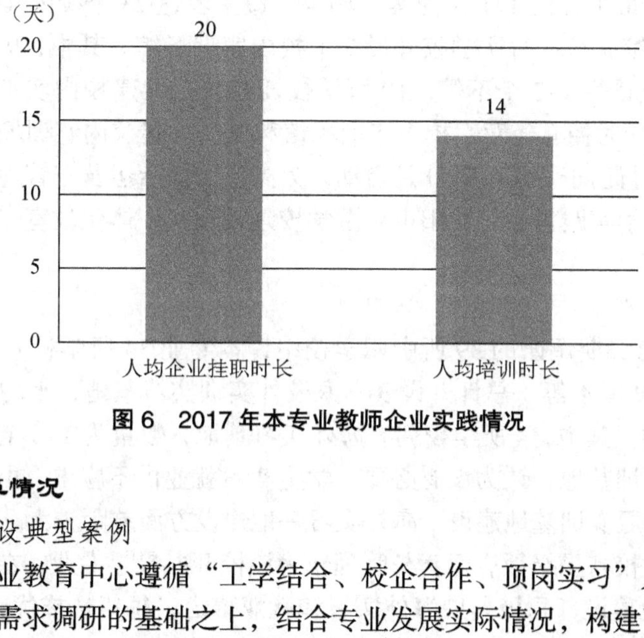

图6 2017年本专业教师企业实践情况

（四）课程改革情况

1. 课程体系建设典型案例

重庆市渝北职业教育中心遵循"工学结合、校企合作、顶岗实习"人才培养模式改革要求，在专业人才需求调研的基础之上，结合专业发展实际情况，构建了"两段三层"人才培养模式。即"以学生素质养成"为目标，以"校企合作、工学结合"为手段，实施"三层次"人才培养过程，实现学生向员工的过渡。

浙江省杭州某中职学校在现代学徒制背景下校企共建新洛桑课程，在"全真"实践教学环境中，通过"全程"师资共融，基于企业文化、企业标准、学生核心素养"全套"开发。"全真"的实践教学环境，变学生身份为学徒身份，进行顶岗实践。"全程"师资共融，突出教学主体的双元性，由企业导师和学校教师双师共同开发课程标准、课程评价模式，共同组织课程实施。在优化课程体系以及完善校企共同体的基础上，分别与浙江世贸君澜大饭店、杭州望湖宾馆、杭州雷迪森铂丽大饭店、杭州华美达大酒店等共建联合育才班。共同打造了全新酒店实训课堂，校企共同开发编写了中餐、客房、调酒等一系列“新洛桑”企业化校本课程。

沈阳市旅游学校开发校本教材建设《餐饮技能服务技能实训》《客房服务技能服务》，完善资源库建设，完成餐饮精品课建设。

2. 实践课程开设情况

在第二期调研的 39 所中职学校中，2017 年，本专业校内实践课课时占总课时的平均比重为 37%，每所学校设置校内实践课程占总课时的比重从 10%~60% 不等，校际差距较大。

3. 就业创业课程开设

2017 年，在第二期调研的 39 所中职学校中，本专业 10 所学校没有开设就业创业课程，29 所学校开设就业创业课程，平均开设就业创业课程 2 门。

（五）实训基地建设情况

1. 校内实训场馆

2017 年，在第二期调研的 39 所中职学校中，除 1 所学校外，本专业其余学校均开设校内实训场馆，最少开设 1 个校内实训场馆，最多者达 23 个校内实训场馆，总计开设 251 家校内实训场馆，平均每所学校开设 7 个校内实训场馆。其中，9 所学校拥有经营性校内实训场馆，数量为 1~3 个不等；10 所学校拥有校企共建校内实训场馆，数量为 1~3 个不等。4 所学校同时拥有经营性校内实训场馆和校企共建校内实训场馆。重庆市旅游学校新的实训楼试运行已于 2014 年 10 月启动，为高星级饭店运营与管理专业学生提供了更多的工学结合的教学实践机会。沈阳市旅游学校建设理实一体化教室、餐饮技能实训室等 22 个实训室。

2. 校外实习基地

2017 年，在第二期调研的 39 所中职学校中，本专业 34 所学校开设有校外实习实训基地，数量从 1~32 家不等，总计开设 319 家校外实训实习基地，平均每所学校开设 9 个校外实习实训基地。其中，4 所学校拥有海外实习基地，数量为 1~6 个不等。个别学校没有开设校外实习实训基地，认为没有必要，学生实习就业供不应求。由此可见，本专业各中职学校在校外实习实训基地建设、海外实习基地建设方面差距较大。

湖北省旅游学校高星级饭店运营与管理作为该校开办最早专业，在专业建设方面重点抓好校外实习基地建设，积极拓展海外实习和就业渠道，每年选拔优秀学生进入研修班，对成绩突出学生挑选到阿联酋、新加坡、日本等地研修实习，有效促进学生专业技能提升。

（六）校企合作情况

2017 年 7 月，中共中央国务院《关于开展质量提升行动的指导意见》指出，要“加强职业教育技术技能人才培养质量，推动企业和职业院校成为质量人才培养的主体，推广现代学徒制和企业新型学徒制”。《十九大报告》指出要“完善职业教育和培训体系，深化产教融合、校企合作”。2018 年 2 月，教育部等六部委发布《职业学校校企合作促进办法》。各相关中职学校高星级饭店运营与管理专业积极开展订单培养、现代学徒制项目等校企合作，并进行其他校企合作方式的探索实践。

1. 订单培养情况

2017年，在第二期调研的39所中职学校中，本专业27所学校和企业合作开展人才订单培养，合作企业从1~15家不等，总计与99家企业开展订单培养，平均每所学校与3家企业展开订单培养合作。

2. 现代学徒制探索

各相关旅游类中职学校积极开展现代学徒制人才培养模式的探索。在教育部公布的现代学徒制第一批、第二批、第三批现代学徒制试点项目名单中，共有试点中职学校89所，涉及开设旅游类专业的学校共16所，试点高星级饭店运营与管理专业的6所，在旅游类专业学校占比38%，在全国试点中职学校各类专业中占比8%。

2017年，在第二期调研的39所中职学校中，在典型案例和经验分享方面，共有5所学校提到了本专业对于现代学徒制的积极探索和实践。其中广东省旅游职业技术学校、重庆市旅游学校走在前列。二者分别于2015年、2011年正式启动现代学徒制人才培养试点工作，卓有成效。

其中，由广东省旅游协会牵头，广东省旅游职业技术学校、广州南沙大酒店、佛山皇冠假日酒店共同参与的“广东省旅游行业《高星级饭店运营与管理》专业现代学徒制人才培养模式试点项目”，历经三年的探索实践，完成教育部“现代学徒制试点项目”高星级饭店运营与管理专业的人才培养方案的制订、专业教学标准和评价体系的制定，以“1+2”教学分段、“六通道”学习方式、全过程档案记录、第三方评价及配套的现代学徒制课题研究，所培养的学生得到饭店高度认可，项目产生了良好的社会效应，得到专家、同行和社会的认可，成功通过验收，在全国闯出一定的知名度和美誉度。在2016年全国高星级饭店运营与管理专业骨干教师高端培训班、2017年全国旅游教育教学指导委员会第二次全体会议、2017全国现代学徒制工作专家指导委员会调研、2018全国旅游职业教育校企合作示范基地建设研讨班等作经验交流，董家彪校长、杨结总经理被聘为首批全国现代学徒制试点工作培训专家，在全国现代学徒制试点工作培训班（第1—6期）介绍“广东省旅游行业现代学徒制人才培养模式”典型案例，吸引全国20余家职业院校前来校、企进行专项学习与交流。2018年4月27日，教育部举行新闻发布会，广东省旅游职业技术学校校企合作与学徒制试点经验被作为典型案例向全国推介。

重庆市旅游学校2011被重庆市教委、市旅游局确定为“旅游职业教育现代学徒制”人才培养试点单位。该校师生们努力践行本专业“工学交替、能力渐进”人才培养模式，通过与企业深入商谈，校企双方共同实施参与教学实训过程管理。该校与重庆JW万豪酒店、重庆秋叶日式料理餐饮有限公司、重庆丽笙世嘉等多个企业共同探索“师带徒”教学实训人才培养方式。100名学生参与新方式的尝试，学生行业实践能力得以增强。

重庆綦江职教中心在多年的校企合作的经验中不断地摸索和探究，分析了多种实践学习和管理模式后，借鉴英国的“现代学徒制”的模式，以此作为理论基础，实行“双导师”来管理学生的实践学习，实现学校、学生、企业的三赢。该校会在每年寒假前2周组织专业二年级学生前往企业参加为期2个月的生产性实践活动。学生不是跟着一位老师学习，而是有学校的教师和企业的师傅；学习的地点也不是单一的学校，还包括一线的企业生产线；学习模式也不再是单一的经验和理论的学习，还包括工学交替。这样的模式，给学校节约了经济成本，给企业节约了人力成本，同时也为学生节约了磨合的时间，让学生快速地完成从学生到职业人的角色转变。

3. 其他校企合作形式

各中职学校高星级饭店运营与管理专业还不断探索其他的校企合作形式。

苏州旅游与财经高等职业学校开展校企深度合作，资源共享、互利双赢、共同发展。该校于 2014 年 1 月与苏州地区万豪国际集团酒店联盟签订为期一年的校企合作协议。在诚实信用、平等自愿的基础上，本着“资源共享、互利双赢、共同发展”的原则，愿意建立长期战略合作关系。学校在联盟旗下饭店挂牌建立“苏州旅游与财经高等职业技术学校教学实践基地”，联盟在学校实训基地冠名挂牌。双方同意在饭店人才培养、课程开发、学生实习就业、双向挂职等领域开展合作。人才培养培训基地是在新的经济社会环境下产教结合的一种新形式，以学校和企业在教育培训方面的共同利益作为结合点，实行双向合作。通过基地载体为学校培养学生，为企业培训员工，促进资源使用的高效低耗和教学质量的优化，实现校企合作双赢。企业为学校提供良好平台，提升学生的职业岗位技能，做到与岗位“零距离”对接；学校承接企业的职工培训工作及继续教育工作，教师参与企业的研发项目和技术服务工作。选派骨干教师深入到企业的管理岗位顶岗锻炼，及时掌握企业当前的信息和今后的发展趋势，有助于学校调整培养目标和课程设置，改革教学内容、教学方法和教学管理手段，使学校的教育教学活动与企业发展、行业动态密切接轨。

杭州市旅游学校在现代学徒制背景下中职饭店“新洛桑式”课程体系开发与应用，校企共建新洛桑课程。在“全真”实践教学环境中，通过“全程”师资共融，基于企业文化、企业标准、学生核心素养“全套”开发。“全真”的实践教学环境，变学生身份为学徒身份，进行顶岗实践。“全程”师资共融，突出教学主体的双元性，由企业导师和学校教师双师共同开发课程标准、课程评价模式，共同组织课程实施。在优化课程体系以及完善校企共同体的基础上，分别与浙江世贸君澜大饭店、杭州望湖宾馆、杭州雷迪森铂丽大饭店、杭州华美达大酒店等共建联合育才班。共同打造了全新饭店实训课堂，校企共同开发编写了中餐、客房、调酒等一系列“新洛桑”企业化校本课程。

辽宁兴城职教中心高星级饭店运营与管理专业人才培养由以前的理论加实践模式，改为引企入教模式。即通过校企合作的方式把与学校教学密切相关的企业或生产线引入学校，企业在学校里开展正常的生产经营活动，学生在该企业开展实训教学或顶岗实习；教师可参与该企业的科研、咨询、培训、管理等工作。这种“引企入教”的合作方式是实现“校外基地教学化，校内基地生产化”的一种有机结合体。把企业（生产线）引入学校，不仅可解决学校学生下企业实习难问题，而且又为企业解决员工紧张、技术人才缺乏、厂房设备紧张等一系列问题，使校企双方的资源共享，资源设备得到最大化利用。教学体系改革通过“引企入教”的方式，不但引入企业的设备，创设企业的工作环境，更重要的是引进企业的理念与文化，使学生在学习过程中时时能感受到企业工作的情景，为今后就业做准备。

重庆市旅游学校借助该校牵头成立的重庆旅游职教集团搭建的平台，建立相应制度，通过多种活动的开展，带动校校、校企的共同发展。

（七）人才培养成效

1. 学生获奖

2017 年，在第二期调研的 39 所中职学校中，本专业 30 所学校的学生获得省级大赛奖项，获奖人数从 1 人到 20 人不等，总计获得 141 个省级大赛奖项，平均每校获得 4 个省级大赛奖项。19 所学校的学生获得国家级大赛奖项，获奖人数从 1 人至 6 人不等，总计获得 38 个省级大赛奖项，平均每校获得 2 个国家级大赛奖项。

2. 学生就业创业

江西省南昌第一职业高中的 2008 级春高星级饭店运营与管理专业学生黄三妹，在校期间学习刻苦勤奋，二次代表学校参加省级技能竞赛获中式铺床二等奖，在学校开设的选修课茶文化和茶表演学习优秀，在企业实习认真敬业，受到用人单位的好评。毕业后学校引荐在南昌某一高校兼任茶艺表演队指导教师，经自己努力学习，现成为该高校长期聘用专业教师，是该校唯一一位第一学历中专的教职工。

贵州省安顺中等职业学校高星级饭店运营与管理专业大部分实习生在实习期间提升主管以上管理职务；部分毕业生自主创业，开办饭店，经营效果良好；大部分毕业生在本地各类型饭店工作，大部分担任经理以上职务。

北京市外事学校办学多年来，为首都的旅游事业培养了近万名旅游业的骨干，其中不乏高层管理者，如夏敏辉，民族饭店总经理；王栋风，北京饭店副总经理，北京市其他五星级饭店的中高层管理人员也有该校毕业生。

三、成果与不足

（一）取得的主要成果

1. 专业地位与影响力

各相关中职学校积极开展专业建设研究和探索，提升高星级饭店运营与管理专业建设的质量和水平，有相当数量被评为省级、国家级重点（示范或特色）专业。在第二期所调研的 39 所中职学校中，高星级饭店运营与管理专业为省级重点专业的有 10 所学校，占 26%；为省级示范专业的有 6 所，占 23%；省级特色专业的有 4 所，占 15%；国家级重点专业的 4 所，占 15%；国家级示范专业的 6 所，23%；国家级特色专业 1 所，占 4%。

2017 年 9 月，教育部国家旅游局《关于公布全国职业院校旅游类示范专业点名单的通知》（教职成厅函〔2017〕44 号）公布，全国职业院校旅游类示范专业点在中职学校有 28 个，其中高星级饭店运营与管理专业占 17 个，占比高达 61%。

2018 年 7 月，广东省教育厅《关于做好中等职业教育“双精准”示范专业建设工作的通知》（粤教职函〔2018〕108 号）公布，广东省中等职业教育“双精准”示范专业立项建设名单共 108 个，其中高星级饭店运营与管理专业 2 个立项建设，占比 2%。

在教育部公布的现代学徒制第一批、第二批、第三批现代学徒制试点项目名单中，开展高星级饭店运营与管理专业现代学徒制项目试点的中职学校 6 所，在旅游类专业学校中占比 1/3，在全国试点中职学校各类专业中占比 8%。

2. 课程建设成果（精品课程、教材、数字化资源库）

国家重视教育信息化建设。《国家中长期教育改革和发展规划纲要（2010—2020 年）》明确提出“加快教育信息化进程”。2010 年，教育部、人力资源和社会保障部、财政部《关于实施国家中等职业教育改革发展示范学校建设计划的意见》（教职成〔2010〕9 号）要求，加快推进职业教育数字校园建设。2011 年，教育部发布《关于实施国家示范性职业学校数字化资源共建共享计划的通知》（教职成司函〔2011〕202 号）提出，以国家示范性职业学校为引领，实施“国家示范性职业学校数字化资源共建共享计划”，促进优质资源共享，提升信息技术支撑职业教育改革创新的能力，着力提高人才培养质量。2012 年，中国职业技术教育学会信息化工作委员会成立，指导、推进职业教育信息化建设和资源开发。

在此背景下，全国数字资源共建共享酒店服务与管理专业课题的协作组以重庆市旅游学校成为组长，以广东省旅游职业技术学校、四川宜宾市商业职业中专学校、浙江长兴职业技术教育中心学校、四川什邡市职业中专学校、广州市旅游商务职业学校作为协作组副组长并担任课题副组长，组织全国 20 所共建单位的 50 余名骨干教师研发《酒店中餐服务》《酒店西餐服务》《酒店客房服务》《酒店前厅服务》《酒店服务礼仪》《酒水知识与服务技能》《茶艺与茶文化》等 7 门核心课程资源，共建两期，2013 年、2015 年顺利通过验收。

在国家示范性职业学校建设过程中，各项目学校纷纷开展校本精品课程建设、教材建设，部分优秀教材正式公开出版。北京市外事服务学校开发了《茶艺》《咖啡技艺》等 6 门慕课，研发《中华传统礼仪》《插花》《葡萄酒》《香道》等新课程。广东省旅游职业技术学校建设了 6 门精品课程资源，正式出版 5 门专业核心课程教材，建成 1 个酒店数字化资源博物馆。

3. 饭店服务国赛“金字招牌”

作为现代服务业产业、旅游服务类专业中职组唯一的国赛赛项，酒店服务赛项自 2012 年首次设赛以来，已连续成功举办六届。该赛由教育部、国家旅游局主办，由全国旅游职业教育教学指导委员会指导协办。2012—2014 年由广东省旅游职业技术学校为承办校的广东省赛区承办，2015—2017 年由苏州旅游与财经高等职业学校为承办校的江苏省赛区承办。六年来，该赛不断完善赛项设计、规范办赛流程、促进赛事公平、推动赛项持续健康发展，逐步实现了引导中职院校关注现代饭店业发展趋势及对饭店人才的新需求，促进高星级饭店运营与管理等专业开展基于饭店实际工作过程导向的教学改革，深化产教融合、校企合作，实现通过赛事推动职业教育的专业设置与产业需求对接、课程内容与职业标准对接、教学过程与生产过程对接，提高饭店行业所需高素质技能型人才的培养质量的既定办赛目的，增强了高星级饭店运营与管理专业的影响力和吸引力。尤其在“以赛促教、以赛促学、以赛促改、以赛促建、以赛促研”及促进校企合作、产教融合方面颇有成效，成为旅游服务类专业的一道“金字招牌”。

在以赛促教方面，教师专业技能和指导能力提升明显，六年来，饭店服务赛项共培养出了84名国家级优秀指导老师、852名省级优秀指导指导教师、2300多名市级优秀指导教师。

在以赛促学方面，学生综合素质和技能提升成效显著。六年来，饭店服务赛项国赛参赛学生852名，其中获得一等奖84名、二等奖170名、三等奖253名。参赛选手的整体成绩地区差异明显缩小，以2012—2014年为例，见表1。

表1 2012—2014年酒店服务赛项参赛选手平均分、最高分、最低分情况

选手得分情况	中餐宴会摆台			客房中式铺床		
	2012年	2013年	2014年	2012年	2013年	2014年
参赛人数	78	80	71	77	79	69
平均分	67.35	74.61	73.22	70.4	77.74	76.23
最高分	91.17	89.86	89.73	89.3	96.00	94.73
最低分	9.60	24.93	38.47	30.3	22.67	25.23

在以赛促改方面，饭店服务赛项如"风向标"，引领着饭店专业教学改革。饭店服务赛项重点展示参赛选手在中餐宴会摆台与服务、客房中式铺床等两方面的专业核心技能，即通过仪容仪表、现场操作、专业理论和专业英语等各项展示，突出现代饭店业中餐饮部、客房部两大主要部门主要岗位的技能操作标准性和规范性，即兼具熟练性、规范性、美观性。这就要求教师进行教学方法改革，不能仅用传统的讲授式教学方法，需要采用示范演练、任务驱动、模拟训练等理实一体化教学法，"做中教，教中做，做中学，学中做"，才能有效提高学生实践操作能力和水平。同时，饭店服务赛项又如"指挥棒"，促进了全国中职学校专业课程教学内容的改革。大赛的公开题库为各相关中职学校提供了饭店专业理论、饭店专业英语教学的内容素材；大赛的技能比赛项目、操作程序和标准为各相关中职学校提供了技能操作规范。

在以赛促建方面，常有人说，"普通教育看升学，职业教育看竞赛"。浅层次来看，技能大赛的结果是学生学习能力及临场表现和指导教师水平及能力的体现，但深层次来看，确是专业建设实力和能力的展现。饭店服务赛项设赛以来，全国各相关中职学校的饭店专业教师团队建设、专业设施设备配置、实训环境改善、校外实训基地建设、竞赛指导研究及校企合作项目都得到长足发展。尤其值得一提的是，包括新疆、西藏、内蒙古等在内的相当一部分中、西部相关中职学校饭店专业实训室及设施设备，是伴随着饭店服务赛项设赛才逐步具备的。

在以赛促研方面，研究行业标准、研究操作规程、研究技术规范，开展赛事成果转化，包括9个比赛视频资源、6个赛事图片资源库和2项成果公开出版，形成了可资教学的赛事资源，并获得2017年全国旅游教育教学指导委员会科研立项。饭店服务国赛主要资源成果情况，见表2。

表 2　2012—2017 年酒店服务国赛主要资源成果一览表

年份	视频资源成果	图片资源成果	纸质资源成果
2012	《2012 全国职业院校技能大赛酒店服务赛项视频》	《2012 全国职业院校技能大赛酒店服务赛项图片集》	
2013	《2013 全国职业院校技能大赛酒店服务赛项视频》 《2013 年全国职校中职酒店服务技能大赛中餐宴会摆台一等奖操作视频》 《2013 年全国职校中职酒店服务技能大赛客房中式铺床一等奖操作视频》	《2013 全国职业院校技能大赛酒店服务赛项图片集》	
2014	《2014 全国职业院校技能大赛酒店服务赛项视频》	《2014 全国职业院校技能大赛酒店服务赛项图片集》	《帷幄国赛 精彩华章——全国职校中职酒店服务技能大赛办赛实务及成果展示》
2015	《2015 全国职业院校技能大赛酒店服务赛项视频》 《2015 年全国职业院校技能大赛中职酒店服务赛项学生技能风采》	《2015 全国职业院校技能大赛酒店服务赛项图片集》	
2016	《2016 全国职业院校技能大赛酒店服务赛项视频》	《2016 全国职业院校技能大赛酒店服务赛项图片集》	《酒店英才 放飞梦想——2015 年全国职业院校技能大赛中职酒店服务赛项学生技能风采》
2017	《2017 全国职业院校技能大赛酒店服务赛项视频》	《2017 全国职业院校技能大赛酒店服务赛项图片集》	

在促进校企合作、产教融合方面，饭店服务赛项的平台作用明显。办赛六年来，先后有旅游行业、饭店及相关企业等约 35 家以各种形式和方式提供饭店服务赛事支持，先后有 60 家（个）饭店企业、行业协会组织约 40 家饭店、旅游企业共约 500 人通过观摩比赛、参加赛事同期论坛、讲座等形式与各相关职业院校建立沟通联系、增强了解互信和开展合作。

在促进教育公平方面，饭店服务赛项普惠性强、影响面广。从赛事受益学生来看，自 2012 年以来，饭店服务赛项激发了全国各省市职业院校饭店服务比赛热情，保守估计，6 年共计举办约 120 场省级比赛（省、自治区、直辖市）、近 1000 场市赛，约 6000 名学生参加市级以上比赛，含参与选拔、观摩学习、资源转化成果等在内的饭店服务赛项直接或间接受益学生近 153000 名，直接或间接受益的学生占饭店专业当年在校生的 50%~90%。从赛事参与面来看，饭店服务赛项国赛覆盖了除港、澳、台外的所有 36 个省、自治区、直辖市及计划单列市，先后有近 300 所职业院校的 852 名选手参赛，赛项影响面大。

4. 师资队伍建设

高星级饭店运营与管理专业教师在“万名旅游英才计划”“双师型”中职教师中平均占比 1/3。其中 2015 年度原国家旅游局启动“万名旅游英才计划”，2016 年度“万名旅游英才计划”“双师型”教师培养项目中，中职教师入选 76 人，其中高星级饭店运营与管理专业占 28 人，占 37%。2017 年度“万名旅游英才计划”“双师型”教师培养项目中，中职教师入选 12 人，其中高星级饭店运营与管理专业 5 人，占 42%。2018 年度万名旅游英才计划——“双师型”教师培养项目中，中职教师入选 15 人，来自高星级饭店运营与管理专业 6 人，占 40%。

为推进信息化技术教学手段运用，教育部于 2010 年开始每年举办全国职业院校教师信息化大赛。高星级饭店运营与管理专业教师屡次获得奖项，仅2017年就25人获奖[①]，见表 3。

表 3　2017 年全国职业院校教师信息化大赛获奖名单（摘录）

奖次　奖项	区域	学校	课题、获奖老师	
项目：中职组信息化教学设计				
一等奖	上海市	上海市行政管理学校	优雅仪态的塑造	王　惠、金炳良
二等奖	厦门市	厦门市集美职业技术学校	西式女礼服着装礼仪	赖琳云、林晶晶、周　烽
三等奖	吉林省	吉林女子学校	西餐宴会礼仪	杨　毅、张晓冬、杨　萍
三等奖	内蒙古自治区	内蒙古经贸学校	着装原则与色彩	徐佳宁
项目：中职组信息化课堂教学比赛				
三等奖	安徽省	淮北工业与艺术学校	天香蕴、三才情——茉莉花茶及其盖碗泡法	张　田、顾　宏、胡庆庆
三等奖	广东省	珠海市第一中等职业学校	西餐膳食服务	刘瑞琪、周导元、蔡迪笙
三等奖	湖北省	武汉市商业技工学校	鸡尾酒调制——兑合法的两种手法	聂俊杰、杨孝刘、盛　佳
三等奖	吉林省	长春市公共关系学校	点菜服务	陈　杰、王国强、胡　虹
项目：中职组信息化实训教学（餐巾折花）				
一等奖	北京市	北京市外事学校	高永荣、尉京菁、杨海虹	
一等奖	湖南省	常德财经中等专业学校	李博文、陶　莉、李星莹	
一等奖	江苏省	苏州旅游与财经高等职业技术学校	黄　利、朱　勇、华勤岸	
二等奖	安徽省	马鞍山技师学院	杨　莲、阮　雯、张　宝	
二等奖	重庆市	重庆市旅游学校	韦江佳、邹　薇、何建荣	
二等奖	宁波市	宁波市奉化区技工学校（旅游学校）	毛金春、李静珠、陈闪闪	
二等奖	山东省	日照市农业学校	刘怀艳、潘海霞、周升波	

① 教育部官方网站：http：//www.moe.gov.cn/ 全国职业院校教师信息化大赛。

续表

奖次　奖项	区域	学校	课题、获奖老师
二等奖	浙江省	杭州市旅游职业学校	孙文欢、于力鹏、毛颖瑜
三等奖	大连市	大连市经济贸易学校	李睿娴、张婧妮、乌　亮
三等奖	福建省	福建省泉州华侨职业中专学校	陈婷婷、吴泉艺、王文静
三等奖	海南省	海南省银行学校	符永铮、吴荣娟、吴　江
三等奖	河南省	平顶山教育学院	李蓝蓝、杜　洁、许　婧
三等奖	黑龙江省	黑龙江省商务学校	周　琳、刘岚岚
三等奖	湖北省	秭归县职业教育中心	刘清华、郑　勇、向启传
三等奖	辽宁省	沈阳市外事服务学校	张　翠、山　珊
三等奖	青岛市	青岛旅游学校	白　睿、陈春苗、杜姗姗
三等奖	上海市	上海市南湖职业学校	董　滢

5. 校企合作

2018 年 4 月，教育部召开新闻发布会解读《职业学校校企合作促进办法》，介绍教育部推进产教融合、校企合作有关工作情况及 2018 年职业教育活动周总体安排和筹备情况。在会上，全国旅游职业教育教学指导委员会主任委员、文化和旅游部人事司班子成员缪沐阳介绍旅游行业推动校企合作、加快发展现代旅游职业教育相关情况时，向全国推介了广东省旅游职业技术学校开展现代学徒制试点（高星级饭店运营与管理专业）、协办全国旅游职业教育校企合作示范基地建设培训班暨 2018 旅游产教对话活动、探索校企合作“六共模式”的实践。

6. 科研成果

高星级饭店运营与管理专业科研成绩斐然，在国家级教学成果评选中获 2 项二等奖，在全国旅游职业教育教学指导委员会科研成果评选中获 1 项二等奖，在 2017 年省级教学成果评选中获 1 项特等奖。2017 年在全国旅游职业教育教学指导委员会科研立项 1 个。

高星级饭店运营与管理专业标准化建设两项国家成果，一是《高星级饭店运营与管理专业教学国家标准》，由教育部办公厅于 2014 年 4 月公布试行；一是《职业院校酒店管理专业（中高职）顶岗实习国家标准》，由教育部办公厅于 2016 年 7 月公布执行。两个标准系统集成了高星级饭店的职业能力要求和核心技术要点，为本专业教育教学和质量评估提供基本依据，为饭店行业提供岗位培训要点和技术规范的重要参照，成为企业开展实习教学和员工培训的重要标准，是饭店服务与管理专业教学标准在产业升级转型中的深刻进化。

2015 年度原国家旅游局启动“万名旅游英才计划”，2016 年度“万名旅游英才计划”“双师型”教师培养项目（中职）入选名单 76 个，高星级饭店运营与管理专业占 28

个，占 37%。2017 年度“万名旅游英才计划”“双师型”教师培养项目（中职）入选名单 12 个项目，高星级饭店运营与管理专业占 5 个，占 42%。2018 年度万名旅游英才计划——“双师型”教师培养项目（中职）入选名单 15 个，高星级饭店运营与管理专业占 6 个，占 40%。

（二）存在的主要不足

1. 专业（技能）方向设置方面

2017 年，中国旅游市场高速增长，旅游总收入增长 15.1%，占 GDP 总量 11.04%。作为旅游业支柱之一的饭店业，触底反弹。2016 年星级饭店行业实现自 2013 年以来的首次扭亏为盈，但区域发展不均衡仍是不争的事实，北京、广东、海南及江浙沪地区优势明显。从饭店行业发展趋势来看，随着我国居民收入水平和消费能力不断提升，及消费者年轻化、品质化、个性化要求，互联技术、移动支付技术及人工智能的研发及普遍使用，饭店数量会继续增长，精品饭店会引领未来，饭店对 OTA 的依赖加剧，人工智能和微智能广泛地在饭店中运用，饭店的盈利模式多样化，“共享”饭店出现，集团化进程加入新的历史阶段。饭店行业随之出现新业态，如精品饭店、智能型自主饭店、紧密型新概念宾馆、共享饭店、帐篷饭店、移动饭店、康养饭店、精品客栈、纯公寓式饭店、民宿客栈，等等。2016 年 10 月，第二届全国民宿大会暨中国旅游协会民宿客栈与精品饭店分会成立大会在贵州省安顺市举行。这标志着全国非标住宿业发展步入全新阶段。据迈点研究院报道，2016 年年末，我国大陆客栈民宿总数达 53 852 家，在经历了爆发式增长后，正在或已经走向规模化、连锁化的道路。

然而，与饭店行业发展回暖及新趋势相悖的是，自 2012 年开始本专业招生人数持续走低，从而形成招生“冷”与就业“热”的强烈对比。究其原因，首先是本专业（技能）方向设置优化以及对行业发展新趋势的应对不足，未能根据产业发展变化形成专业（技能方向）动态调整机制，从而专业招生缺乏吸引力。

2. 教学改革与信息化建设方面

党的十九大报告指出“教育事业全面发展，中西部和农村教育明显加强”。明确提出，要“加快教育现代化，办好人民满意的教育”。就高星级饭店运营与管理专业而言，2017 年职业教育发达区域尤其处于中心城市的招生情况不理想，而职业教育欠发达区域如二三线甚至县市的招生人数上升明显。这一方面说明本专业自 2014 年以来的 9 期专业骨干教师培训班、饭店服务国赛及成果转化的带动帮扶起了作用，使职业教育欠发达区域的高星级饭店运营与管理专业建设成效明显，另一方面也说明职业教育发达区域尤其处于中心城市的相关学校高星级饭店运营与管理专业缺乏对社会尤其是家长和学生的吸引力，提供的专业（技能）方向未能使人民满意。

尽管各相关学校以国家示范校创建为契机，纷纷加强信息化校园建设，提高学校管理、运行的现代化水平。然而，由于对学校教师的宣传及专门化培训欠缺、资金投入不足，相当一部分专业老师信息化教育教学手段运用能力不强，表现在一是专业教学信息化程度不高，二是数字化资源数量少、质量不高，三是本专业教师参加全国职业院校教师信息化教学大赛获奖等次普遍偏低等。这与教育现代化要求还有较大距离。

3. 教材（学材）建设方面

教材是体现教学内容和教学方法的知识载体，是教学活动的基本工具之一，教材的质量直接影响着高校教学效果与质量。在教育部专项课题“旅游职业教育教材质量抽查”（2014JCCC037）的调研显示，当前旅游职业教育教材质量建设存在对实训教材建设的重要性认识不够、部分教材对岗位需求的针对性不强、教材与职业资格标准缺乏衔接、教材内容滞后于行业发展、立体化教材配套教学资源开发薄弱及教材结构体系缺乏系统性等问题。究其原因，与缺乏优秀的教材编写队伍有关。一本高质量的教材是作者多年来呕心沥血的教学经验总结和教师的科学研究成果或本学科国内外最新成果信息的集合。需要集聚一支优秀的教材编写队伍，提高教材编写质量，并力争系列配套，在实践性、针对性、应用性上下功夫，优化公共课或基础课教材选题，做好教材的配套工作，特别是系列课程改革的教材配套和整体优化。专业课程教材要加强与文字教材相配套的声像教材、计算机辅助教学软件、多媒体软件的建设，加速教学手段的现代化，推出体系完整、图文并茂、易学易懂、有吸引力的创新教材，以促进教学质量的提高。

4. 师资队伍建设方面

从 2016—2017 年调研结果显示，本专业教师普遍偏年轻化，2016 年 45 岁以下高达 80%，2017 年更达 83%。专业教师偏年轻化固然因其精力充沛可能更有创新意识和工作干劲，但缺乏专业带头人引领专业建设、指导专业发展方向，以及国家“二孩”政策使更多的年轻女老师离岗而影响专业教育教学质量，影响项目、课题、企业实践、比赛指导及其他相关任务的承担也是不争的事实。

同时，由于相当部分专业教师是“从学校到学校”，缺乏足够的甚至根本没有饭店行业实践的经验，加上缺乏足够的专业类的培训，能提供给学生的专业教育教学质量难以保障。

四、面临的新形势

（一）国家重点专项规划背景下，旅游业持续升温对人才需求提出数量的要求

《“十三五”旅游业发展规划》，经李克强总理签批，国务院印发，首次上升到国家层面，成为国家重点专项规划。之所以旅游业被提升到如此高度，是基于我国旅游业已经取得的成就：旅游业全面融入国家战略体系，成为社会投资热点和综合性大产业；战略性支柱产业基本形成；综合带动功能全面凸显，旅游业成为生态文明建设的重要力量，并带动大量贫困人口脱贫，绿水青山正在成为金山银山；国际地位和影响力大幅提升，出境旅游人数和旅游消费均列世界第一，旅游外交工作格局开始形成。

2017 年，国内旅游市场高速增长，入出境市场平稳发展，供给侧结构性改革成效明显。国内旅游人数 50.01 亿人次，比上年同期增长 12.8%；入出境旅游总人数 2.7 亿人次，同比增长 3.7%；全年实现旅游总收入 5.40 万亿元，增长 15.1%。初步测算，全年全国旅游业对 GDP 的综合贡献为 9.13 万亿元，占 GDP 总量的 11.04%。旅游直接就业 2825 万人，旅游直接和间接就业 7990 万人，占全国就业总人口的 10.28%，对经济和就业的综合贡献

率双双超过10%。[①]

旅游业持续升温，意味着饭店业的从业人员的需求数量也会保持增长，饭店业对各类学校饭店类专业学生的需求依然旺盛。

（二）“互联网＋饭店”背景下，云计算、物联网、大数据、人工智能等现代信息技术在饭店行业的应用日渐广泛对人才需求提出质量的要求

旅游行业蓬勃发展，云计算、物联网、大数据、人工智能等现代信息技术在旅游业被广泛应用，推动了旅游业内涵和外延的拓展，对游客体验和行业企业管理有很大的提升。在这当中，饭店业或被动裹挟，或主动拥抱，搭上了智能化的快车。业内触觉敏锐的饭店，一向贴着科技、文明、时尚、高雅等的标签，也是当下新生活方式最重要的载体与演习道场，许多新产品、新技术在进入普罗大众的家庭之前被饭店率先应用，诸多新技术应用于饭店产品销售与管理：云计算、大数据帮助饭店精准营销；PMS系统的使用、VR选房、人脸识别系统、智能入住等各项功能营造饭店前厅化趋势；客房设备实现智能互联，智能家居场景在饭店上演……同时，人工成本的压力也使饭店在智能化的道路上尝试，以人工智能设备/机械取代简单、重复、机械的劳动密集型岗位如PA、房务员、管事员、保安员等。智能化产品在饭店各层面的应用，给饭店带来前所未有的深刻变化和挑战，同时也对人才需求提出质量要求，未来的饭店业人才，必须是能娴熟应用现代技术、不轻易被人工智能所取代的人。

（三）供给侧改革背景下，非标住宿尤其民宿、短租、邮轮行业发展对人才需求类型提出的要求

在国家加快推进供给侧结构性改革的大背景下，旅游业供给结构将不断优化，中国旅游业将加快由景点旅游发展模式向全域旅游发展模式转变，促进旅游发展阶段演进，实现旅游业发展战略提升。旅游投资持续升温，旅游供给不断增加，将拉动旅游消费快速增长。消费结构升级趋势下，大量标准化的饭店等标准住宿，因为形式单一，产品和服务过于标准化而缺少情怀和特色，不能满足用户的多样化需求。饭店业的投资者意识到饭店不应该仅仅是住宿的场所，也可以是旅游目的地，用户获取的不仅是一个空间，更多的是一种旅游文化体验，开始转变经营理念。出现了以浙江莫干山、云南大理双廊等地为代表的民宿产业群。与此同时，以Airbnb（爱彼迎）为代表的经营短租类产品的公司试水中国市场，迅速在房东与游客间搭起短租平台，广受欢迎。短租房平台重塑了饭店行业，游客可以从个人的手中租住一间房屋，而不是从一家饭店中租住，居住体验胜于标准化的饭店。邮轮旅游作为集交通、游乐、食宿一体的旅游方式，也日益受到追捧。经济新常态下，饭店市场需求发生了很大变化。新一代的消费人群对个性化产品和服务的需求，催生了传统星级饭店之外非标准住宿的业态。民宿、短租、邮轮等住宿企业有别于标准化经营的饭店，虽然还只是占据了住宿业市场的较小份额，但也因此让人见识到他们的潜力，他们对以培养传统标准化运营的饭店业从业人员的学校提出了人才需求类型的新要求。

---

① 本段数据来源于文化与旅游部统计数据《2017年全年旅游市场及综合贡献数据报告》，http：//zwgk.mct.gov.cn/auto255/201802/t20180206_832375.html?keywords=。

（四）资产运作背景下，饭店集团并购对人才能力维度提出的要求

2016—2017 年，饭店集团并购案例频发。国内市场方面，锦江、首旅、岭南控股掀起国内饭店并购篇章，其中锦江股份收购铂涛，成为国内最大酒店集团；2017 年，万达商业与富力地产签订战略合作协议，万达将北京万达嘉华等 77 个酒店以 199.06 亿元的价格转让给富力地产。国际方面，万豪国际 136 亿美元收购喜达屋酒店及度假村国际集团的交易，收购喜达屋后，万豪国际市值达到 360 亿美元，成为全球最大的酒店集团。中国人寿投资收购喜达屋在美部分资产、安邦 65 亿美元收购奢侈酒店 Strategic Hotels &Resorts、锦江增持雅高股份是国内企业跨境投资的标志性事件。酒店集团并购大多是从产业整合出发，意在收购后与收购企业在战略和经营层面进行上下游整合，经济型饭店集团或以经济型酒店起家的饭店集团通过并购整合，可以借机向中高端品牌转型，这已成为避免饭店红利消失的有效途径之一。饭店集团并购对人才能力维度提出了要求。

（五）消费转型升级的背景下，星级饭店进入下一轮增长周期对专业前景的遐想

高星级饭店运营与管理专业与饭店行业可谓息息相关，“一荣俱荣，一损俱损”。但专业对行业发展状况的回馈存在一定滞后性，即饭店行业见顶回落时专业的火热程度却处于最高峰，而行业触底反弹、回温复苏时专业则处于最低谷。

2012 年、2013 年是星级饭店行业的一个分水岭，星级饭店市场因产品同质化和过度供给开始进入下行周期，非市场化的需求急剧萎缩，全国饭店业出现了全行业亏损的局面。在面对市场外部环境的重大调整的挑战后，星级饭店行业主动作为，抓住社会消费转型升级的机遇，经过 4 年努力，星级饭店行业亏损逐年缩小，至 2016 年已经实现扭亏为盈，出现弱复苏信号。而根据 2017 年几个季度的星级饭店统计数据显示，2017 年各季度的经营指标同比继续增长，各个星级的饭店的出租率、收入水平、平均房租等主要经营指标持续向好，饭店行业复苏势头已然得到确认。因此，虽则 2015—2017 年间中职高星级饭店运营与管理专业的招生情况对比 2014 年有较大下滑，但伴随饭店行业的复苏，专业前景可期。

五、对策建议

（一）主动适应环境变化，适当进行专业调整

目前，我国正着力构建德智体美劳全面培养的教育体系，形成更高水平的人才培养体系。要把立德树人融入思想道德教育、文化知识教育、社会实践教育各环节，贯穿基础教育、职业教育、高等教育各领域，学科体系、教学体系、教材体系、管理体系要围绕这个目标来设计。高星级饭店运营与管理专业的专业方向、课程体系、教学内容等的调整必须以此为指导思想。

在实际操作中，专业方向要建立专业链与产业链对接、课程内容要与职业标准对接、教材设计要积极推进项目教学、案例教学、工作过程导向教学等教学模式。

1. 丰富专业方向

2013 年 1 月，教育部职业教育与成人教育司将中等职业学校“酒店服务与管理”专业更改为“高星级饭店运营与管理”专业。彼时，专业名称变更反映了上层对专业定位、专业与行业就业等问题的思考走向纵深，然而更名后标准的星级饭店经营遇冷，非市场消费急剧萎缩，经济型和中端饭店一时成为消费主力；消费转型带来了民宿、短租等非标住宿，“高星级”已不能涵括住宿业的所有形态。在近两年的星级饭店业复苏期，又是高星级饭店扛起了盈利的大旗，是饭店市场的“撇脂”者。在专业设置方面，中职学校灵活度高，能根据社会需求，针对地区、行业经济以及社会发展的需要进行调整。饭店业现状下，本专业的调整方法是要保留原有专业名称，以明确培育面向高星级饭店的技能人才的培养目标；同时丰富专业方向，灵活开设面向民宿、短租、邮轮等非标准住宿的方向。

2. 丰满课程体系

课程体系是专业建设的核心，专业课程的改革都是为专业建设服务的，专业建设的目标规定了课程改革的方向。在职业教育领域，课程体系要紧跟产业形态，与产业结合是基本取向。2014 年，全国中职学校高星级饭店运营与管理专业的教学标准试行，该标准基于饭店岗位群、典型工作任务对课程体系和课程内容进行了构建，强调职业能力的重构，形成了具有开放性、实践性和职业性的课程体系。近几年饭店业经营业态发生重大变革，信息化技术在饭店业广泛应用，非标住宿地位日渐上升，因此，在原有课程体系的基础上应该酌情增加民宿运营、邮轮服务、智能应用等方面的课程。

3. 完善教学内容

中职“技能型人才”的培养目标和就业导向决定了课程教学强调能力本位，突出职业性，强化实践性。教学内容要紧跟最新的行业发展，要求授课教师在充分了解企业运作情况的基础上，教学更具行业特色，内容与学生未来就业岗位无缝对接。由于饭店行业发展、更新速度在加快，还要求教师在培养现有岗位技能的同时还要培养学生的职业迁移能力，使学生将来不仅仅能够在高星级饭店等标准住宿业就业，还能在非标住宿、关联行业生存，甚至开展自主创业。教学过程始终把“立德树人”融通于教学内容，回答总书记关于培养“什么人”之问。

（二）大步推进产教融合，积极探索融合之路

中职教育，既要依托行业，又要服务行业，服务市场。为深化产教融合，促进教育链、人才链与产业链、创新链有机衔接，2017 年 12 月，国务院办公厅发布了《关于深化产教融合的若干意见》（国办发〔2017〕95 号）文，为产教融合提供了纲领性文件。各省（区、市）陆续出台实施办法，具体开展工作。从前述调查情况显示，本专业也进行了积极的探索，如现代学徒制试点、共建课程、引企入教。基于“全面开花不如寻找突破口”的考虑，要彻底改变产教融合双方校热企冷的局面，除了要依靠各级政府以实际举措加快落实国家关于深化产教融合的政策要求外，应该在已有的经探索的路径继续深挖。

1. 现代学徒制

在饭店行业，企业对用人有比较迫切的需求，这成为校企双方开展现代学徒制试点的基础。一些省份还针对现代学徒制出台了优惠措施，如浙江省规定：对开展企业新型学徒制培养的企业，根据不同职业（工种）的培训成本，按规定给予每人每年 4000~6000 元的培训补贴①。

2. 以科研、培训服务企业

校企双方各有优势，企业擅长“低头走路”，经营管理是其本质事务；学校善于“抬头看路”，对于文化内涵、智能应用、创新发展有一定研究能力。在“95 号文”当中支持有条件的社会组织整合校企资源，开发立体化、可选择的产业技术课程和职业培训包，允许和鼓励高校向行业企业和社会培训机构购买创新创业、前沿技术课程和教学服务。学校也应该发挥科研方面的优势，创新教育培训方式，向企业提供多种服务。例如指导企业开展职工技能竞赛；对服务流程的再造，企业文化建设等。

3. 企业办学

在“95 号文”中强调企业重要主体作用，提出企业办学准入条件透明化、审批范围最小化，实行“引企入教”改革，健全学生到企业实习实训制度等，推动企业多种形式参与办学，支持企业需求融入人才培养，由人才“供给—需求”单向链条，转向“供给—需求—供给”闭环反馈，促进企业需求侧和教育供给侧要素全方位融合。碧桂园集团就是一个成功的例子，它创办的碧桂园职业学院，为企业输送了人才。

（三）外联高等院校，打通人才培养立交桥——中高、中本衔接

建立本科教育与普通高中教育、中等职业教育、专科层次高等职业教育的衔接机制，完善“专升本”考试录取办法，提高招收中职、专科层次高职毕业生的比例。试点高校招收中、高等职业院校优秀应届毕业生和在职优秀技术技能人才，将把技术技能测试作为录取的主要依据之一。现在职业教育存在“断头”现象，中职学生升学比较困难，特别是“专升本”的机会甚微。各地开展“3+2”的五年一贯制的培养模式比较普遍，提供中职学生升读大专、高职院校的机会，但中职学生升本及高职“专升本”的配套政策还有待细化出台。

（四）重塑专业形象，增加专业招生吸引力

依前所述，与饭店行业发展回暖及新趋势相悖，招生“冷”与就业“热”形成强烈对比。专业吸引力的下降，使得本专业面临生存压力，有必要采取举措增重塑专业形象。

1. 加大宣传力度

在家长和学生心目中饭店业的服务属性、工作场景、薪资酬劳、发展前景等不够理想，缺乏吸引力。随着饭店市场复苏，饭店业进一步转型升级、结构调整，行业对人才的需求更加迫切。因此，企业为毕业生提供的薪酬有所改善，发展空间更加多元化，毕业生就业质量逐步提升，这对本专业招生而言无疑是有益的。

2. 树立榜样作用

在饭店业不乏有技艺高超的“工匠”，有基层打拼然后晋身金领的管理人员，有自主创业成功的企业主，要在学生当中树立榜样。

3. 给学生成功的可能性

教学过程区别性对待，改进评价方式，让学生目睹自己的进步，内发其追求上进心。

① 省政府办公厅关于深化产教融合的实施意见，http：//zjzj.zje.net.cn/show.aspx?id=5979&cid=33.

（五）挖掘促本专业内涵提升的抓手

1. 文旅融合

未来，依托传统文化资源与创意发展旅游产业，有利于丰富旅游的文化内涵，随着市场层面的产品跟进之后，将会为广大旅游者带来文化含量更高的旅游产品和旅游环节。营地教育、研学旅行等行业，因其极强的教育属性和旅游属性，也成为文化与旅游相结合的成功范例。大 IP 与旅游、饭店的结合，将会大大提升饭店产品和本专业的文化内涵。

2. 赛事升级

中职类的饭店服务赛项是全国职业院校比赛赛项，赛事促进高星级饭店运营与管理等专业开展基于饭店实际工作过程导向的教学改革，提高饭店行业所需高素质技能型人才的培养质量，增强了高星级饭店运营与管理专业的影响力和吸引力，是旅游服务类专业的一道“金字招牌”。但在全国范围内能参加“国赛”的毕竟是少数，还应当完善各级赛事。另外，服务赛项重技能竞赛，缺乏考量“技巧”“技艺”的赛事，在今后应加以考虑。在世界舞台上，还有国家层面的竞争——世界技能大赛。有类同比赛项目的国内饭店比赛应争取接轨世界赛事，使本专业学生能在世界的舞台上展示自己的风采。

（本报告由中职高星级饭店运营与管理专委会课题组完成，课题组负责人：邓敏；执笔人：邓敏、朱小彤、孙碧璇、郝臻）

中国旅游中等职业教育导游服务专业发展研究报告

近年来，随着我国旅游业的迅猛发展，导游从业人员的素质也备受关注。全面提升导游从业人员综合素质，满足旅游业服务质量提升需要，已经成为刻不容缓的时代要求。伴随着原国家旅游局全面实施导游资格考试全国统考、金牌导游计划、导游大师工作室等项目，院校导游人才培养质量也面临新的挑战。本报告将结合行业发展背景，回顾专业发展历程、分析专业发展现状、总结专业发展成果、展望专业发展方向，力图多角度、全方位展现中职导游服务专业的发展状况。

一、研究背景

（一）专业发展背景

1. 导游从业人员面临新挑战

旅游业是世界公认的人与自然和谐相处的绿色产业，是支撑建设美丽中国的重要载体，是建设生态文明、传播生态文明、共享生态文明最有优势、最富潜力的美丽产业，在大众旅游、全域旅游的带动下，旅游行业也迎来了新的面貌。“十二五”期间，旅游业全面融入国家战略体系，成为国民经济战略性支柱产业，2015 年旅游业对国民经济的综合贡献度达到 10.8%；国内旅游、入境旅游、出境旅游全面繁荣发展，中国成为世界最大的国内旅游市场、世界第一大国际旅游消费国，世界第四大旅游目的地国家。中国是世界上旅游资源最丰富的国家之一，资源种类繁多，类型多样。在我国各类旅游景区中，截至 2017 年年末，共有 5A 级旅游景区 249 处。从旅游收入和游客接待量来看，中国旅游行业持续快速发展（见表 1）。

表 1　2016 年、2017 年中国旅游业的业绩①

分　类	2016年	2017年	增长（%）
国内旅游人数	44.4 亿人次	50.1 亿人次	12.8
国内旅游收入	3.9 万亿元	4.57 万亿元	15.9
入境旅游人数	1.38 亿人次	1.3948 亿人次	7

① 资料来源：http：//www.mct.gov.cn.

续表

分 类	2016年	2017年	增长（%）
国际旅游（外汇收入）	1200 亿美元	1234 亿美元	2.9
出境旅游人数	1.22 亿人次	1.3051 亿人次	7.0
全年实现旅游总收入	4.69 万亿元	5.40 万亿元	15.1

随着全面建成小康社会持续推进，旅游已经成为人民群众日常生活的重要组成部分，我国旅游业进入大众旅游时代。同时，伴随社会进步科技发展旅游消费发生变化，旅游方式从单一型向多元化转变，导游依然是旅游业最具代表性的职业，是旅游从业人员中重要的组成部分，是旅游接待工作的主体，是旅游业发展的实践者和推动者，是先进文化的传播者，是满足旅游者旅游需求、获得最佳旅游体验、修身养性陶冶情操的得力帮手。导游服务是旅游各项服务中最为根本的服务，是旅游服务质量高低的最敏感的标志，在各项旅游服务中起到联系纽带和中间桥梁的作用。随着旅游业的迅速发展，旅游层次的不断提高，旅游业对导游服务人员的综合素质要求也越来越高。优秀的、高素质的（内外兼修的）导游，是旅游业发展不可或缺的重要力量。

2. 国家方针政策为职业院校导游服务专业的发展指引了方向

《国务院关于加快发展旅游业的意见》（国发〔2009〕41 号）12 月 1 日正式发布。《意见》按照科学发展观的要求，对旅游业提出了全新的定位，指出把旅游业培育成国民经济的战略性支柱产业和人民群众更加满意的现代服务业的宏伟目标，并就新时期旅游业发展进行了全面部署。《意见》明确要求“加强旅游从业人员素质建设，以人性化服务为方向，提升从业人员服务意识和服务水平。抓紧改革完善导游等级制度，提高导游人员专业素质和能力。整合旅游教育资源，加强学科建设，优化专业设置，深化专业教学改革，大力发展旅游职业教育，提高旅游教育水平”。2017 年 1 月 11 日，在首届世界旅游发展大会上，李克强总理提出：“大力发展全域旅游、大力发展乡村旅游……旅游产业不仅仅是服务业，已经覆盖一、二、三产业，本身就是综合型产业；旅游业是五大幸福产业之首。”《国家中长期教育改革和发展规划纲要（2010—2020 年）》明确规定，“职业教育要把提高质量作为重点，以服务为宗旨，以就业为导向，推进教育教学改革。实行工学结合、校企合作、顶岗实习的人才培养模式。加强双师型教师队伍和实训基地建设，提升职业教育基础能力，建立健全技能型人才到职业学校从教的制度”。为了更好地贯彻党和国家的政策方针，更好地适应新时期旅游业发展需求，我们对导游服务专业的发展建设和人才培养方案进行了充分调研和深入研究。

（二）导游服务专业发展回顾

中职学校导游服务专业最早开设于 20 世纪 90 年代，主要集中在旅游业比较发达的沿海和内陆城市，当时各校招生规模比较小，每年的招生人数约为 60 人左右，办学之初，也存在着许多问题，主要表现如下。

1. 教学观念陈旧，教学模式落后

由于当时经济条件落后，信息技术不发达，许多学校都缺乏现代化的多媒体教学设施设备，大多数教师采用的是一本教材、一块黑板、一支粉笔的教学模式，课堂上采用的是老师讲、学生听的“满堂灌”注入式教学，学生主动学习能力与合作意识不强，缺乏交流、沟通与共享。

2. 课程设置单一，课程体系不完善

开设的课程主要包括公共基础课和专业技能课，专业技能课大多局限于全国导游资格考证的教材，即《全国导游基础》《地方导游基础》《旅游政策与法规》《汉语言文学》《导游业务》等，有条件的中职学校还增设了《旅游地理》《旅游心理学》《旅游美学》《旅游概论》《旅游市场营销》等科目，有实习但缺少教学见习环节。

3. 教育经费投入不足，实训条件较差

由于受经济条件的限制，许多中职学校对导游专业建设的投入力度不够，不具备满足学生实训教学需求的导游服务专业实训基地，学生不能得到很好的实践锻炼，专业技能也无法得到提高。

4. 师资力量薄弱，双师型骨干教师占比不足

师资力量先天不足，教师的知识结构不尽合理。部分导游专业教师半路出家，由文化课教师转为专业教师，即便是新进的教师，大多数也是高校毕业生，精通理论，缺少实践经验。师资队伍中缺乏高职称、双师型的骨干教师。

5. 人才培养定位不准确，人才规格偏离市场需求

重理论，轻实践，校企分离，产学脱节，不以就业为导向，不重视学生职业道德和职业素质的养成，致使培养出来的学生眼高手低，知识结构不合理，偏离行业要求，从而面临就业难的困境。

随着我国旅游业的迅猛发展，国家教育政策的鼓励与扶持以及中央、地方财政专业建设资金和行业企业的投入，中职学校的导游服务专业犹如雨后春笋般涌现出来，规模日趋扩大，有的还发展成为市级、省级乃至国家级示范专业。

二、发展概况

（一）专业设置情况

经调查分析，各中职学校能够努力从岗位所需要的职业能力分析入手确定导游服务专业的设置，自觉遵循社会发展和旅游行业的需求，从实际出发把学校的教育与社会行业密切结合起来，使导游服务专业人才培养与社会的需求相适应，切实体现中职教育应用性和岗位性特色。基于课程设计来源于职业岗位而高于职业岗位的要求，围绕专业人才培养目标和人才培养规格，设置公共基础课、专业核心课、专业（技能）方向课、专业选修课，构建与专业人才培养模式相适应的“以工作岗位为导向、以职业能力为核心”的专业课程体系。

（二）招生就业态势

从旅游院校现状调研的结果可知：随着我国旅游业的高速发展，旅游市场对人才的紧

需，国家相关政策的鼓励与扶持，中高职、本科院校导游专业招生规模相对稳定（见表2）。

表2 2015—2017年全国导游专业招生数据统计[①]

年份	2015	2016	2017
中职导游服务专业	7332人	5886人	5766人
高职高专导游专业	3889人	4046人	4046人
本科旅游管理专业	34 900人	34 000人	35 000人

中职导游服务专业的毕业生是旅游业劳动市场的一线人才，是整个大中专毕业学生的特殊群体，是人才金字塔中最广泛的、最活跃的生力军，从近3年教育部发布《中国中等职业学校学生发展与就业报告》中就业率显示看，中职导游服务专业的毕业生首次就业率超过95%，已经高于目前大学生的就业率，但就业对口率较低。除此之外，还存在工资福利待遇低、就业不稳定、流动性大等问题。通过调查分析发现，中职导游服务专业就业难的原因主要体现在：

1. 学校的招生就业指导工作力度不够

自从1997年中等职业学校全面实行招生"并轨"、毕业生实行自主择业之后，越来越多的中等职业学校为此设立了毕业生就业指导和服务机构或有专人负责此项工作，并根据职业教育改革与发展的要求，面向经济社会发展的需要，适应劳动就业制度的变化，积极开展职业定向教育、就业援助服务和创业教育。虽然普遍设有毕业生就业指导和服务机构，但发挥的作用不大，主要表现为：一是对职业指导的重要性和必要性认识不足，一些地方和学校还没有把这项工作放到应有的位置，重"进口"轻"出口"，重招生轻就业，重专业知识传授轻职业意识培养的现象普遍存在；二是一些地方和学校对职业指导工作的主要任务和内容还不够明确，就业指导课程设置率低，对学生实施指导的针对性不强，提供就业服务的形式比较少；三是机构不健全、专业工作队伍力量薄弱，一些地方教育行政部门，还没有明确相应的机构和专人负责此项工作，部分职业学校从事职业指导教学和工作的人员没有很好地整合，缺乏专项能力培养，业务素质有待提高。

2. 学生对自身认识不足

相当一部分学生报读导游服务专业的目的是希望自己能考取导游资格证，将来去旅行社从事导游带团工作，但是他们却认识不到自身的不足，如文化基础薄弱，学习习惯不佳，学习能力不强，学习目的不明确，缺乏吃苦耐劳的品质……最终因没有获取导游证，找不到合适的工作单位而没能及时就业。

3. 学校的人才培养模式对就业产生影响

一些学校的导游服务专业没有按照"以服务为宗旨，以就业为导向"来推进教育教学改革，也没有实行工学结合、校企合作、顶岗实习的人才培养模式，造成专业设置不合理，理论与实际相脱节，供给与需求严重错位，影响了毕业生及时就业。

① 资料来源：http：//www.mct.gov.cn.

4. 导游薪酬制度不健全

导游的基本工资非常低甚至没有基本工资，也没有最低的生活保障，“五险一金”和其他的福利同样没有正规的保障制度，连带团过程中的保险费都需要自己支付。有的旅行社还向导游索要人头费用，压低导游的基本工资，招聘大量的兼职导游，这使得导游的工资结构更加不合理。付出与收入的巨大落差，再加上季节性失业的压力，致使导游人员积极性普遍降低，许多刚就业的导游服务专业毕业生迫于压力选择退出旅游市场。

（三）师资队伍构建

党的十八大以来，相关政策以“双师型”教师为重点，完善“双师型”教师培养培训体系，加快建设一支数量充足、素质优良、结构合理、特色鲜明、专兼结合的高素质专业化师资队伍。政策内容主要包括：实施职业院校教师素质提高计划；加强中等职业学校教师队伍建设；加强职业院校兼职教师聘任管理；推进校企共建双师型培养培训基地；推动职业院校教师下企业实践。在政策的推动下，近年来中职学校导游服务专业的“双师型”教师数量和比例显著增加，生师比趋于合理，高层次教师比例有了明显提升，兼职教师聘用取得较大进展。

通过对调查问卷数据分析，导游服务专业的设置能以市场需求为导向，随着招生规模的逐渐扩大，新进专业教师占整个师资队伍比例逐年增加，其中不乏具有旅游企业经验的教师，研究生以上学历教师比例较以前逐渐增多；教师队伍梯队结构中以中高级职称为主，教师队伍逐渐由理论型教师向双师型教师趋势发展，涌现出一批高水平的专业带头人，形成了一支强有力的教学科研团队，教师队伍整体教学科研水平不断提高。其主要体现在如下方面。

1. 双师结构专兼结合

教学团队在结构上注重专兼结合，各院校逐步加大聘请旅游企事业单位的专业技术人员担任专业课、实践技能课兼职教师的比例，逐步形成实践技能课程由具有相应高技能水平的兼职教师讲授的机制。在建立一支数量稳定、技能高超的兼职教师队伍的同时，不断加强专业教师“双师”素质的培养，注重专业教学团队梯队的建设及专业教师层次的提高。

2. 数量充足且结构基本合理

导游服务专业双师结构的团队组成由专业领军人物、专业核心人物、骨干人物组成，即专业名师、专业带头人、骨干教师和一般专业教师构成。通过培养和引进的方式，使导游专业教学团队从年龄结构、学历结构、职称结构和学缘结构达到合理。如教授级高级讲师和高级讲师职称的名师、专业带头人或骨干教师数量达到教学团队的 15% 以上，专业带头人平均年龄为 45 岁以下，骨干教师平均年龄不超过 40 岁，且均具有中级以上职称；100% 的专业带头人和骨干教师具有“双师”资格或“双师”素质，并在旅游行业企业兼职或挂职锻炼，从而形成了一支专兼结构、双师结构教学团队，满足导游服务专业教学和导游人才培养需求。

3. 素质精良并充满活力

旅游经济的迅猛发展和旅游国际化的趋势呼唤高素质的创新人才，而创新人才的培养全依赖于旅游职业教育做强势后盾，全力锻造一支素质精良的优秀教学团队是专业充满活力和生机的保障。许多中职学校都在着力培养道德高尚、理念先进、素质精良、善于创新、结构合理的可持续发展的导游专业师资队伍，在这过程中注重养师德、铸师魂、训师才、培师能，推出了一批全市、全省，乃至全国知名教师和专业带头人及骨干教师，为打造导游品牌专业，促进旅游职业教育可持续发展提供了智力支持与人才保障。

（四）课程体系建设

1. 以就业为导向，开发导游专业课程

能坚持以就业为导向的指导思想，确定专业课程的开发目标，在深入开展市场和职业岗位调查分析的基础上，确定学生就业的岗位群；依据“职业资格标准”和“实际岗位能力要求”进行专业能力结构分析；运用“宽基础、活模块”课程模式的设计思想，编制以能力为本位的导游专业课程。

2. 以能力为本位，开发模块化校本教材

校本教材的开发是导游服务专业课程改革过程中的一个重要环节，各校在课程体系改革建设中能充分考虑学生的实际接受能力、职业资格证书考试的实际要求、职业岗位的实际需要，开发模块化校本教材或核心专业教材，真正体现以学生为本、以能力为本的现代职业教育理论，大胆突破课程改革进程的瓶颈。如北京市财经学校导游服务专业教师，通过多年的教学实践摸索，完成了以下校本教材的编写《全国导游基础知识》《旅游政策法规》《导游业务案例选》《模拟导游程序》《英文导游口语》《中文导游口语》《导游业务口语》等；桂林市旅游职业中等专业学校构建工作过程导向的课程体系，集中优势力量开发导游服务专业优质核心课程，由专业建设委员会、企业技术人员、专业教师合作编写了专业核心校本教材，即《景区导游实务》《地陪导游实务》《全陪导游实务》《旅行社业务》4 门课程，同时引入行业企业技术标准，将国家职业资格标准融入课程内容中。

3. 运用现代手段，开发以就业为导向的模拟仿真导游实训室

专业技能的训练和提高必须要有实训设施的支撑，各校在课程改革的进程中，能以就业为导向，借助行业专家的力量，建设了产业一体化的模拟仿真导游实训室，为更好地培养学生的专业技能提供了物质保障。很多学校采用了最新的计算机网络信息技术，开发了“旅游资源数据库与场景式导游教学平台”和“导游试题库与电子考试系统”等教学辅助软件，用于多媒体教学和模拟实训。通过综合利用虚拟现实技术、网络技术与数据库技术，以导游专业课堂教学、专业技能实训和教学科研为应用目标，建立起多媒体利用资源数据库和场景式导游教学平台。教师和学生可以根据教学或学习需要随意点击查询下载相关资料，并且将个人手中收集整理的各种信息汇集于此，不断发展丰富资源库，实现资源共享。

4. 存在问题

调查发现，仍有许多中职学校导游服务专业，其现行的课程体系与实用型技能型导游人才要求相去甚远。近几年中职学校广泛实行课程改革，以项目化或工作过程设置课程内

容体系结构，但学校在进行课程开设时针对性不强，特色不鲜明，课程之间内在的逻辑性不强。很多教师对于这种课程设计的理解不够透彻，即使了解，为了省事仍然采用传统的填鸭式教学方式。这样一来，学生灵活运用导游知识和技能的能力、独立思考问题和解决问题的能力得不到培养。另外，仿真导游模拟实训室的创建成本较高，较多的中职学校缺乏此类实训设备。即使有的中职学校存在校企合作项目，也因旅行社和旅游景区容纳的实习导游人数有限，大多数的校外实训基地对学生的管理缺乏系统性、长久性，导致学习效果不佳。

（五）实践教学模式

导游服务专业发展为省级或者国家级示范专业的学校，其实践教学模式已经相当成熟，实践性教学体系和教学环节都比较完善，能以培养高素质的技能型人才为根本出发点，打破原有单一落后学科体系，构建以能力为本位的工学结合模块化实习实训实施方案；形成系统科学的实践教学模块，科学规范的模块教学计划、环节、方法、考核标准和评价机制，高效务实的实训教学组织和管理机制；能够建立可操作的阶段实习实训单元教学计划及考核标准，建立严格高效务实的教学组织实施管理制度，确保实践教学有序实施和质量。

调研显示，导游服务专业人才培养的最佳途径主要是多参加企业实习实践活动和加强自我学习，通过各种技能大赛提升学生的专业技能和综合素质。（见图 1）

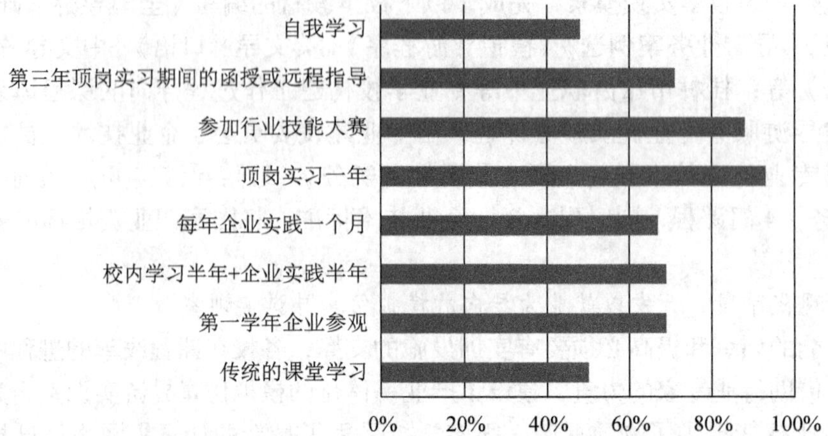

图 1　培养导游服务专业人才的最佳途径

许多经验值得同人借鉴，具体归纳如下。

1. 采取各种方式增强课堂教学的实践性

课堂上能讲授专业实践流程，传播职业教育理念，激发学生的专业兴趣和就业意识；注重“加工整合”现有教材，增强授课内容的实践性；针对专业要求，运用多种有效的教学方法，如任务驱动法、情境教学法、现场教学法、模拟教学法、角色扮演法、案例教学法等突出教学的实践性。

2. 开展丰富多彩的趣味活动

通过开展丰富多彩的趣味活动，锤炼学生的专业实践操作能力，如开展导游兴趣小组活动，定期举办导游知识竞赛、辩论比赛、演讲比赛，指导学生参加各级各类导游技能大赛，组织社团活动、旅游志愿者活动等。通过活动育人，更多的是训练学生在活动中学会团队合作、包容心态、开放心态、领导精神，这些都是未来导游工作中不可或缺的性格因素。

3. 健全实践性教学体系，强化实践性教学环节

（1）实训室情景模拟。专业教师充分利用学校现有的教学设施设备，按照教学进度，组织学生到实训室开展实践活动，通过各种实训活动调动学生的学习积极性，展示学生的专业技能。

（2）现场实战演练。与旅行社联系，组织学生跟团进行导游讲解实践活动并聘请旅行社优秀导游员进行现场指导。就是在“战争中学习战争”，“做中学、学中做”，实践性更强、现场感更真实，促使学生的专业技能得到有效提高。

（3）岗位见习。与旅游企业建立较为稳定的实训基地和制定校企合作的长效机制，针对旅游企业“春节”“五一”“暑期”“国庆”等旅游旺季工作繁忙的特点，组织学生利用课余和假期时间到旅游企业见习锻炼，以此提高学生对行业的感性认识，缓解旅游企业人手紧缺的难题。

（4）强化训练。部分学校还利用实习前一两个月时间，严格按照旅游企业的规范和要求，对导游服务专业的学生进行岗前强化训练，帮助学生顺利实现从学校到企业的过渡。

存在的问题集中体现为：课程设置相对合理，但内容还不够专业，未能摆脱学科教育的框框，不能很好地适应课程改革的需要；教学方法虽然形式多样，但教师课堂组织能力和驾驭能力不足；实践教学的实践性和创新性不足，综合实习成了一般的适应性实习，实践教学相对薄弱；很多中职学校的导游服务专业教师实践教学能力并不达标，学校也没有重视培养理论实践双优的教师队伍，教师自身的能力还有待提升；目前还有很多中职学校由于实训教学场地不足或者没有充足的资金购买相应的教学设施，还有的因为受传统教学观念的影响不愿意对实训教学场地进行投入和建设，从而严重制约了导游服务专业实践教学的有序开展等。

（六）教学改革进展

各中职学校的导游服务专业教学团队积极探索教学改革，始终贯彻“能力本位”原则，在教学内容上，以旅游市场需求为基础进行专业设置，体现灵活性；在培养方向上，以提高职业能力为目标，增强实用性；在教学方法上，以技能训练为中心，注重实践性。

各校在导游服务专业教学改革中能够明确方向与重点，注重综合开发学生的职业能力，培养学生创新意识、创新精神和创新能力，提高学生对就业上岗和职业变化的适应力；强化导游职业能力训练，让学生熟练掌握专业所需的职业技能，从而达到零距离就业。通过对职业岗位和职业目标分析，了解专业覆盖的岗位，从业者应具备的各项能力及其相应的知识、技能和态度；按各种知识、技能和态度的关联性和可融合性以及职业岗位应具备的综合能力作为配置课程和界定课程内容、精减课程内容的依据。遵循教学的特殊

规律，形成以职业能力为主线，淡化公共基础课和专业技能课界限的课程体系。以“能力本位”课程论为主导改革教学方法，建立以职业能力培养为轴心，讲、练、做一体化的教学方式，把理论教学同实践教学紧密结合起来，使理论教学中有实训内容，实践教学中有理论讲授，按照学生的认知规律和能力发展规律，加强学生学以致用能力的培养，使学生的知识和能力得到同步、协调、综合的发展。

（七）人才培养成效

1. 组建了专兼结合的双师素质的教学团队

各校导游服务专业采取“请进来、走出去”的办法，培养了高水平的专业带头人、专业骨干教师和双师素质教师，有的学校同时还聘请了企业知名专家、行业精英担任兼职教师。通过国内与国外各种进修、下企业挂职锻炼、参与企业项目、技能培训等途径，打造了一支双师结构合理、职业技能过硬、教学能力突出的专兼结合的教学团队。

2. 建立了稳定的实践教学基地

各中职学校依托当地优势资源，利用社会旅游教育资源，秉承“校企合作、产学结合、以产促学”的办学理念，本着“互惠双赢”的原则，建立起稳定的校内外实训基地。在实践教学过程中，注重融合企业文化与优秀传统文化，加强学生诚信、敬业等职业素质的培养，以此提升职业素质和专业核心能力，将学生培养成为社会急需的高素质技能型导游人才。

3. 制订了科学的人才培养方案

各校从职业岗位的实际需要出发，以工学结合为切入点，聘请旅行社、旅游景点景区企业专家积极参与，构建基于导游工作过程的课程体系，制订科学合理的人才培养方案，让学生在做中学、学中做，做学交替，不断提高导游服务能力。

4. 优化了课程评价体系

导游服务专业课程评价向多元化方向发展，特别是针对参加实训、实习学生，学业考评体现了评价主体、评价方式、评价过程的多元化，注重过程性评价与结果性评价相结合，进而突出技能考核和过程评价，促进课程考试与职业资格鉴定相衔接，提高学生综合职业素养，引导学生全面发展。以海南省旅游学校为例，学校导游服务专业以多维度为立足点，以多层面为切入点，以多模块为支撑点，对学生的学习效果评价进行改革，全面对接导游人才培养方案，创建了“360 度·多维”评价体系分析（见图 2）。该评价体系体现了“六方”评价：“六方”指企业方、家长方、同行方、师生方、督导方和领导方。更注重学生的差异性，强调过程性培养记录，习惯性养成，使评价效果更为客观、全面。

5. 为社会培养了一批优秀的旅游人才

通过调研我们发现：中职导游服务专业学生实习期间或毕业的 1~2 年基本就业工作岗位集中在一线操作岗位，如旅行社（如旅行社导游、计调、外联和旅行社其他业务部门）、旅游景点景区（旅游景区讲解、票务接待、景区策划开发和营销）、旅游商店免税店等（购物促销、导购）、旅游展馆及博物馆（讲解、营销）、旅游车船公司（导游讲解）等，有的已经成为行业专家与企业管理人士，他们为我国旅游业的发展发挥了重要作用（见图 2）。

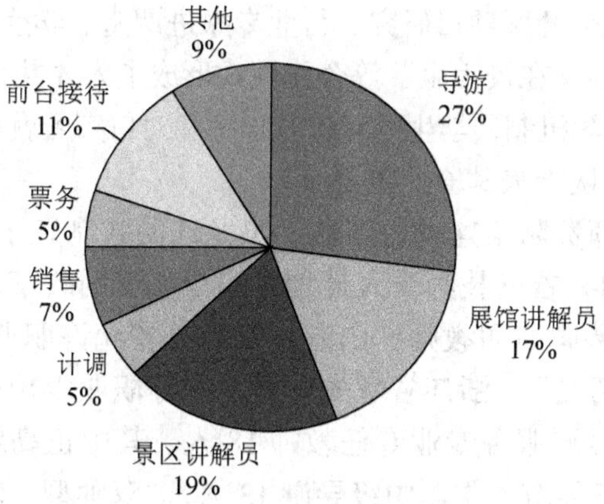

图 2　毕业生就业岗位及人数比例

三、成果与不足

（一）发展成果

1. 人才培养模式适应性强，有特色

在导游人才培养过程中，依托地区资源优势，结合区域旅游人才需求状况，中职学校在人才培养模式方面不断创新，形成自己的特色。雁荡山旅游学校与雁荡山管委会合作开办导游特招班，"订单式"培养旅游人才；海南省旅游学校导游服务专业"FACE型教学做一体化"人才培养模式，强调德技双馨、理实一体，并被列入全国职业院校旅游类示范专业点；广东省旅游学校提出推行旅游人才职业品格与能力"四个一"培养模式（一日兴趣培养考察、一周职业意识养成、一月职业技能实训、一年职业能力综合提升）[①]，通过"岗学对接，四级递进"，让学生逐步从了解旅游业，到参与生产性实训，再定岗实习，使学校对学生的教育培养更加符合企业要求、更加适应行业发展；沈阳旅游学校实施"职场演练、岗位对接"人才培养模式，借助校企深度合作平台，参与企业真实的活动；宁波市北仑职业高级中学的现代学徒制培养模式，"招生即招工"，以教师、企业导师联合传授为支撑，校企双方各司其职、各负其责、各专所长、分工合作，从而共同完成对学生（员工）的培养。此外，山东、浙江、江苏等旅游职业教育发达的省份职业学校组建了旅游职业教育集团，探索"集团化办学"人才培养模式。

2. 校企合作形式多样、校企生三赢，有深度

校企合作实现了岗位需求和就业要求的对接，学校技能人才培养的方向性和针对性更强。通过校企合作，学校充分了解旅游企业对技能人才知识结构、技能水平、综合素质的要求，按企业对人才标准的需求，调整人才培养方案，培养实用型人才，而企业也获得满足岗位要求、忠于企业的高技能人才并进行有效的人才储备。例如：青岛旅游学校与青岛市政府、行业协会建立了紧密的关系，与青岛三十多家旅行社建立稳定的校外实训基地。成立

① http：//www.gds-lyxx.com.

教学指导委员会、校企联合开展项目研究、行业专家进课堂、学生走进企业实训实习等，通过校企座谈会、“在企为导、在校为生”等合作模式形成了人才共育、过程共管、成果共享、责任共担的紧密型合作办学机制，学生的对口升学率和对口实习就业率达 95% 以上。

3.“双师型”教学团队专兼结合，有梯度。

为强化“双师型”师资队伍建设，江西、黑龙江两省制定了《“双师型”教师认定及管理办法》；上海市推出“首席技师千人计划”和专项资助政策，鼓励企业建立首席技师制度并担任职业院校的特聘兼职教师；山东、安徽等省允许职业院校把 20% 教职工编制给学校自主聘用“能工巧匠”；浙江省率先开展了中等职业学校教师正高级职称评定。以沈阳市旅游学校为例，导游服务专业专任教师 18 人，其中正高级教授 1 人、省教学名师兼学科带头人 1 人、高级导游 4 人，中级导游 13 人，“双师型”教师达 94%，企业兼职教师占 33%，8 名专业教师参与辽宁省全国导游资格考试口试考评员工作。

4. 专业课程体系构建科学，有成效

（1）围绕岗位群需求，确立课程

经过对导游专业人才需求的充分调研和分析，确定了适合地方旅游发展需要，符合学生实际状况和就业期望的职业岗位群与范围、工作任务和所需能力，最终确定支撑学生职业能力所需要的课程。围绕岗位群需求，分析确定岗位核心职业能力，最终确定支撑学生职业能力所需要的课程，并且充分考虑课程间的衔接关系和学生可持续发展的需要，确立导游服务专业的课程体系。此外，依据企业需要员工提高的素养和能力调研，学校对学生在进行专业知识理论教育的同时，注重对学生职业素养和专业技能的培训，尤其是安全意识、服务意识、抗压受挫能力、身心健康及责任意识的培训（见图 3）。

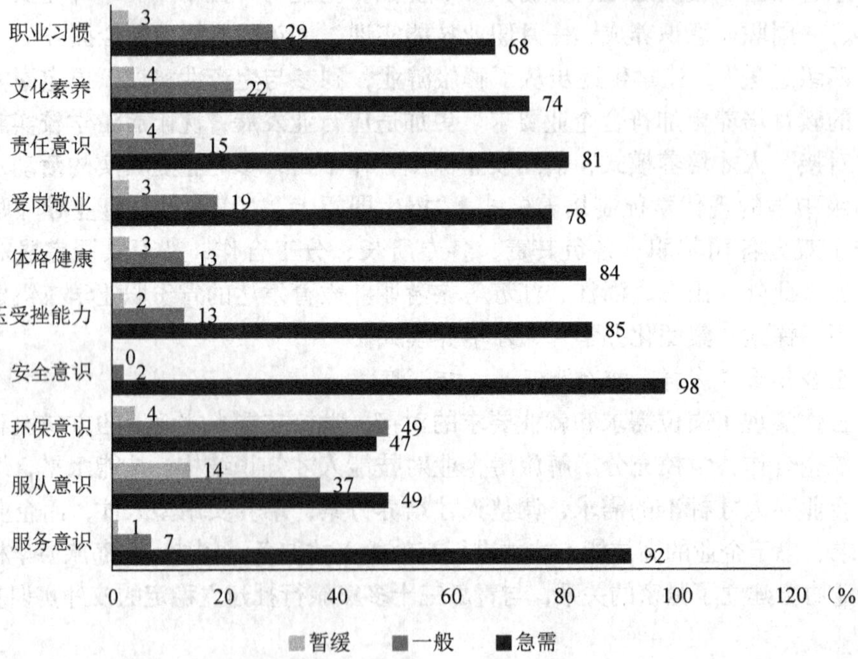

图 3　企业需要员工提高的素养和能力

（2）专业技能与综合素质培养并重

在强化专业技能训练，努力打造学生过硬的专业知识和技能的同时，注重学生综合素质的培养。通过组织景区讲解、博物馆志愿者等社会实践活动，掌握导游基本职业技能。通过组织省、市级导游技能大赛，以赛促学、以赛促教、以赛促建，进一步提高专业建设水平。通过企业实习，能够独立带团，设计特色旅游线路，制订导游带团计划等，培养学生的创新合作和解决问题的能力。例如：北仑中学通过课程体系重组，构建起能学会闯、能想会创、能说会做、能唱会跳、能处（人际）会交（际）的“五能五会”课程体系，[①]在国家课程基础上，拓展出五大类综合的全方位的校本课程群落，满足学生终身发展的基本需要。

（3）教学资源建设多样化

高质量的数字化教学资源已成为教育信息化的迫切需要，导游专业教学也不例外。在信息化的大背景下，中职学校积极深入地推进网络课程建设，积极开发数字化资源建设，重视信息化手段在专业教学中的应用，也提升了师生的信息化素养。青岛旅游学校开发了全国首门中职旅游专业慕课《导游实务》，实景拍摄名导示范教学视频，开发了青岛市精品课程《模拟导游》《青岛文化名人故居》，等信息化教学资源，充分满足学生学习需要。

（二）不足之处

目前，中职导游服务专业多数都能够适应社会需要，紧跟市场对技能型人才的需求和变化，不断更新教育观念、教学思想，努力探索建立以学生为主体、突出实践技能培养的有效教学模式，提高学生的职业能力和综合素质。尽管如此，在专业建设的诸多环节仍存在一些问题。

1. 人才培养模式需进一步完善

从目前中职类学校导游服务专业的实践来看，人才培养模式较多，大部分学校都采用顶岗实习、校企联办或开展项目合作模式，也有如雁荡山旅游学校的“订单式”培养、宁波市北仑职业高级中学的现代学徒制试点培养，广东省旅游职业技术学校的“四个一”培养模式等。存在的问题主要如下。

（1）企业参与校企合作的积极性不强

目前部分学校虽设有校外实习基地，但基本上都是一种松散型的合作关系。学校不参与企业的生产，企业不参与学校的教学。虽然从国家层面出台了推进校企合作的政策措施，另一方面因为现有旅游企业小、弱居多，良莠不齐，社会责任感不强，一方面学生分散安排、流动频繁等因素，使得实习管理难度加大，质量难以得到保证，使得校企合作开展深度不够，覆盖面不广。

（2）校企合作内容需进一步深入

大部分中职导游服务专业的校企合作仅仅停留在订单签订、学生实习、教师实践等层次，在课程内容的融合、企业导师担任实践教学任务、学生在企业实践操作、共同开展职业培训等方面做得不够深入，未能实现校企深度融合，促进所学知识与企业工作岗位能力

① 王鑫．宁波市北仑中学“五能五会”课程体系建设的探索［J］．教育研究，2016（2）．

需求间的无缝对接，使得学生毕业后与企业要求相差较大，培养目标不能很好地与社会需求、岗位需求接轨。

2. 课程设置需进一步优化

专业课程设置是否合理，直接影响专业培养目标能否实现，进而影响专业的生命力。

（1）理论和实践课程设置比例不当

大部分中职学校课程体系由“公共基础课 + 专业技能课（包括专业核心课和专业选修课）”构成。公共基础课偏多，专业技能课偏少；理论教学偏多，实习实训时间较短。这种课程体系比较片面强调学科的完整性和系统性，缺乏针对性和实用性。部分公共基础课仍是坚持学科本位，与专业技能课的联系不多，为专业服务的作用体现得不够。在一些中职学校中，导游服务专业实践教学一直被作为“辅助性”课程来设置。学生真正的实践只有第三年的企业顶岗实习。

（2）忽视学生特点，课程缺乏灵活性和针对性

中职学校学生普遍生源文化素质比较差，学生差异大，个性突出。大部分中职学校课程设置还停留在考证阶段，对学生知识结构的构建和能力培养缺乏针对性，不能着眼学生的全面发展、终身发展，不能贴近学生的实际，缺乏吸引力。这些现状使我们培养的学生无法适应“智慧旅游”“互联网 +”“旅游 +”“新旅游 +”“全域旅游”的旅游发展新时代下旅游工作的实际需要，在竞争中经常处于劣势。学生毕业之后会出现无法顺利实现对口就业或后续发展“乏力”的现象。

（3）课程单一，综合素养提升课程欠缺

2013 年 10 月 1 日起，《中华人民共和国旅游法》正式施行，为我国旅游业的健康持续发展提供了法律依据和保障。然而，关于导游员的负面新闻却仍不时出现：强迫旅游者购物、为拿回扣而“宰客”、侮辱、谩骂甚至殴打游客……不良现象的背后尽管存在一些客观原因，但旅游从业人员整体素质偏低、优秀的中高层次人才少却是不争的事实，也成为制约旅游业又好又快发展的瓶颈。另外，据调查分析，旅行社在企业内部人才培养时，对刚毕业的学生主要看中：第一，“吃苦 + 敬业”；第二，“合作 + 强技”；第三，“态度 + 责任心”；第四，“学习 + 创新”。中职学生的这些素质并没有在学校通过系列课程得到实质性的提升，培养出的学生显示不出应有的水平和能力，甚至在职业意识、敬业精神及实践能力等方面还难以适应旅游业发展对人才的需求。

3. 师资队伍建设途径有待进一步拓宽

（1）具有丰富实践经验的“双师型”教师欠缺

调研数据显示，上海、安徽、贵州三省市中职学校兼职教师占专业教师的比例超过 30%；山东、黑龙江二省“双师型”教师的比例分别达到 67.3% 和 67.1%。双师型师资培养力度大大提高，但以“技能考证”代替“实践经验”、以“短期实习”代替“工作经历”的局面仍未完全改观。师资队伍中，理论课教师偏多，实习指导教师较少，“双师型”教师缺乏，具有丰富实践经验的“双师型”教师缺口很大。

（2）教师的知识结构不尽合理，课程开发能力薄弱

教师队伍整体的职业教育教学能力和课程开发能力不强，教育理念、教学方式、方法

还不能完全适应旅游业升级转型对人才的需求，知识更新与技术进步滞后与行业企业，实践能力还不能满足实践教学的需要。

（3）教师的教学方法手段落后

有些中职学校依然停留在照本宣科的理论型教学模式上，案例教学、情境教学、启发式、互动式教学少，与企业合作共同开展实践教学的水平不高。教学资源库还没能很好地建立和应用，现代化的教学手段应用尚需提高；不重视优质教学资源和网络信息资源的利用。

4. 教学实训条件有待进一步提升

通过访谈和调研得知，部分学校实训室建设得非常好，拥有导游模拟实训室、仿真实训室、微格实训室、民俗馆、微缩景观园等实训场所，对学生掌握讲解技能、导游操作程序起了积极的作用，实训效果显著（见图4）。但也存在实训条件建设发展不均衡问题，有很多学校由于各方面的原因，实训条件不能满足教学的需求，实训室条件比较简陋，实训室数量有限，实训项目不全，硬件及软件设备有待提高，与导游服务专业建设发展要求尚有差距。

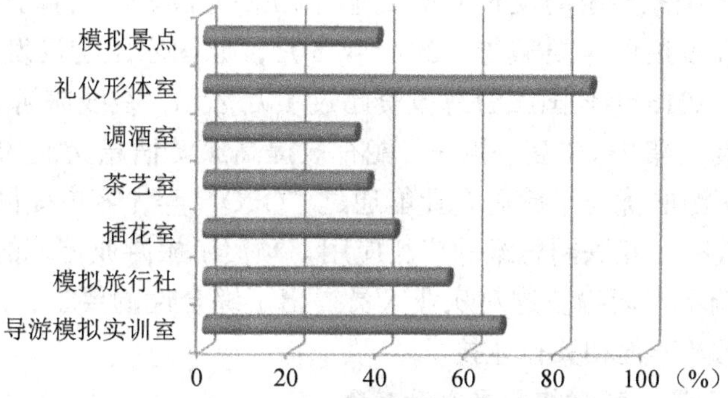

图4　导游服务专业校内实训实习环境

综上，中职导游服务专业学校在人才培养、课程设置、师资队伍、实训条件等方面还存在一些问题，与企业的实际要求存在一定差距。为此，应进一步加强专业建设，提高教育教学质量，不断提升学生的职业能力和综合素养以适应全域旅游下旅游业转型升级对人才的需求。

四、面临的新形势

2018年全国旅游工作会上，原国家旅游局局长李金早表示，无论从国家宏观发展要求，还是从自身发展需要，我国旅游业都到了从高速旅游增长阶段转向优质旅游发展阶段的关键节点。旅游业的转型升级和可持续发展急需高素质的导游人才，这对旅游人才培养工作提出了更高的要求，也为院校导游服务专业建设发展提供了重大机遇。

（一）旅游需求升级，“体验至上”是核心需求

随着旅游业的发展，人们的旅游观念发生转变，消费心理日趋成熟，越来越多的游客

不再满足于传统旅游线路和旅游活动，而是更加注重对过程的体验、自我价值的实现，更讲究旅游活动的精细化、业务化。人们的旅游消费需求出现个性化、散客化、体验化、多元化与高端化的发展趋势。2015 年，国务院印发的《关于进一步促进旅游投资和消费的若干意见》中提出了要培育新的消费热点。一般化的旅游服务很难满足旅游者，赢得旅游者的认同，这促使旅游产品的开发和业态升级，以贴近旅游者“体验至上”的需求核心。

（二）旅游产品升级，新产品、新业态、新模式涌现

调查报告《2016 年度中国游客出境旅游消费趋势》显示，观光旅游不再是我国旅游市场的唯一主体，中国旅游者的消费诉求向休闲深度游转型。观光、休闲、度假等旅游产品不断丰富，传统旅游业态升级，自驾车房车旅游、邮轮旅游、游艇旅游、低成本航空、互联网旅游、研学旅行、中药健康旅行和老年旅游等旅游新业态蓬勃发展。“旅游 + 互联网”“旅游 + 文化”“旅游 + 医疗”“旅游 + 娱乐”“旅游 + 科技”“商务 + 高尔夫”等旅游模式兴起，[①]各种旅游产品组合的方式也更加多元化。这对被誉为旅游发展生力军的导游人员以及对院校导游人才的培养都提出了新的挑战。

（三）运营方式升级，“互联网 +”的影响广泛而深远

2015 年 9 月，原国家旅游局发布了《实施“旅游 + 互联网”行动计划的通知》，明确互联网将成为旅游业发展的重要载体。2017 年 5 月，原国家旅游局发布的《2016 中国旅游投资报告》显示，2016 年全国旅游总投资超过 1 万亿元，在线旅游超过 1000 亿元，且在线旅游投资呈现高度集中。“互联网 +”能有效提高旅游信息交流的效率，能以较低的成本实现旅游产业资源的优化。旅游企业能通过“O2O”等为客户提供自主、互动、实时的服务，提高服务效率。互联网思维的广泛应用，颠覆了旅游业传统的旅游商业模式，互联网对旅游业的影响不言而喻。这对从业人员提出了综合性的要求，既要熟悉旅游业务，又要精通互联网技术及其他相关行业技术。

（四）旅游市场升级，国际旅游呈上升趋势

世界旅游组织预测，中国将于 2020 年成为世界首位旅游目的地国和第四大出境旅游消费国。“世界的未来看中国，世界旅游业的未来也在看中国”。2017 年 9 月，中国旅游研究院发布了《中国入境旅游发展年度报告 2017》，报告指出，2016 年中国入境旅游市场实现了持续稳定增长，“一带一路”沿线国家在入境旅游市场中的活跃度持续上升。2016 年中国入境旅游市场规模与消费均持续增长，接待入境外国游客 2815.12 万人次，同比增长 8.3%，创下金融危机以来的新纪录。而入境旅游的模式也从团队接待的封闭型转向更加多元、更加开放；入境、国内、出境三大旅游市场的协调发展，为我国导游专业人才带来广阔的需求空间，也对导游行业及职业学校的导游人员培养带来极大的挑战。旅游专业学生将来的就业前景是可观的。

（五）全域旅游时代迫切需要提升导游人才服务能力

2017 年 3 月，国务院办公厅印发《关于促进全域旅游发展的指导意见》，就加快推动旅游业转型升级、提质增效，全面优化旅游发展环境，走全域旅游发展的新路子做出部

① 罗春科. 浅析旅游业新常态发展下的高职导游人才的培养研究［J］. 湖北函授大学学报，2015（19）.

署。指导意见的发布，标志着全域旅游正式上升为国家战略，是大众旅游时代我国旅游业发展战略的一次新提升。全域旅游的推进与发展，迫切需要提升导游人员的服务能力，特别是服务意识、环保意识、职业道德、导游服务技能及创新能力，这是全域旅游战略发展的基础和保障。

五、建议对策

导游是旅游接待的第一线，在旅游活动中处于中心地位，其重要作用是不言而喻的。但在今天，在全域旅游时代，导游所具备的知识和能力必须随着市场需求的变化而变化。原国家旅游局局长李金早在2016年度“万名旅游英才计划”启动式上提出，要大力度而且有计划地加强研究型、创新型、实践型、国际型、复合型人才培养、使用、储备，推动旅游业转型升级和可持续发展，增强我国旅游业国际竞争力。这是全域旅游背景下对旅游从业人员提出的至高要求，也是中职导游服务专业人才培养的重要目标，更是导游服务专业建设的指导方向。

（一）培养目标多维度

导游服务专业培养目标关系到人才培养的规格和质量，是专业教育活动运行的依据，也直接影响导游专业教育的工作效果。在全域旅游背景下，导游仅仅具备满足传统旅游的“食、住、行、游、购、娱”六要素的技能条件是远远不够的，还要具备满足游客“商、学、养、闲、情、奇”等需求要素的技能。旅游人才的概念不再局限于导游、讲解、带团，已延伸到行政、销售、设计、客运、会展等各个领域。面对旅游转型升级对复合型人才需求的新趋势，导游服务专业建设应结合区域旅游发展动态，多维度确立培养目标。

（二）培养模式精细化

1.“德”字为先培育导游

坚持立德树人、德技并修，注重德育教育、传统文化教育等综合素质提升课程开发，建设与专业相结合的德育课程在拓展课和平台课中增加优秀传统文化教育课程；在专业课和公共选修课程中，设计开设创新、创意类课程，培养学生的“三创”能力和意识；采用多种教育形式和社会实践活动，培养学生道德文化修养、良好的公民素质、强烈的社会责任感；加强旅游行业核心价值观教育；运用校外教育实践基地，加强学生职业道德和职业精神培养，服务学生全面发展。

2.“活”字当头设计课程

全域旅游让旅游的边界越来越模糊，但对旅游人才的专业度要求却越来越高清，因此应与时俱进，树立整体的导游人才培养观，构建理论知识与实践实训体系，强调基础课程及实训、实习教学的系统化建设。完善顶岗实习标准，优化顶岗实习、社会实践课程教学体系，搭建校企合作工学交替、顶岗实习平台。加大开放课程研发力度，专业技能课设置兼顾与高职课程相衔接，开发数字化资源课程，提高教学质量和效益。

3.“深”入探索产教融合

推进产教深度融合，汇聚产教两方面力量和资源共同提高职业教育人才质量。强化行业指导，全面改进教学工作。将导游人才培养与全域旅游人才需求建立统合，并从师资队伍、教学内容、教学模式、教学方法等方面进行优化，促进产学研一体化发展。

4.“语”言规范化、语种国际化

导游始终应该是语言艺术家，对语言的要求要高于其他专业的学生，所以要加大力度，结合语文教学、外语教学，多方面多角度的交叉培养学生的语言能力，在汉语表达方面要规范、准确、有理有据、有情有利；同时为了适应国家“一带一路”倡议，应该加强导游专业学生的外语运用能力，加强英语教学，有条件的地方可适当增加第二外语，以提高导游专业学生的国际交流、交际能力。

（三）师资队伍多元化

结合专业建设需要，适时、适度地招聘、引进优秀人才，加快专业骨干教师、“双师素质教师”、教师职业教育能力的培养；结合专业建设和课程建设需要，多渠道、多形式聘任校外行业专家，形成一支专兼结合、校企合一，具有明确发展目标、良好合作精神和梯队结构的特色专业教学团队。

（四）人才培养国际化

2020 年，我国将建设成为全球最大的旅游目的地国，在出境游中也将位于全球第四位，这对国际化旅游人才的需求是显而易见的。各学校可以根据区域旅游的发展需求状况，大胆探索与创新，培养出更多、更好的国际化导游人才。

综上所述，中职学校旅游教育对社会发展做出了积极贡献，在导游人才培养方面做出了积极的探索。习总书记曾强调“职业教育是广大青年打开通往成功成才大门的重要途径，肩负着培养多样化人才、传承技术技能、促进就业创业的重要职责，必须高度重视、加快发展”。在全域旅游的大形势下，导游人才培养之路，充满了希望与挑战。敢于变化，突破瓶颈，战胜困难，共同努力，协同发展，只有这样，才能打造出为旅游业发展提供高效服务的优质导游人才队伍。

（本报告由中职导游服务专业建设指导委员会课题组完成，课题组负责人：仲涛；执笔人：聂海英、刘宇虹、陈伟、李旭芳、王兵、马萍、潘盛华、张淑珍、杨荀荀）